As within, So without

성공헤르츠

당신의 주파수는 성공헤르츠 입니까?

Snow.dot Books

언제나 모든 길을 함께 해준 아내에게.

그리고 삶에 빛나는 기쁨을 선물해주는 연서, 은서, 윤서에게

이 책의 헌사를 올립니다.

펴낸 곳 Snow.dot Books

Snow.dot Books,
이 이름은 단순하면서도 깊은 철학을 담고 있습니다. 작은 눈송이
하나는 쉽게 녹아 사라질 수 있는 존재처럼 보이지만,
그것이 굴러가며 다른 눈송이들과 만나, 점점 커지고 서로 단단해져
결국에는 커다란 눈사람이 됩니다.
Snow.dot 은 바로, 그 '작은 시작의 위대함'을 상징합니다.

눈송이 하나는 점(닷, dot)일 뿐이지만,
그 점이 굴러 세상을 바꾸는 덩어리가 됩니다.
이는 한 줄의 문장, 한 권의 책, 하나의 생각이
얼마나 큰 변화를 이끌 수 있는지를 상징합니다.
독자의 마음속에 조용히 내려앉은 한 조각의 문장이,
점차 생각을 바꾸고, 감정을 움직이며,
결국 삶의 방향을 바꾸는 거대한 눈사람이 되어갑니다.
Snow.dot 은 그런 믿음을 가진 출판사입니다.

진심을 담은 이 작은 한 권의 책이,
누군가의 삶에 따뜻한 변화를 만들 수 있다는 확신.
그것이 바로 Snow.dot 이 눈송이를 함께 굴리는 이유입니다.

추 천 사

헤르츠(Hertz)는 진동수의 단위로 어떤 주기를 갖는 반복현상에
대하여, 1초 동안 주기가 몇 번(횟수) 반복되는지를 의미하는
단위이다. 헤르츠는 결국 에너지가 그 근원이 되기에, 어떤
에너지인가에 따라 그 표출되는 결과는 사뭇 달라진다.
이 책 《성공헤르츠》는 저자의 선한 에너지의 이타심(利他心)과 함께
많은 이들과 공유하고 공감하고자 하는 공덕심의 발로임에 틀림없다.

우리가 흔히 생각하는 성공의 의미를 단순히 돈을 벌거나 겉으로
보이는 성취를 넘어, 진정한 행복과 삶의 목적을 이루는 내면의 힘에
주목한다. 인도 철학에서는 인간이 추구해야 할 네 가지 궁극적 가치인
'뿌루샤르타'(의무, 부, 욕망, 해탈)를 제시하는데, 이 책은 그러한
가르침과 궤를 같이하며 일시적인 쾌락이 아닌 영속적인 가치와
궁극적인 행복을 향해 독자들을 이끌어준다.

 우리의 마음은 끊임없이 움직이며 번뇌와 망상을 일으키는데,
전통적으로 인도에서는 이러한 마음의 움직임을 잠재우고
고요함(평정)에 이르는 것을 가장 중요한 수련으로 여겨왔다.
『성공헤르츠』는 이 고전적인 가르침을 빌어, 산만하고 부정적인
주파수 대신 맑고 긍정적인 주파수로 우리의 정신 에너지를 채우는
방법을 구체적으로 안내한다.
이는 마음의 밭에 잡초(부정적 생각)를 제거하고 풍요로운
열매(성공)를 맺도록 긍정적인 씨앗을 심는 행위와 같다.

특히 중요한 통찰은, 이 책이 제시하는 내면의 변화가 우리의 행동 양식과 삶의 패턴(업)의 근본 원리를 이해하는 것에서 출발한다는 점이다. 우리가 어떤 의도를 가지고 생각하는지가 고스란히 우리의 삶에 영향을 미치는 업의 결과로 돌아온다는 동양 철학의 가르침을 받아들인다. 긍정적인 성공의 주파수는 '도리(올바른 행위)'를 따르고 타인과 세상에 기여하는 삶의 태도에서 시작된다는 깨달음을 준다.
 결국 『성공헤르츠』는 독자를 일시적인 성공을 넘어서
참된 나 (진아)를 발견하는 길로 안내하고, 이는 단순히 재물을 얻는 것을 넘어 삶의 영원한 본질과 하나 되는 궁극의 자유(해탈)를 향한 여정의 현대적 지침서라 할 수 있겠다.

 저자는 국립금오공과대학교에서 컴퓨터공학을 전공하고 R.O.T.C. 학군장교로 임관 후, 대위로 전역할 때까지 자신을 다스리는 절도와 강인한 리더십을 몸소 체득했으며, 많은 삶의 고뇌와 시련 속에서도 투명한 미래를 마음에 선명하게 그렸다. 진정한 성공은 외부에서 주어지는 것이 아니라, 목표를 내면의 편안함으로 조율하는 것이 성공으로 가는 가장 중요한 원리 중 하나임을 깨달았다.

 이 책 《성공헤르츠》는 역경의 시간을 성장의 기회로 바꾸는 여정 끝에 독자들과 함께 나누고 싶은 가장 소중한 깨달음이며, 그의 글은 단순한 지식 전달을 넘어, 독자 각자가 자신만의 고유한 리듬을 찾아 주체적인 삶을 조율할 수 있도록 이끄는 조용한 초대이다.
그대의 내면 깊은 곳에 이미 숨겨진 찬란한 성공의 보물을 발견하게 해줄 가장 명쾌하고 근본적인 안내서임을 확신한다.

내면의 변화를 통해 진정한 성공을 꿈꾸는 모든 독자들에게, 이 책은 단순한 자기계발을 넘어선 삶의 진리를 탐구하는 철학적 관점을 제공할 것이다. 지혜를 깨우고 내면의 스승을 만나는 소중한 경험을 선사할 『성공헤르츠』의 출간을 진심으로 축하하며, 이 책을 통해 독자들이 자신만의 성공 주파수를 발견하기를 강력히 추천한다.

자연과 모든 사람들에게서 배움을 얻고 의식의 성장을 도모하는 저자는, 현재의 행복을 가장 중요한 가치로 삼으며 자신을 '순간의 섬세한 행복을 찾아 삶의 진리를 탐구하는 사유가'라 정의하기에 할리데이비슨(Harley Davidson) 바이크에 올라 자연과 호흡하며 명상의 찰나를 느끼며, 바쁘게 흘러가는 일상 속에서도 내면의 마음들이 현실의 꽃이 되는 씨앗임을 자각하는 여정가운데 서로 자유로운 바람으로써 인연이 되었다.

이 책을 추천하기에 앞서 가장 먼저 읽을 수 있다는 독자로서의 기쁨과, 전문적인 저자의 세계를 엿볼 수 있음에 감사가 앞선다. 비록 졸고이지만 이 책의 추천사를 쓸 수 있음에 영광으로 여기며 저자에게 재삼 감사함을 전한다. 긴 시간 준비하고 고심의 흔적을 담아낸 이 책을 통해 많은 독자님들이 성공에 대해 스스로 되돌아보는 도움이 되기를 함께 발원한다.

2025년 10월
요가철학박사 & 할리데이비슨 H.O.G.창원챕터 초대회장 이형록
북면 서재에서

이 책《성공헤르츠》는 단순히 '열심히 노력하라'는 기존 자기계발서의 공허한 메시지를 넘어, '노력해도 행복하지 않은' 현대인의 근본적인 고민에 명쾌한 해답을 제시하는 근원적인 안내서입니다.

억지노력으로 지쳐버린 요즘, 우리들의 마음을 치유하고 각자가 가지고 있는 내면의 주파수를 성공에 맞춰 편안함과 행복, 성취가 함께하는 주체적인 삶을 조율하도록 도와줄 것입니다.

삶의 진정한 리듬을 되찾고 후회없는 인생을 살기로 결심한 저자의 힘찬 에너지를 깊이 공감하며, 우리가 서 있는곳에서 지금 이순간 새로운 변화가 시작되도록 나만의 주파수에 조용히 귀를 기울여 보는건 어떨까요?

— Photographer of Honolulu, Hawaii 한기준 —

자연의 구성과 그 속에서의 규칙성을 이야기하는 물리학에는 여러 가지 법칙들이 존재한다. 인간 또한 자연의 일부이기에 물리학의 세계에 노출되어 있다. 그중 불확정성 원리는 입자가 존재하는 위치값과 그 입자가 가지는 에너지값를 한번에 확인해 낼 수 없다는 불확정성을 이야기하는 것이다.

우리 인간도 그러하지 않을까? 사회 속 나의 위치, 가족 속 나의 위치, 아니 나 자신 존재 자체의 위치, 그리고 그 속에서 나의 역할, 내가 할 수 있는 것, 내가 가진 에너지 등. 나는 나의 위치와 에너지를 잘 이해하고 있을까? 아니, 성공과 즐거움, 그리고 행복이라는 위치와 에너지, 그 값들을 우리는 정확히 측정하고 있을까? 가끔은 내가 그 값들을 측정하고 있는 것이 아니라 쫓기고 있는 건 아닐까 하는 생각을 할 때가 있다. 인생의 답을 찾다 보니, 아니 그 답을 찾기 위해 오늘도 불확정성의 늪에서 헤매고 있다.

'성공헤르츠'의 작가를 처음 만난 건 1999년 여름이었던 것으로 생각한다. 대학생인 나와 고등학생인 작가. 그때 난 나 자신의 위치와 에너지를 인지하지 않고 있었던 것 같다. 흐르는 강물 위 나뭇잎처럼, 그 너울에 파도에 몸을 의지하고. 시간이 흘러 지금, 자의 반 타의 반으로 나 자신의 위치와 에너지를 인지하고 있다. 그 값이 정답인지는 알지 못한 채.

 내가 알고 있는 작가는 내가 알지 못했던 많은 일들을 격으며 자신의 위치와 에너지를 알아가고 있는 것 같다. 도전하고 고민하고 행동하며 자신의 불확정성을 해소해가고 있다. 그리고 새로운 위치와 에너지에 도전하고, 그 답을 찾아가고 있다.

 여기 '성공헤르츠'가 작가의 도전이며 행동이 아닐까 한다. 다양한 주파수들의 경험을 통해 도전과 행복의 주파수를 찾고, 주파수의 공명을 통해 우리에게 '성공헤르츠'를 전달하려 한다.

그의 도전과 행동, 그리고 그 실행에 깊은 찬사를 보내며, 나의 위치값과 에너지값을 그 주파수에 올려보려 한다.

— 물리학박사. 김창득 —

비행기 조종석에서 요구되는 최고의 덕목은 흔들리지 않는 평정심과 집중력입니다. 책 『성공헤르츠』는 기장에게 요구되는 이러한 내면의 상태를 '주파수 조절'이라는 명쾌한 언어로 설명합니다. 삶의 중요한 순간마다 최고의 성과를 내고 싶은 모든 이들에게 이 책을 권합니다.

— 진에어 기장. 박찬욱 —

"묵묵하게 오래오래 변함없이 단단하게, 거침없이 걸어가는 작가처럼 유비쿼터스 시대와 정보의 홍수속에서 이 책은 살아남은 자들을 위한 정독서로 자리잡을 것입니다. AI로 인간의 감정이 점점 메마르고 있지만, 김재희작가님의 글을 보면 인생의 가장중요한 것이 무엇인지를 알게됩니다."

— 배우, 영화시나리오작가, 미래학자. 김산겸(Misawa) —

"《성공헤르츠》는 그 여정의 기록이자, '좋아하는 일을 하며 살아가는 법'에 대한 그의 철학이다. 그의 문장에는 현실을 견뎌낸 단단함과, 지금을 사랑하는 여유가 공존한다. 그가 말하는 '성공헤르츠'는 단지 마음의 주파수가 아니라, 삶을 자기 진심의 리듬으로 살아가려는 사람의 이야기다.
이 책을 읽는 순간, 당신도 그 리듬을 느낄 것이다.
그리고 언젠가, 자신만의 헤르츠로 삶을 조율하게 될 것이다."

— 인도네시아 Studio UL director / Vocal Trainer. 정선진 —

"20대 초중반, 현실의 사회생활에 부딪히며 한창 방황하던 시기 때부터 저자와 인연이 되어 지금까지 저를 올바른 방향으로 이끌어주고 있습니다. 모든 시작은 생각에서부터 시작됩니다. 그의 강의와 이 책은, 각자의 성공으로 가기 위한 그 시작을 어떻게 해야 하는지 명확하게 안내해 주고 있습니다. 특히 사업 파트너로서 제가 느낀 긍정적인 시너지와 추진력의 근원이 담겨 있습니다. 도전과 성장을 원하는 모든 분들이 이 책을 통해 성공의 주파수를 맞춰 최고의 파트너를 만나시길 강력히 추천합니다."

— (주)청강 대표. 강민수 —

최근 군 생활에서 장병들의 멘탈 관리와 정신전력 강화는 그 무엇보다
중요합니다.『성공헤르츠』는 복잡한 환경 속에서도 흔들리지 않는
평정심과 긍정적 마인드를 '헤르츠'라는 명쾌한 언어로 제시합니다.
임무완수를 위한 최적의 마인드를 갖추기위해 모든 지휘관과
장병들에게 이 책을 강력히 추천합니다.

- 육군본부 중령. 서명훈 -

"우리 주변, 어느 누구나 "성공한 인생", "행복한 삶"을 마다하지는 않을
것입니다. 하지만 그것이 정확히 무엇인지 정의하고, 고민하는 사람은
그다지 많지 않습니다. 특히, 복잡하고 빠르게 변화하는 현대
사회속에서 이런 고민은 '가진자의 여유' 내지는 '철없는 생각'처럼
여겨질 수 있지만, 오히려 그만큼 자신만의 시선과 깨달음으로 분명한
"마음속 기준"을 세우는것이 어느때보다 중요한 시대가 되었습니다.
 작가의 첫 에세이인 『성공헤르츠』는 본인이 살아낸 세상에서
해답을 얻고 '내면의 자연스러움이 진정한 행복'라고 얘기합니다.
이 책이 그동안 삶의 이유로 고민했던 독자들에게, 진정한 자아와
행복의 출발점을 만나는 기회가 되길 바랍니다."

- 엔지니어, 주원로보틱스 대표. 김장섭 -

저자의 강의를 들으며 제 인생의 주파수가 완전히 바뀌었습니다.
책『성공헤르츠』는 강의의 핵심을 고스란히 담아, 마음의 소음을
끄고 진정한 나만의 성공 멜로디를 만드는 방법을 알려줍니다.
변화를 간절히 바라는 모든 분들께, 이 책을 통해 기적 같은 변화를
경험하시길 진심으로 추천합니다!

- (주)내외 대표. 이샘결 -

"뜻깊은 중대장 시절을 함께 보낸 저자가 마침내, 책 『성공헤르츠』를 출간했습니다. 예비군 지휘관으로서 느끼는 조직 관리와 멘탈의 중요성을 이 책은 정확히 짚어줍니다.
위급한 상황에서도 평정심을 유지하고 부대를 성공적으로 이끌 수 있는 내면의 주파수를 조절하는 법이 담겨 있습니다.
군 동기의 깊은 통찰이 담긴 이 책을 자신 있게 추천합니다."

― 2024년 작전사 TOP 예비군지휘관. 원철희 ―

"대한민국 ROTC 44기 총동기회 부회장, 11사단 기계화보병 장교, 금오공대 대대장 후보생 등을 역임한 저자는, 저와 20년지기 동기로 항상 미소를 잃지 않고 매순간 최선을 다하는 친구 였습니다.
전역 이후 어려움이 있었지만, 저자가 살아오며 느끼고 배웠던 단단한 멘탈이 그 어려움을 극복하고 성장하며 '성공주파수'를 찾아 낸 것 같습니다. 본인의 삶과 미래는 자신이 주도적으로 이끌어야 합니다. 그렇기에 저자의 글처럼, 본인 스스로의 '성공주파수'를 찾아 가길 바라며, 책『성공헤르츠』는 모든 독자들이 흔들림 없는 자신감으로 삶을 도약하는 실질적인 지침이 될 것입니다.
이 책을 통해 모든 독자들이 단단한 내면으로 성공적인 미래를 개척하기를 응원합니다!"

― 대한민국 ROTC 44기 총동기회장. 최영재 ―

목 차

프롤로그
1장. 지금의 나는 어떻게 만들어졌는가
2장. 나는 누구인가
3장. 돈은 내게 어떤 의미인가
4장. 나의 목적지는 어디인가
5장. 인생의 트라이앵글
6장. 생각이 바로 나이다
7장. 인과의 법칙
8장. 성공헤르츠
9장. 마음의 증거, 주파수와 공명
10장. 잠재의식과 습관을 바꾸는 법
11장. 한번 뿐인 인생, 어떤 삶을 살고 싶은가
12장 가장 먼저 해야 할 일, 목표설정
13장. 변화, 애쓰지 말라
14장. 물방울이 바위를 뚫는다
15장. 나를 변화시키는 주문
16장. 기회가 오는 방식
17장. 즐거움으로 목표를 지속하는 마법
18장. 지금 이순간, 행복을 느끼는 현존
에필로그

프롤로그

프롤로그

" 5년 뒤에도 지금처럼 살고 싶은가? "

이 질문이 당신의 삶을 영원히 바꿀 것입니다.

이 책은 저자가 세상의 소음과 타인의 기준에서 벗어나, 내면의
기준으로 분명한 삶의 방향을 세우기 위해 스스로에게 던진 가장
진솔한 질문에서 시작되었습니다. 삶이 단 한 번의 찬란한 순간임을
알기에, 스스로에게 후회없는 인생을 살기로 결단했습니다.
위 질문이 바로, 그 결단의 출발점이었습니다.

직업군인이라는 길을 마음에서 내려놓고 전역을 지원한 순간부터,
부푼 기대와 보이지 않는 두려움이 공존했지만 그 혼란 속에서 길을
찾기 위해 저는, 시대를 뛰어넘어 많은 멘토와 사업가, 사상가, 그리고
리더들을 현실에서 직접 만났고, 책을 통해 그들의 지혜를 간절함으로
배웠습니다. 처음으로 제 인생을 한 발 물러서서 바라보며, 진지하게
읽고 쓰며, 사유하기 시작했습니다. 그리고 그들이 전해준 조언들을
마음 깊이 새기면서 깨달았습니다.
'내 삶의 방향과 의미는 결국 외부에서 주어지는 것이 아니라,
내가 주체적으로 만들어가야 한다'는 사실을.
문득 지난 몇 년간, 같은 물음을 가슴속에 품고 살았음을
깨달았습니다. 변화를 꿈꾸면서도 여전히 같은 자리에서 맴돌고
있었던 것입니다. 지금 이 책을 펼친 당신도 분명, 조금 더 성장하고 더
나은 변화를 간절히 원하고 있으리라 생각합니다.

혹시 당신도 수많은 노력을 해왔지만, 원하는 결과에 도달하지 못해 좌절한 적이 있나요? 아직, 당신의 내면에 꺼내지 못한 꿈이 있습니까? 수많은 자기계발서는 이렇게 말합니다.

"될 때까지 해라. 변할 때까지 밀어붙여라. 99% 노력하라. 스스로 빠져나올 수 없는 환경을 만들어라."

하지만 정말 그것만으로 충분할까요? 정말 내 노력이 부족해서 결과가 없었던 것일까요?

만약 이루고 싶은 목표가 '사랑'이라면 어떨까요? 그 사랑을 얻기 위해 매일 21일 동안 될 때까지 노력하는 고백이, 과연 상대방의 마음을 움직일 수 있을까요? 우리는 자연스럽게 들킨 예쁜 마음에 설레고 감동합니다. 자연스럽게 다가오고, 자연스럽게 손을 잡듯, 진실된 관계는 자연스러운 흐름 속에서 이루어집니다.

마찬가지로, 크고 작은 성공을 위해 무리하게 자신을 밀어붙일 필요는 없습니다. 타인의 기준에 흔들리지 않고 내가 진정으로 원하는 방향으로 마음의 상태를 정렬했을 때, 우리는 비로소 과정 자체의 몰입과 즐거움을 경험하게 됩니다. 인공적으로 가공된 음식이 우리 몸에 불균형을 가져오듯, 외부의 기준에 억지로 맞춘 노력은 우리의 몸과 마음에 스트레스만 쌓습니다. 우리 삶의 진정한 변화는 이처럼 본래의 자연스러움 속에서 균형과 조화를 찾을 때 가장 강력하고 효율적인 힘을 발휘합니다.

진정한 성공의 비밀은 바로 여기에 있습니다. 마치 수많은 채널 속에서 내가 듣고 싶은 라디오의 주파수를 정확히 찾아 맞추는 것처럼, 우리는 세상의 소음 대신 내면의 진심이 울리는 소리에 집중해야

합니다. 하지만 단순히 내면에 귀 기울이는 것만으로는 충분치 않습니다.

이불 개기, 아침 독서, 조깅 등과 같은 일상의 성공부터 자격증 취득, 취업, 성격고치기, 걱정줄이기, 마음의 평온 등에 이르기까지, 당신이 진정으로 원하는 크고 작은 성공들이 '**이미 이루어진 편안함**'을 내면에 **선명하게 심는 것**, 이것이 바로 성공을 마음에 조율하는 핵심입니다. 목표의 주파수를 마음과 **자연스럽게** 맞추었다하여, 우리는 이것을 **성공헤르츠**라 정의합니다.

 우리는 '목표 달성'이라는 짧은 감동의 순간에만 내면의 울림을 맞추려고 하기 때문에, 그 기쁨은 매우 짧고 공허함이 뒤따릅니다. 하지만 당신이 원하는 목표가 이미 이루어진 편안함을 내면에 조율할 때, 마음의 상태는 성공한 상태의 편안함과 일치하게 됩니다. 잘 맞추어진 주파수가 잡음 없이 명료하듯, 이 성공헤르츠는 내면과 목표의 조화를 통해 당신의 습관과 행동을 거부감 없이 이끌어냅니다. 그 결과, 억지 노력이 아닌 자연스러운 흐름 속에서 당신이 원하는 목표에 다가가게 됩니다.

 인류는 태초부터 행복과 기쁨을 추구해 왔습니다. 그리고 그 행복을 느낄 때야말로 사람의 얼굴에 가장 아름다운 미소가 피어납니다. 행복한 순간에 가장 먼저 찾아오는 것이 '웃음'이고, 불행한 순간에 우리 곁을 가장 먼저 떠나는 것 역시 '웃음'이기 때문입니다.
그렇습니다. 우리는 이 아름다운 지구에 '행복하기 위해' 태어났습니다.
강아지가 꼬리를 흔들고 새들이 지저귀듯, 지구상의 모든 생명체는 행복할 때 그 진심이 몸과 마음을 통해 드러납니다. 우리가 본능적으로 자연 속에서 편안함과 치유를 느끼는 이유도 여기에 있습니다. 자연은 억지로 우리를 치유하려 하지 않습니다. 그저 있는 그대로 존재함으로써 우리의 긴장을 풀어주고 내면의 평화를 되찾게 해줍니다. 이는 그것을 음미하고 **느낄 줄 아는 자**의 몫입니다. 행복을 억지로 얻을 수 없습니다. 삶의 자연스러운 흐름 속에서 피어나는 꽃처럼, 진심어린 마음이 그 목표를 이룬 즐거움과 일치될 때 비로소 그 과정의 즐거움 또한 온전히 느끼게 될 것입니다.

모든 답은 당신 안에 이미 존재합니다. 삶의 방향도, 성공의 열쇠도, 평온함의 비밀도, 모두 내면에 숨겨져 있습니다. 다만 아직 나에게 드러나지 않았을 뿐입니다. 이 책은 당신의 내면 깊은 곳에 숨겨진 그 찬란한 보물을 발견하게 해줄 것입니다. 억지로 바꾸려 하지 않아도, 성공헤르츠에 마음을 맞추는 법을 익히면서 자연스럽게 변화가 일어나고 과정의 즐거움을 느끼며, 행복과 성공이 삶 속으로 스며드는 것을 경험하게 될 것입니다. 당신의 마음이 조금씩 따뜻해지고, 생각이 맑아지며, 삶이 빛나기 시작할 것입니다. 변화의 여정은 언제나 '당신이 서 있는 곳에서, 지금 이 순간' 시작됩니다.

이제 당신 안에 숨겨진 다이아몬드를 찾으러 책장을 함께 넘겨봅시다.

> "20년 후 당신은,
> 했던 일보다 하지 않았던 일로 인해 더 실망할 것이다.
> 그러므로 돛줄을 던져라. 안전한 항구를 떠나 항해하라.
> 당신의 돛에 무역풍을 가득 담아라.
> 탐험하라! 꿈꾸라! 발견하라!"
> - 마크 트웨인 -

1장.
지금의 나는 어떻게 만들어졌는가?

1장. 지금의 나는 어떻게 만들어졌는가?

"사는대로 생각하는가? 생각하는대로 사는가?"

 필자는 초등학교 6년, 중학교 3년, 고등학교 3년, 대학교 4년 총 16년이라는 배움의 시간과, 10여년의 장교생활 및 5년여 회사생활을 거치면서도, 단 한 번도 '나'라는 존재와 삶, 목표와 성취, 그리고 행복에 대해 진지하게 고민해본 적이 없었다.
 태어난 환경에 순응했고, 사회적 팬듈럼(Pendulum) 안에서 대중들 가운데 하나라는 안정감을 느끼며 살아왔다.. 목표가 무엇인지, 자신이 진짜 원하는 것이 무엇인지 어린 시절부터 진지하게 스스로에게 물어본 적이 없었다. 부모님도, 사촌들도, 친구 및 선후배들 등 그 누구와도 이와같은 이야기를 나눈 적이 없었다. 그저 주변 사람들과 같이 열심히 살아왔고, 그렇게 사는 것이 당연하다고 믿었다.

 많은 사람들처럼 나 또한 주어진 조직의 목표와 임무에 충실했으며, 맡은 바 책임을 다했다. 때로는 나의 노력과는 상관없이 감당해야 할 일들이 발생하기도 했고, 쉽지 않은 책임까지 짊어졌다. 선후배, 동료들과 함께 꽉 찬 하루를 살았던 그때처럼, 지금도 많은 이들이 그렇게 오늘을 살아가고 있다.

 하지만 문득 마음속에서 이런 생각이 떠올랐다.
         '나는 무엇을 위해 이렇게 살고 있는 걸까?'
 내 마음 한구석에는 아파트 대출금, 카드값 같은 재정적 짐이 자리 잡고 있었고, 오늘 일을 그만두면 당장의 생활이 고민이 될 '한 달

살이'에 불과했다. 나는 가족을 위해 당연히 참고 견디며 그 안에서 행복을 찾으려 했다.

'나는 대한민국 육군 장교다!', '나는 대기업에 다닌다!' 라는 명함의 자부심과 나를 믿어주는 가족들, 함께하는 좋은 동료들과의 진한 술 한잔을 삼키며 스스로를 위로했다.

결국, 심연의 불편함 속에서 분명한 사실은 이내 드러났다. 앞으로 5년, 10년 뒤의 내 모습은, 선배들의 작금과 전혀 다르지 않을 것이라는 사실을.

그렇게 나는 '사는 대로 생각하는 삶'을 살고 있었다. 내가 정말 원하는 것이 무엇인지, 단 한 번뿐인 이 삶을 어떻게 살고 싶은지 깊이 생각해보지 않은 채, 주어진 환경만을 따라 열심히 살아왔다.

목적지도 입력하지 않은 채 그저 길이 보이니 달려가는 자동차처럼, 그렇게 멈추지 않고 앞으로만 달리고 있었던 것이다. 하지만 변화의 작은 바람도, 성장의 작은 씨앗도, 모든 것은 결국 내 안에서부터 시작된다는 사실을 조금씩 깨닫기 시작했다.

IMF로 집이 없어진 중학생

중학교 때, IMF의 여파로 집이 없어져서 가족들이 다 흩어지게 되었다. 부모님은, 부모님의 친구집 방 한 칸을 빌려 5살 여동생과 함께 살았고 나는 혼자 친척집으로 보내졌다.

11평 아파트에 친척 4명과 나, 총 5명이 함께 지냈다. 작은방 하나는 작업실이라 사람이 눕지도 못하여, 결국 방 한칸에서 다 같이 지냈다. 학교를 마치고 친척집으로 가면, 때로는 한두살 많은 사촌들의 담배연기가 가득했고, 때로는 집에 못들어갈 상황을 눈치채고 밖을 배회하기도 했다.

 모두가 잠든 밤, 화장실 좌변기에 노트를 두고 쭈그리고 앉아 숙제를 하고 일기를 썼다. 중학교 2학년의 나는, 홀로 그곳에 앉아 깊은 집중을 경험했다. 그 고독한 시간 속에서 찬란하게 피어날 미래를 그리며 기록하는 작은 행복을 찾았다.
 편안하지 않은 환경이었지만, 학교생활을 잘 즐길 수 있었던 점을 훗날 생각해보니, 부모님의 믿음이 내 마음 깊이 뿌리내리고 있었던 것 같았다. "우리 아들, 항상 믿어! 사랑해" 이 말은, 필자에게는 지구가 도는 것과 같이 변하지 않는 진리였다. 어린시절, 신과 같은 존재인 부모의 역할은 정말 중요하다는 것을 느낀다.
 톨스토이는 이렇게 말했다. '자녀교육의 핵심은 지식을 습득하는 것이 아니라, 자존감을 키워주는 것'이라고.

 당시는 학교급식이 없어서 도시락을 준비해가야 했는데, 나는 늘 학교매점에서 해결했다. 미리 삶아놓은 면에 스프를 탄 국물만 부어주는 1,500원짜리 라면. 가성비의 이 라면을 한 입, 한 입, 참 맛있게 먹을때마다 귓가에 엄마의 말씀이 맴돌았다.
 "행복은 다른 곳에 있는 것이 아니야. '소소한 행복이 최고야' 작은 것에 감사해야해."
 소년의 마음은 야망 보다, 지금 가진 작은 것에 감사하게 되었다. 주어진 환경속에서 내게 오는 어린시절의 모든 느낌들은, 마음속 잠재의식에 각인되었다. 그렇게 나의 배(Ship)는 만들어지고 있었다.

그렇게 시간은 흘러 대학 진학시기가 왔고, 서울 OO대학교 중어중문학과와 R.O.T.C 로 유명한 국립금오공과대학교를 고민하게 되었다. 안정적인 군인의 길을 아버지와 같이 고민했고, 그렇게 후자를 선택했다. (국립대의 합리적인 등록금 또한 선택의 중요한 요인이었다)
그 때 정말 하고 싶었던 꿈은, 미국의 비행학교를 수료하고 한국에서 기장이 되는 것이었다. 그렇게 할 수 없는 집안의 사정을 잘 알고 있었고 부모님의 짐이 되고 싶지않은 나머지, 환경에 종속된 선택을 자연스럽게 하게 되었다.

인생의 전환점, R.O.T.C

멋진 캠퍼스 생활을 꿈꿨지만 사람들과 어울리기보다, 학교 도서관에서 홀로 많은 시간을 보냈다. 캠퍼스 내에 있는 학군단(학생군사교육단 - R.O.T.C 양성소)내에 전시되어 있던 '육군.해군.공군 후보생 제복' 모습에 가슴 설레었다. 그때는 ROTC 를 지원해 장교로 임관, 직업군인의 길을 걷는 것 그 이상의 미래는 생각하지 않고 살았다. 컴퓨터공학 전공을 좋아해서 지원한 것도 아니고, 졸업 후 회사에 취직할 생각도 아직은 막연한 미래로 치부했다. 룸메이트 친구들이 하나, 둘 군대를 가기 시작했고, 필자는 계획대로 대학교 2학년 말, R.O.T.C 를 지원했다.

 R.O.T.C 정식 입단전, 가입단교육이 시작될 때 그 긴장되고 경직된 분위기 속에서 동기들의 반장 격인 중대장을 할 사람있으면 손들어 보라고 말했다. 그 때 손을 번쩍 든 것이 필자 인생의 첫번째 전환점이 되었다. 주저없이 그저 내딛은 용기의 한 걸음은, 그렇게 동기들을

대표하는 중대장 후보생을 시작으로 대학 4학년 때는
학군단(ROTC)을 대표하는 명예위원장인 대대장후보생 활동을 했다.
학군단의 훌륭한 선배들과 좋은 교육 및 제도 등을 통해, 훗날 사회와
회사생활에 도움이 되는 많은 경험과 감정들, 예절과 주도, 문서규정
등을 많이 배웠다. 선배들의 지도와, 함께 피땀 흘린 동기들의
애정으로, 학군단 졸업 성적도 0.03%로 (140/4,400명) 졸업하는
행운을 가지게 되었다.

 지금도 설명하기 힘든 그 용기의 첫 발은, 멋진 장교가 되도록 잘
이끌어준 많은 선배들의 사랑과 지도 아래 필자의 가슴에 푸른 장군의
꿈을 지폈다. 지면을 빌어, 필자의 인생 스승인 백상우 형님을 비롯
오진호, 백용하, 정준호, 조준호 선배님 등 제 152 학군단 43기
선배들에게 깊은 감사의 마음을 전한다. 또한 오만촉광의
소위계급장을 향해 함께 피와 땀을 흘린 44기 동기들, 특히 영원한
소울메이트 정선진, 푸른 꿈과 열정을 공유한 서명훈, 늘 유쾌하고
듬직한 가수 조광현, 섬세하고 정이 많은 조동균, 외유내강의 김장섭,
R.O.T.Cian 을 삶으로 보여주는 최영제 친구들에게 진한 녹색피의
전우애를 전한다. 타임머신이 있다면, 이들을 처음만난 그 시절로 가장
먼저 돌아가고 싶다.

 강원도 홍천, 11보병사단에서 소위로 군 생활을 시작했다. 마셜의
'보병전투', 클라우제비츠의 '전쟁론', 특히 베트남전 당시 소대장 /
중대장(당시 대대장은 노태우) 으로 참전한 서경석 장군의
'전투감각'을 정말 재밌게 읽으며 초급장교 시절을 보냈다. 지나가는
지형지물을 보고, '이 곳에서 내 소대원들과 전투을 한다면 어떤 공격

및 방어 전투기술을 적용해야 하는가' 라는 질문들에 스스로 답하는 시간들을 보냈었다. 윗 분의 부당한 지시와 합리적이지 못한 지도가 있을 때마다 '장교의 도' 와 교범에 맞지 않다는 이유로, 꽤 많은 선임 및 부사관에게 푸른 기개를 들이밀며 원칙적 태도로 맞섰다.
 그런 날이면, 홀로 관사에서 맥주 한 캔으로 외로움을 삼키거나 존경하는 선배장교에게 전화를 걸어 마음을 털어놓고 눈물을 훔치기도 했으며, 30여명의 순수하고도 듬직한 소대원들을 보며 마음을 다잡았다. 자신의 기준과 마음을 당당히 표현하여 잘못된 것은 바로 잡아야 한다는 것을 당연시 생각했고, 이는 사회로 나왔을 때 다소 좋지않은 성격으로 나타났다. 자신의 생각을 굳이 관철하지 않고, 원하는 결과를 이끄는 조용한 부드러움이 더욱 지혜롭다는 것을 훗날 깨달았다. 그때의 올바름은 지금 내가 생각하는 올바름과는 달랐다.

 시간이 지나 대위가 되었고, 첫째 딸이 태어났다. 대부분 가족들과 떨어져 홀로 야전에서 복무하는 선배들에게 내 모습이 투영되면서, 공허함이 생기기 시작했다. 딸이 커가는 사랑스런 삶의 순간들에, 내가 함께 하고 싶었다. 그것이 가족이었다. 나라에 충성을 다하는 진충보국의 마음이 선배 장교들보다 부족했으리라.
 그렇게 전역지원서를 내고 사회로의 새출발을 준비하면서, 용기와 두려움의 공존속에서 더욱 많은 책들을 읽기 시작했다. 그 과정에서 만난 수많은 멘토들과 그들의 가르침속에서 삶과 죽음을 사유하기 시작했다. 지금까지는 환경과 사회의 팬듈럼대로 흔들리며 살아왔지만, 이제부터는 내가 직접 기획하는 '삶이라는 내 인생의 책'을 써나갈 준비를 했다.
 이제부터 나는, 주체적으로 살기 시작했다.

"용기란, 두려움 속에서도 앞으로 나아가는 것이다" - 넬슨 만델라

나의 닻, 나의 항해

 전역 후, 나는 일반적인 회사 생활 대신 나만의 사업을 일구고자 하는 뜨거운 열망에 사로잡혔다. 모든 비즈니스의 핵심은 '판매', 즉 영업에 그 본질에 있음을 명확히 통찰하고, 가장 치열하고 많은 것을 배울 수 있는 곳에서 내면을 단련하기로 결심했다.
자동차, 제약, 보험 영업 중 보험업을 선택했다. 이는 미래의 불확실한 위험을 대비하여 고객의 현재 자산을 '신뢰'라는 무형의 가치로 설득해야 하므로, 가장 어렵지만 동시에 진정성과 전문성이 요구되는 본질적인 영역이었다. 취직을 위한 스펙 대신, 영업 및 판매 전략을 담은 사업가들의 책을 깊이 있게 연구하며 지식을 축적했다.
우리나라의 다양한 보험회사와 많은 지점장님들을 직접 만나본 끝에, 나의 신념에 따라 판매 실적 및 수익보다 보험의 진정한 가치를 전하는 소신을 지닌, (구)푸르덴셜 생명보험을 최종 선택했다.
 나는 그곳에서 단순히 취업이 아닌, 나의 성장을 이끌어줄 최고의 지점장을 찾았고, 그 지점으로 망설임 없이 입사를 결정했다.

 하지만 현실은 냉혹했다. 지인과 후배들로부터 상처받은 수많은 거절과 비난의 말들은, 지하철에서 마주친 딸아이 또래를 보며 소리 없이 눈물을 훔쳐야 했던 고독한 순간으로 이어지기도 했다.
 하루에도 천국과 지옥을 오갔던 그때의 여린 마음을 지켜준 것은, 다름 아닌 영화 '동감'으로 데뷔한 김산겸 형님의 진심 어린 응원이었다.

"너의 내면에 이미 거인이 있어. 다이아몬드처럼 눈빛이 빛나는 사람은 네가 유일해. 불도저처럼 주저말고 헤쳐나가."
형님이 건넨 이 강력한 한 마디는, 나에게 좌절을 딛고 일어설 흔들림 없는 믿음을 선물해주었다. 그 격려의 한 마디는 지금도 내가 삶을 살아가는 데 큰 힘이 되는 에너지로 남아있다. 이 지면을 빌려 김산겸 형님께 다시 한번 깊은 감사를 전한다.

 어느 날, 나를 믿고 그저 가입하겠다는 친한 동생의 호의를 단호히 거절했다. 열심히 보험의 가치를 설명했음에도, 나를 믿으니 가입하겠다는 말에 그저 감사함을 남긴 채 자리에서 일어났다. 보험을 전하는 능력이 부족하다는 생각에, 늦은 밤 사무실에서 강남대로를 바라보며 고민과 연습을 거듭했다.
 매주 3명에게 보험을 전해가면서, 8개월 만에 그 해 영업목표달성 및 신인상을 획득하면서 '하면 된다'는 자신감을 스스로에게 증명했다. 그 시절 나는 두 발과 대중교통으로 전국을 다녔으며, 모든 곳에서 보이는 다양한 사람들의 삶과 희비를 가슴으로 배웠다.
 귀에는 항상 브라이언 트레이시의 성공 강의를 들었으며 얼마나 반복해서 들었던지, 그의 악센트와 추임새까지 외울 정도였다.
 이 후 제안받은 부지점장이라는 귀한 자리는, 팀 실적과 건수를 챙겨야하는 직무상 책임과, 보험의 가치를 제대로 전달해야한다는 두 마음이 충돌이 되어 긴 고민끝에 거절을 했다.

 그렇게 안정된 항구를 떠났고, 본격적으로 남아메리카로 건너가 무역사업을 준비했다. 브라질과 아르헨티나 국경에 위치한 파라과이 -

델 에스떼 도시에서 사업과 이민준비를 어느정도 마친 후, 한국으로 다시 돌아왔을 때 청천벽력 같은 상황을 맞이하게 되었다.

 10여 년간의 군 생활로 마련한 소중한 전세 보증금을 전세 사기로 모두 잃었다. 막 걷기 시작한 셋째 딸을 보며 느꼈던 절망감은 숨조차 쉴 수 없을 만큼 내 가슴을 짓눌렀다.

 하지만 나는 절망의 늪에 머물지 않았다. 잘 마시지도 못하는 술에 기대어 친한 형님을 찾아가 한번 크게 울고, 그의 지인이 운영하는 매장에서 아르바이트를 시작했다.

 다섯가족이 지낼 집이 필요했고, 임대아파트를 신청해서 15평 집을 겨우 얻을 수 있었다. 월급 130만 원. 가장 낮은 곳에서 새로운 시작을 결심하며, 다시 일어설 용기를 굳게 다졌다.

안테암불로 (Anteambulo)

 고대 로마시대는 '후원자-피후원자' 관계가 활발했는데, 부유하고 영향력 있는 후원자(patron)들은 작가나 예술가(client)를 재정적으로 지원하며 그들의 창작 활동을 도와주었고, 피후원자인 예술가들은 부자들을 위해 앞장서서 길을 터주고 메시지를 전달하며 심부름을 하는 등의 역할을 수행했다. 부자들에게 도움을 주고, 본인은 재정적 도움을 받으며 예술활동을 지속할 수있었던 이 예술가들을, '길을 안내하는 사람 또는 선구자'라는 의미인 안테암불로(anteambulo)라 불렀다. 현대에 와서 이 개념은 성공한 사람의 곁에서 겸손한 자세로 배우고 성장하는 태도를 상징적으로 나타내는 말로 사용되곤 한다.

 당시 나는 이 안테암불로의 마음을 갖고 점주를 모시고 가게 운영을 했다. 우리가 사회 초년생이거나 새로운 분야에 도전할 때 과거의 영광에 취해 당장의 자존심이나 불만을 표현하기보다, 안테암불로의 태도를 통해 더 큰 배움을 얻고 궁극적으로는 자신의 독창적인 가치를 만들어내야 한다는 점을 되새겨야 한다. 이러한 안테암불로의 자세는, 당시 나보다 10살 어린 친구들에게 일을 배우면서도 전혀 부끄럽지 않았던 힘이 되었다. 또한 매년 스스로 정하는 슬로건을 통해서 그 시간들을 지혜롭게 보낼 수 있었다.

　　　* 그 해의 슬로건 : *"모든 면에서 더 잘 하겠다고 결심하라."*

 현실의 파도에 힘들어하는 시간 대신 위 슬로건처럼, 나는 빗자루질 한번, 빵 포장 하나에도 온 마음을 다했다. 본사의 규정을 먼저 알고 그 안에서 고객이 하나라도 더 사고싶은 마음이 들 방법을 고민했다. 점주이익을 위해 시간대별로 완판되는 제품을 체크하여 제품별 추가생산을 했고, 밀리는 제품은 컷오프를 건의, 로스를 줄였으며 일자별 / 월별 손익계산 및 분석보고를 통해 점진적 순이익 중대를 위해 수시로 점주와 소통하였다.

 그러던 어느 날, 본사가 임차해주는 점포의 점주가 될 기회가 생겼고, 회사의 메뉴얼대로 매장을 열심히 운영했다. 약 6개월이라는 시간이 흐른 뒤, 나는 본사 사업본부장의 권유를 통해 그 회사에 입사하는 행운을 얻게 되었다. 그렇게 새로운 회사 생활을 시작했고, 나는 매일 아침 거울 앞에 서서 '회사 대표이사 또는 가맹점주' 라는 두 가지 목표 중 하나를 이룬 나의 모습을 선명하게 상상하며 넥타이를 매었다. 이 성공의 주파수를 맞추는 아침의식은, 나의 하루를 명확한 목표로 이끌어주는 나침반이었다.

매일 아침 7시, 회사 옆 스타벅스로 향하는 시간은 나에게 하루를 지배하는 핵심 루틴이었다. 전날 회식으로 새벽 2~3시에 귀가했든, 바깥 날씨가 어떻든 상관없이 나는 스스로와 타협하지 않았다. 출근 전 이 귀한 한 시간이야말로 당시의 바쁜 회사 생활 속에서 미래를 위한 자기 준비와 독서를 할 수 있는 거의 유일한 시간이었기 때문이다. 머지않은 미래에 내가 바라는 내 모습에 대한 흔들림 없는 확신과 희망은 이 '스타벅스 7시 출근'을 지속하게 만든 가장 큰 원동력이 되었다.

대한민국 육군에는 대학의 전공 처럼 '병과'가 있는데, 그 중 아군의 기동로를 개척하고 적의 기동을 저지하는 전투병과인 '공병'이 있다. 이 공병 장교 및 부사관을 양성하는 공병학교의 슬로건은 다음과 같다. '처음과 끝은 우리가!' 이 슬로건 처럼, 가장 먼저 회사에 출근해서 불을 켜고 제일 늦게 퇴근하며 불을 끄는 것을 지향했다.
다음은, 당시 필자가 화장실에 붙여놓고 매일 읽은 글이다.

〈 지혜로운 충고 - 엘버트 하버드 〉

밖으로 나갈 때마다 턱을 안으로 당기고
머리를 꼿꼿히 세운다음, 숨을 크게 들이마셔라.
햇살을 바라보며 친구를 미소로 맞고,
악수를 나눌 때마다 정성을 다해라.

오해받을까봐 두려워 말고,
적에 대해 생각하느라 단 1분 1초도 허비하지 말라.

무엇을 하고 싶은가에 대해 마음속에 확실히 심어두어라.
그리고 나서 옆 길로 새지말고 목표를 향해 곧장 전진하라.
당신이 하고싶은 위대하고 찬란한 일에 대해 생각하라.

그러면 시간이 흐름에 따라, 당신도 모르는 사이에
원하는 것을 이루는데 필요한 기회를 잡고 있음을 발견할 것이다.
이는 마치, 산호충이 흐르는 조류에 몸을 맡기고 필요로 하는 것을
취하는 것과 같다.
마음속에 당신이 되고 싶어하는,
유능하고 정직하고 쓸모있는 사람을 그려보라.
그러면 당신이 품고있는 그런 생각이,
시간이 흐름에 당신으로 하여금 바로 그런 인물이 되게 해줄 것이다.

생각이란 아주 중요한 것이다. 올바른 정신자세를 갖도록 하라.
용기, 정직, 그리고 명랑한 정신자세를 가져라.
올바르게 생각하는 것은 창조하는 것이다.

모든 것은 욕망으로부터 얻어지며,
모든 진지한 기도는 응답된다.
우리는 우리가 마음먹은 그대로 된다.

턱을 안으로 잡아당기고, 고개를 꼿꼿히 세워라.
우리 인간은, 미완성의 신들이다.

 5년 정도의 시간이 흐른 뒤, 나는 인생의 중요한 이정표 중 하나인
'가맹점주'의 꿈을 이루었다. 단순한 자영업을 넘어, 과거
아르바이트의 경험부터 회사를 다니며 익힌 체계적인 시스템과

노하우를 접목해 점주의 역할에 최선을 다했다. 그 결과, 전국 3,400여 개에 달하는 가맹점 중 최초로, 식약처 '위생등급제 매우 우수' 평가를 달성했다. 이는 자발적인 등급제 평가 신청을 통해 스스로 품질과 위생을 증명하려 했던 주도적인 실행력의 결과였다. 또한, 고객이 자발적으로 참여하는 설문조사에서도 6년 연속 '만족도 최우수 매장'으로 꾸준히 선정되는 등, 내실 있는 성장을 이루어냈다.

한편, 가족이 뿔뿔이 흩어져야 했던 과거의 서러움을 잊지 않기 위해 꾸준히 부동산 등 경제공부를 하면서 경제적 자립을 위한 성장을 멈추지 않았다. 이와 더불어 버킷리스트였던 '할리데이비슨을 타고 시원한 바람을 가르며 자연과 함께 사유하리라'는 목표까지 이루며, 바쁜 일상 속에서 잠시 멈춰 내면을 돌아보는 시간을 얻었다.

이 모든 값진 여정을 되돌아보며, 나는 마침내 하나의 흔들림 없는 진리를 가슴 깊이 깨달았다. 그것은 바로 "내면의 진심이 외부 세계의 모든 현실을 바꾼다"는 명징한 진실이었다.

나는 이 깨달음의 힘을 '성공 헤르츠'라는 모임을 만들었고 소중한 사람들과 나누고 있다. 그리고 이 책『성공헤르츠』를 통해 더 많은 독자들과 그 경험을 공유하고자 한다.

삶의 거친 파도 앞에서 절망의 바다에 갇혀 길을 잃은 누군가에게, 나의 고백과 깨달음이 다시 돛을 올리고 희망의 항해를 시작할 용기를 줄 수 있다면, 그것이야말로 나에게 가장 크고 진정한 성공이며 기쁨일 것이다. 사는대로 생각했던 나의 현실을,
'생각하는 대로 살게되는 비밀' 을 지금부터 같이 이야기해보겠다.

""마음은 밭과 같다. 무엇을 심든지 거두게 될 것이다."

2장.
나는 누구인가

2장. 나는 누구인가

" Today, I am not what I think I am.
I am not what you think I am.
I am what I think you think I am "
 - Thomas Cooley -

책임감 = 나의 반응

나는 가끔 나 자신에게 묻는다. "나는 누구인가?"
당신도 스스로에게 한번 물어보라. "내가 생각하는 '나'는 누구인가?"

보통 우리는, 누군가를 처음 만나면 자신을 이렇게 소개한다.
"저는 홍길동(이름) 입니다. 저는 00대대 작전과장(직책) 입니다. 저는 00사업부 대리(직급) 입니다. 저는 00아빠(역할)입니다."
내 이름이 나인가? 가족이나 사회 속에서 맡은 나의 직책 및 역할이 나인가? 내 얼굴과 몸이 나인가? 아니면 세상에 반응하는 나의 태도가 나 인가?
이 장의 서두에 적은 글 처럼, 사회학자 토마스 쿨리는 이렇게 말했다.
"요즘 시대는, 타인이 나라고 생각하는 '나의 생각'이 나 이다." 즉,'다른 사람은 나를 이렇게 바라볼거야' 라는 생각. 이것을 '나' 라고
생각한다는 것이다. 아주 통찰력있는 말이다. 집안에서 기대하는 나의 모습, 사회와 직장에서 기대하는 나의 모습, SNS에 비춰질 나의

모습을 생각하며 우리는, 자신의 자아상을 만들어 가고있다. 점점 그 생각대로 내가 만들어지고 있는 것이다.
우리의 내면은, 깊은 곳에서 우러나는 행복으로 가득 차있는 것일까? 그렇게 보이는 행복 껍데기 속 공허함으로 가득 차있는 것일까?

인도와 네팔에서 쓰는 인사말 '나마스떼(Namaste)'는 단순히 '안녕'을 넘어선 깊은 의미를 지닌다. 나마스떼는 산스크리트어로
"내 안에 있는 신성(참나)이,
당신 안에 있는 신성(참나)에게 경배한다"
라는 뜻이다. 이는 모든 사람의 내면에 존재하는 존엄성과 빛을 인정하고 존중하며 인사하는 행위이다. 서로를 향해 합장하고 고개를 숙일 때, 그것은 곧 상대방 안에 있는 무한한 잠재력과 본질을 향한 경의를 표하는 것이다.

필자가 눈을 떠 정신을 차려보니, 나는 대구에서 태어났고 주어진 이 환경에서, 나를 낳아주신 부모님 아래 살아가고 있었다. 그러나 이런 것들은 그저 운명인 것일까? 아니면 베르나르의 글처럼, 내가 다시 태어나기 전, 스스로 모든 것을 미리 정해놓은 것일까? 환경에 따라 자연스럽고 편안한 선택을 한 결과였을까?
어린 시절, 나는 세상을 알지 못했다. 그저 사회와 부모의 안전한 그늘 안에서 마음대로 뛰어 놀았다. 하지만 시간이 흐르고, 사고방식이 형성되는 청소년기를 지나며 내 안의 주체성이 조금씩 뚜렷해지기 시작했다. 그리고 어른이 되면서 깨달았다.
지금 나의 모든 것은 '나의 선택'이고, '나의 책임'이라는 사실을.
이후로 세상의 수많은 자극과 환경 속에서 나는 늘 선택하고 반응해야

했다. 나의 선택이 곧 나의 삶이 되었고, 나의 반응이 현재의 나를 만들어냈다. 이것은 진정한 책임(responsibility)의 의미였다.

 우리는 어떻게 성장했을까? 내가 태어난 지역, 내가 속한 부모님의 환경, 우리 집의 재산 상태, 다녔던 학교와 만난 친구들, 진학한 대학과 만났던 선후배들, 그리고 사회에 나와 들어가게 된 직장과 그 안에서의 환경. 대부분의 사람들 처럼 우리는, 주어진 환경과 조건을 있는 그대로 받아들이며 살아간다. 내게 주어진 환경과 그 틀안에서 반응하며 살았다. 그 속에서 '나'라는 존재를 스스로 정의하며 살아간다. 하지만 그 안에서도 내가 '진짜 나'를 알 수 있는 방법은 바로 '책임'이라는 키워드 속에 숨어 있다.

 당신은 책임감이 강한 사람인가? 책임이라 하면 어떤 사건이나 결과, 또는 상황에 대해 내가 가져야 하는 '의무적인 무언가'을 떠올린다. 어떤 일이 벌어졌을 때 내 책임이 어디까지인지, 나의 직무적 책임, 가족에 대한 책임, 학생으로서 책임, 직장인으로서 책임...
 책임의 어원은 'Response'와 'Ability', 반응과 능력의 합성어이다.
즉, '반응하는 능력'을 책임감이라 한다.
내가 세상에서 마주치는 수많은 상황들에 대해, 나는 어떤 반응을 '선택'해왔는가? 예를 들어보자.
 - 카페에서 무례한 사람을 보았을 때 나의 반응은?
 - 회사 동료의 특정행동에 나는 어떻게 답했는가?
 - 불평을 쏟아내는 사람에게 나는 어떤 태도를 보였는가?
 - 불친절한 직원을 대할 때 나는 무슨 말을 했는가?

- 방향지시등을 미리 켜지도 않고, 갑자기 끼어드는 차량에게 나는 어떻게 대응했는가?
- 후배가 같은 실수를 반복했을 때 나는 어떤 말로 반응했는가?
- 아이가 이것저것 사 달라고 계속 조를 때, 나는 어떻게 대처했는가?
- 부당한 상사의 지시에 나는 어떻게 반응했는가?

이 모든 반응이 결국 '나의 책임'이고, 바로 그 순간의 선택이 진정한 '나'를 보여준다.
자신에게 다시 질문해보자. "당신은 책임감이 강한 사람인가?"
이런 반응의 대부분은 '나를 지키려는 마음', 즉 자존심이 그 근저에 있다. 더 나아가, 타인 앞에서 내가 어떻게 보일지를 신경 쓰며 만든 페르소나(그리스어원 : 가면) 일 때도 있을 것이다.
 결국 나는, 내가 원하는 '모습'을 타인에게 보여주기 위해 수많은 반응과 태도를 '선택'했던 것이다. 이것이 진정한 '나'인가? 나는 나조차 모르게 '가짜 나'를 연기하며 살아가고 있던 것은 아닐까? 나는 스스로 되물었다. "나는 나답게 살고 있는가? 아니면 세상의 시선과 기대에 맞춰 연기하고 있는가?"
'가짜 나'를 벗어나, '나 다운 삶'을 살기 위한 여정은 그렇게 시작되었다.

다음은 20세기 인도의 성자라 불리는 '라마나 마하르쉬'의 글이다.
"마음은 생각들로 이루어진다.
'나'라는 생각이 마음에서 일어나는 첫번째 생각이다.
마음은 항상, 거친 어떤 것에 의존해서만 존재한다.
'나는 누구인가'가 끊임없이 추구되었을 때,
다른 모든 생각들은 파괴되고 '나'라는 생각도 사라져

'진아(Ātman)'만이 홀로 남는다.
거짓자아로 나타나는 몸과 마음을 '진아'로 여기는 잘못된 동일화는 이렇게 끝난다."

반응을 바꾸면 인생이 달라진다

여기서 나는 두 가지를 이야기하고 싶다.
첫째, 지금의 내 환경을 있는 그대로 받아들이자.
내가 지금 살아가는 모든 환경. 사는 집과 가족들, 직장, 동료들, 친구들 등 모든 것이 만족스러운가?
내가 선택할 수 없는 환경, 내가 어찌할 수 없는 일들에 대해 나는 어떤 '반응'을 하고 있는가. 현재 삶의 불편함, 내가 좋아하지 않는 환경, 어쩔 수 없이 마주치는 사람들 등에 대해 나는 어떻게 반응하는가. 그들은 정작 편안하게 차한잔 마시고 있는데, 내 마음은 천둥이 치며 소나기가 내리고 있지는 않은가?

생각해보면 우리가 싫어하는 그 사람들조차도, 자신의 삶에서 나름 최선의 선택으로 그렇게 형성된 삶의 결과를 살아가고 있는 것이다. 만약 내가 그 사람의 환경에서 태어나고 그 사람의 부모 아래서 성장했다면, 과연 나는 그사람과는 달랐을 것이라 자신 할 수 있을까? 어쩌면 그와 똑같이 행동했을지 모른다.
결국 지금 보이는 그 사람의 모습은, 그의 본질이 아니라 언제든 변화될 수 있는 하나의 '상태'일 뿐이다. 마치 오토바이 타이어에 펑크가 나면 그 순간 제 기능을 못할 뿐이지, 타이어의 본질이 바뀐 것은 아닌 것처럼 말이다. 펑크가 수리되면 다시 본래의 역할을 하게 된다. 어떤 상황으로 인해 화를 크게 낸 적이 있는가? 그 때 나의 모습을 보고 지나간 사람은, 나를 평생 '화난 사람'으로만 기억할지도 모른다.
이와 마찬가지로, 내가 싫어하는 사람이라도 그의 본질은 변함이 없다. 그 사람의 모습은 그저 '어떠한 상태'일 뿐이다.

 이제 이렇게 해보자. 내가 싫어하는 사람이 있을 때, 내가 바라는 '그의 이상적인 모습'을 상상하라. 그가 나에게 친절하고, 배려하며, 환히 웃는 그 모습을 상상해보자.
 그 때 살짝 당황한 나의 모습도 보이고, 그와 함께 웃으며 달콤한 믹스커피 한잔을 나누는 상상을.
내 마음의 주파수로 그가 동조할지 누가 알겠는가.
내가 불편한 환경에 있을 때, '내가 바라는 환경'을 진심으로 그려보라. 우리는 외부 환경과 어떤 사람의 행동을 내 마음대로 바꿀 수 없다. 그러나 내 반응은 언제나 내 선택이다. 상상도 내 자유이다.

  * **책임감** : Response + Ability
즉 '반응의 선택'은 내 삶을 바꾸는 첫걸음이다.
 책임감 있는 사람이란, 어떤 상황에서도 일시적인 감정에 휘둘리지 않고, 자신의 마음속에서 올바른 선택을 할 줄 아는 사람이다.

둘째, 책임감을 성장시키자.
 즉, 순간마다 '어떤 반응을 선택할 것인가'를 결정하는 내면의 힘을 기르자. 반응하는 능력을 키우는 것은 곧 책임감을 키우는 길이다.
존경하는 현자나 멘토를 떠올려 보자. 그들의 위대함은 거창한 말이나 특별한 업적에서만 드러난 것이 아니다. 오히려 평범한 일상의 작은 순간마다 보여준 태도와 선택에서 빛이 났다.
 예를 들어, 두 사람이 똑같이 예기치 못한 비난을 받았다고 하자. 한 사람은 즉각 분노로 반응한다. 목소리가 커지고 얼굴이 붉어진다. 그 순간 그의 감정은 씨앗이 되어, 관계 속에 불화라는 열매를 맺게 된다. 반면 다른 사람은 잠시 숨을 고르고, 차분한 어조로 대답한다. 그의 눈빛 속에는 이해하려는 마음이 담겨 있다. 이 순간 선택한 그의 반응은 씨앗이 되어 신뢰와 존중이라는 열매로 자라난다. 같은 상황이었지만, 전혀 다른 열매를 맺게 된 것이다.

이 원리를 잘 보여주는 일화가 있다. 링컨 대통령은 젊은 시절, 어떤 이가 공개석상에서 그를 거칠게 모욕한 적이 있었다. 주변 사람들은 즉시 반박하고 맞서 싸우라고 충고했지만, 링컨은 조용히 미소를 지으며 이렇게 말했다. "저 사람이 한 말은 그의 입에서 나온 것일 뿐, 그 말이 나의 인격을 규정하지는 않는다."

지금의 감정은 그냥 스쳐 지나가는 바람이 아니다. 앞으로 내가 얻게 될 열매의 씨앗이다. 화를 선택하면 화의 열매를, 감사로 반응하면 감사의 열매를, 사랑으로 반응하면 사랑의 열매를 얻게 된다. 그렇기에 순간마다 스스로에게 물어야 한다. 지금 내가 바라는 열매는 무엇인가?
 나무를 심는 농부를 떠올려 보자. 그는 아무렇게나 씨앗을 뿌리지 않는다. 어떤 열매를 거두고 싶은지 미리 마음에 그린다. 사과를 원하면 사과씨를, 포도를 원하면 포도씨를 심는다. 마찬가지로 우리는 삶 속에서 원하는 열매를 먼저 떠올려야 한다. 그리고 그 열매에 어울리는 감정과 반응의 씨앗을 심어야 한다.
 그 선택이야말로 책임감의 다른 이름이다.
내가 심은 작은 씨앗은 결국 내 삶뿐만 아니라, 주변 사람들의 삶에도 흘러가게 된다. 한 번의 인내, 한 번의 미소, 한 번의 따뜻한 말은 파도처럼 번져 나가 다른 이의 마음을 움직인다. 한 사람의 책임 있는 반응이 공동체 전체를 성장시키는 힘이 되는 것이다.
그러니 오늘도 멋진 선택하자. 내가 바라는 열매가 무엇인지 마음에 그려 보고, 그 열매에 어울리는 씨앗을 지금 심자.
결국 책임감 있는 반응 하나하나가 모여 내 삶을 더욱 깊고 넓게 만들어 준다. 그 길 끝에서 우리는 보다 성숙한 자유를 얻게 될 것이다.

미래의 씨앗, 생각

 당신은 평소에 행복한 감정을 많이 느끼는가? 아니면 불만족스러운 감정을 더 많이 느끼는가? 그저 느끼는대로 흘러가는가?
 우리는 지금 '생각의 씨앗'을 심고 있다. 그 생각이 바로 나라는 존재이며, 지금 이 순간에도 미래에 영향을 줄 생각의 씨앗을 심고 있다. 특히 '강렬한 느낌을 동반하는 생각'은 무의식의 토양에 깊게 뿌리내린다. 주변 환경 때문에 무심결에 튀어나오는 감정조차 내 인생의 씨앗이 된다.
어린 시절, 천둥번개에 놀라서 그 강렬한 느낌이 무의식에 각인된 사람은 성인이 되어서도 천둥번개는 물론, 무언가 떨어지는 소리에도 소스라치듯 놀란다.
 그래서 진짜 변화를 원한다면, 좋은 생각이 떠오를 때, 긍정적인 아이디어가 스칠 때, '강한 감정'으로 새기면 더욱 좋다.

그 생각을 강렬하게 '느낄수록', 잠재의식은 그것을 부인할 수 없는 진실로 받아들이게 된다. 이렇게 같은 감정을 꾸준히 반복해 느끼다 보면, 그것은 강력하게 내 무의식에 새겨지고, 결국 시간이 흐르면 현실로 나타난다. 이 원리가 바로 '시크릿(The Secret)'의 핵심 원리다. 이것은 그저 긍정적인 생각이 아니라, 인간 내면의 자연스러운 원리다.
 고대의 현자, 헤르메스 트리스메기스투스(Hermes Trismegistus)의 가르침이 그 첫 시작이었으리라.
수많은 위인들에게 영향을 준 고대 지혜이며 메디치 가문의 초대 통치자 코시모 데 메디치가 번역하고 아이작 뉴턴이 평생을 걸쳐 연구했으며 갈릴레이, 케플러, 파라켈수스 같은 위대한 인물들에게 전해진 '에메랄드 서판' 중 일부 구절이다.

"내면이 그러하니 외면도 그러하고,
위가 그러하니 아래도 그러하고,
우주가 그러하니 인간의 영혼도 그러하다."
(As within so without,
As above, so below,
As the universe, so the soul.)

결국 우리가 마음속에서 무엇을 품느냐에 따라 외부 세계도 반응한다. 긍정의 씨앗을 심으면 좋은 일이 생기고, 부정의 씨앗을 심으면 불행이 반복된다.
 칼 융(Carl Jung) 역시 이 원리를 자아 통합(Self-Integration)이라는 개념으로 설명했다. 융은 우리 안의 의식과 무의식, 그리고 외부 세계가 충돌 없이 하나로 합쳐져 진정한 나(Self)를 이룰 때 비로소 내면에 단단한 중심이 생긴다고 보았다. 나의 내면이 이렇게 정렬되면, 세상을 보는 시야가 넓어지고, 생각이 긍정적으로 바뀌며, 결국 나를 둘러싼 현실까지도 좋은 방향으로 흘러간다.

돈에 대해서도 부정적인 씨앗을 심으면 돈이 멀어진다. 그러나 긍정적인 씨앗을 심으면 돈이 내게로 흐르기 시작한다. 중요한 것은, 그 씨앗은 내 생각을 말하는 것이 아니다. 이미 내 잠재의식에 심겨져 있는 '강력한 나만의 관념'을 뜻한다.

'그래,'돈 중요하지, 많으면 좋지, 나도 돈 좋아해. 돈아, 그러니 어서 내게로 와' 라고 수백번 말 한들,
내 잠재의식에 깊이 새겨진 돈에 대한 관념이 다르다면, 중얼거리는 하나의 소음에 불과할 뿐이다.
그렇다면, 언제부터 내면의 변화가 시작될까?
"내 잠재의식이 그것을 사실로 받아들이는 순간부터!"

이 책이 당신의 인생에 작은 변화라도 일으킬 수 있다면, 나는 그걸로 충분히 행복할 것이다. 당신 인생에서 당신이야 말로 세상에서 가장 소중한 존재이고, 지금 이 글을 읽고 있는 시간 자체가 이미 당신의 소중한 투자이기 때문이다. 믿기 힘들겠지만, 이 글을 읽고 있는 것도 '당신 안의 힘'이 인도한 결과다. 그 방법이 어떻게 되었든, 당신의 '진짜 자아'가 당신을 여기로 데려온 것이다.

시작은 언제나 작고 미약한 것이 당연하다. 하지만 작은 눈송이(Snow.dot) 하나가 거대한 눈사람의 시작이 되듯, 그 작은 불꽃이야말로 결국 '꺼지지 않는 열정의 장작불'로 타오를 수 있다는 사실을 기억해야 한다. 마음을 열고 이 책을 계속 읽어나가 보자.

그러면 어느 순간, 그 변화의 짙은 느낌을 분명히 느끼게 될 것이다.
만약 느끼지 못하겠다면 내게 연락해도 좋다. 위로와 환불을 해주겠다.

"우리가 통제할 수 있는 것은 세상이 아니라 우리 자신이다.
세상을 바꾸는 가장 좋은 방법은 자기 자신을 바꾸는 것이다."

- 랄프 왈도 에머슨 -

3장.
돈은 내게 어떤 의미인가

3장. 돈은 내게 어떤 의미인가

부의 설계

우리는 부자가 되고 싶다는 마음을 품고 살아간다. 우리가 사는 세상은 개인의 사유 재산을 인정하고, 이익을 목적으로 한 자본중심의 경제 시스템 위에 세워진 사회이다. 많은 자기계발서와 마음챙김 서적을 읽을 때마다 좋은 내용이라는 생각과 동시에, 늘 현실의 '돈'이라는 문제와 부딪히며 괴리감을 느꼈다. 풍요롭고 깊은 정신을 이야기하는 책들을 사유하고 난 뒤, 이내 밀려오는 생활비, 대출금, 그리고 미래에 대한 불안감은 마치 차가운 현실의 파도처럼 나를 덮친다. 돈이라는 현실의 닻이 흔들리는 한, 아무리 긍정적인 생각의 돛을 달아도 삶의 항해는 현실의 차가운 바람에 불안정할 수밖에 없었다. 이상과 현실의 간극을 좁히지 않고서는 진정한 마음의 평화를 얻기 어려웠다.

삶의 목표와 방향, 이상적인 삶을 그리는 것, 그리고 사랑과 감사의 마음을 나누는 것은 분명 중요하다. 그러나 이 모든 고결한 가치들은 결국 현실의 벽, 즉 '돈'이라는 문제에 부딪히기 마련이다. 흔히들 돈을 속물적인 것으로 치부하며 정신적인 가치와 분리하려 하지만, 이는 현실을 외면하는 것과 같다. 자본주의 사회에서, 돈이라는 현실적 기반이 흔들리면 그 위에 세운 어떤 이상도 위태로워질 수밖에 없다. 따라서 우리는 삶의 가치와 의미를 논하기 전에, 돈의 필요성과 그 의미를 제대로 이해하고 넘어가야 한다. 돈은 단순히 물질적인 욕망을 채우는 수단이 아니다. 그것은 우리가 원하는 삶의 방향으로 나아가기 위한 도구이자, 자유를 확보하는 수단이다. 경제적 독립은 외부의 압박이나 타인의 시선으로부터 벗어나, 진정으로 내가 원하는 삶을 선택할 수 있는 힘을 준다.

 돈에 대한 건강한 이해와 계획 없이는 목표도, 감사도 공허한 외침에 불과할 수 있다. 먼저 돈이라는 현실적인 문제를 당당하게 마주하고, 그 의미를 정확히 파악해야 한다. 그리고 그 위에 비로소 우리가 꿈꾸는 삶의 가치들을 견고하게 쌓아 올릴 수 있을 것이다.

"당신에게 돈은 어떤 의미인가?"

 돈은 단순한 화폐의 기능을 넘어 생존을 위한 최소한의 조건이자, 인생의 선택지를 넓혀주는 아주 현실적인 도구이다. 돈을 가리켜 '삶을 펴주는 다리미'라고 비유하는 것도 같은 맥락이다. 돈이 있으면 구겨진 삶도 펼쳐지고, 주름도 펼 수 있으며, 막혀 있던 길도 펼칠 수 있다. 마음의 가난은 명상과 독서로 보충할 수 있지만, 경제적 가난은 모든 선한 의지를 거두어가고 마지막 한방울의 자존감마저 앗아가며 빈곤은 예의도 품위도 없다고 김승호 회장은 말했다. 물론 돈이 모든 문제를 해결해주는 것은 아니다. 하지만 분명한 건, 자본주의 사회에서 돈으로 해결할 수 있는 일은 상당히 많으며 돈이 삶의 굴곡을 조금 더 부드럽게 다듬어주고, 더 건강해지고 아름다워지게 해주며, 앞길을 평탄하게 만들어주는 힘이 있다는 점은 모두가 공감할 것이다.

 우리는 돈에 대한 수많은 정보에 노출되어 있다. 대다수의 서적과 강의는 돈을 버는 방법, 지키는 방법, 불리는 방법, 쓰는 방법 네 가지 축을 강조한다. 그러나 이 모든 기술을 습득하기 전에, 우리는 돈에 대한 나의 정의를 내리고 돈을 바라보는 관점부터 바꿔야 한다. 돈을 좋은 것으로 생각하고, 돈에 대한 내 생각을 먼저 정리해야 한다.
 그래야만 내 인생의 목표를 온전히 느낄 수 있고, 그 목표를 향해 가는 과정에서 오는 행복도 제대로 누릴 수 있다. 돈은 목적이 아니라 삶을 위한 수단이다. 내가 돈을 위해 희생하는 대신, 돈이 나의 편의를 위해 일하도록 해야 한다. 내가 원하는 삶이 명확해질 때, 돈은 그 과정을 돕기 위해 자연스럽게 따라올 것이다.

 우리는 흔히, '돈이 많으면 좋겠다! 돈을 많이 벌고 싶다'는 막연한 욕망으로 돈을 바라본다. 이 모호한 욕망은 우리를 끝없이 지치게 만들고, 인생의 본질을 흐리게 한다. 반면, 자신에게 얼마나 돈이 필요한지 명확히 알고 있는 사람은 삶이 훨씬 더 단단하고 여유롭다. 그들은 자신이 만족하고 행복할 삶의 향기를 충분히 인지하고 있기에 시간의 자유를 누리며, 돈에 끌려 다니지 않고 오히려 돈을 통제할 줄 안다. 돈을 삶의 목적으로 삼지 않고, 필요한 만큼의 도구로 인식하는 사람들은 진정한 자유를 경험한다. 내가 돈을 위해 희생하는 것이 아니라, 돈이 나를 더 편안하고 빛나게 해주는 것이다.
돈은 수단일 뿐이지 목적이 아니다. 필요한 수단의 크기를 정확히 아는 순간, 돈은 나를 지배하는 것이 아니라 내가 돈을 지배하는 위치로 올라서게 된다. 막연하게 돈을 찬양하는 것이 아니라, 삶에 필요한 만큼의 경계와 인식을 갖추는 것이야말로 진짜 자유로 가는 길이다.

 미국 프린스턴 대학의 대니얼 카너먼(Daniel Kahneman)과 앵거스 디턴(Angus Deaton) 교수는, 소득이 일정 수준을 넘어서면 돈이 더 이상 삶의 만족도에 큰 영향을 주지 않는다고 밝혔다. 어느 정도의 경제적 안정은 분명 필요하지만, 그 이상은 마음의 평안이나 더 큰 행복을 보장하지 않는다. 오히려 돈에 매달릴수록 인생의 본질적인 목표는 흐릿해진다. 또한 심리학에서는 내재적 동기(intrinsic motivation)가 외적 보상보다 더 강력하다고 말한다. 즉, 돈이나 명예가 아닌, 내가 스스로 의미 있다고 느끼는 목표가 있을 때 사람은 더 깊은 몰입과 만족을 경험하게 된다.

 돈이 나를 위해 일하게 해야지, 내가 돈을 위해 살아서는 안 된다. 돈에 대한 막연한 집착을 내려놓고 나만의 진짜 목표를 바라볼 때, 삶은 훨씬 선명해진다. 그 목표를 향해 나아가는 하루하루는 단순한 반복이 아니라 진짜 살아 있는 시간으로 바뀐다. 그리고 그 안에서 행복은 더욱 자주 피어난다.

지금 그대로의 나로부터

 우리는 누구나 한 번쯤 주변의 금수저를 부러워해 본 적이 있을 것이다. '나는 흙수저인데, 저 사람은 금수저로 태어났잖아.' 이런 생각이 머릿속을 스쳐 지나간다. 그러나 이런 생각을 앞으로도 계속 품고 있다면, 10년이 지나도, 20년이 지나도 여전히 우리는 흙수저로 남아 있을 가능성이 크다. 왜냐하면 스스로를 그렇게 규정하기 때문이다. 자신을 흙수저라 말하는 순간, 생각도 행동도 흙수저처럼 굳게 되고, 결국 그렇게 살아가게 된다.

 이렇게 생각을 바꿔보자. '나는 내 세대에서 최초의 금수저가 되겠다.' 정말 불가능할까?

 세계최초로 주5일 40H 근무 시스템을 만들고, 세상을 '월급쟁이 시스템' 으로 만든 자동차 왕, 헨리 포드는 이렇게 말했다.

"할 수 있다고 말하든, 할 수 없다고 말하든, 당신 말은 옳다!
그 말대로 될 테니."

 생각이 바뀌면 운명도 바뀐다고 했던가. 저 친구가 금수저인 이유를 거슬러 올라가 보면, 그의 부모 혹은 조부모 세대에 반드시 '금수저의 씨앗'을 뿌린 인물이 있었을 것이다. 막연한 질투심이 사라지면 그 공간에 인과의 법칙이 채워진다. 저 집안의 누군가는 부자가 되는 씨앗을 심었기 때문에 지금의 결과가 나온 것이다. 성경에서도 이렇게 말한다. "마음으로도 왕을 저주하지 말고, 침실에서조차 부자를 저주하지 말라."

 우리는 모두 같은 에너지를 가지고 하루를 살아간다. 같은 땅에서 같은 시대를 살고 있으며, 하나의 두뇌와 두개의 눈, 손과 발, 주어진 시간도 동일하다. 그렇다면 부자와 가난한 사람의 차이는 단 하나, 바로 생각의 씨앗이다. 콩을 심으면 콩이 나고 팥을 심으면 팥이 난다. 눈에 보이는 것을 믿는게 사람이지만, 그 이면을 바라볼 수 있어야 한다.
 부자가 된 사람들, 한 분야에 정통한 사람들은 반드시 보이지 않는 수많은 눈물과 인내, 실패와 절망, 습관과 건강관리, 작은 성공의 축적, 철저한 시간관리 등을 거쳐왔다. 그들은 그 씨앗이 열매가 되기까지 수많은 바람과 역경, 위기를 견디며 정성스럽게 영양과 물을 공급해왔다. 세상은 '심은 대로 거둔다'는 아주 단순하고도 확실한 법칙 위에서 돌아간다.

죽음을 향해 시간 위를 달리는 한번의 삶에서, 다른 사람의 꿈을
이뤄주기 위해 살 것인가? 아니면 당신의 씨앗을 품고 당신의 열매를
맺어보고 싶은가?

> "자기인생에 대한 강력한 통제감보다
> 더 확실한 행복감을 주는 것은 없다."
> – 앵거스 캠벨 –

가난은 유전되지 않는다. 사고방식이 유전된다

흔히 '가난의 대물림'이라는 표현을 사용한다. 하지만 이 말의 본질은
단순히 돈이 대물림된다는 의미가 아니다. 진짜 가난의 유전이란 바로
가난한 사고방식과 가난한 행동 습관이 자녀에게 전해진다는 뜻이다.
가난은 오로지 돈의 문제가 아니다. 돈이라는 결과 뒤에는 반드시 그
결과를 만들어낸 생각과 행동이 존재한다. 부모가 가진 가치관과
사고방식, 행동습관이 자녀에게 자연스럽게 스며들고 반복되며 결국
같은 삶의 패턴을 대물림하는 것이다.

 조선 최고의 학자로 알려진 율곡 이이도 집안 재산을 물려받지
않았다. 신사임당의 재산이 아니라, 신사임당의 사고방식과 행동
습관이 자식인 율곡에게 유산으로 전해졌다. 아이들은 부모의
뒷모습을 보며 자란다. 부모가 하는 말을 듣고 배우는 것이 아니라,
부모가 어떻게 행동하는지를 눈으로 보고 그대로 흡수한다. 이것이
진짜 강력한 유산이다.
 심지어 성인이 되어 자아가 어느 정도 형성되고, 사회생활을 시작해도
어린 시절 부모가 던졌던 말과 행동이 선명하게 잠재의식에 남아

우리의 사고방식과 습관을 지배한다. 그렇다면 생각해보자. 못난 아이가 문제가 있는 것일까? 아니면 가난한 부모가 잘못한 것일까? 둘 다 정답이 아니다.
 만약 내가 그 부모에게서 태어나고 같은 환경에서 자랐다면 나 역시 비슷한 삶을 살고 있었을 확률이 높다. 그렇기에 부모를 원망할 이유도, 스스로를 자책할 필요도 없다.

 동양 철학은 흔히 운명과 사주팔자의 고정된 틀을 이야기하는 듯하지만, 그 깊은 사유 속에서는 결국 인간의 운명은 스스로의 마음과 주체적인 노력에 의해 얼마든지 변화 가능하다고 말한다.
 특히 지금의 자본주의 사회는, 가문이나 배경보다 개인의 역량과 통찰을 통해 자수성가한 백만장자들이 역사상 가장 많이 출현하는 시대이다. 이는 태어난 환경에 굴복하는 대신, 스스로의 내면을 다지고 현실을 개척하는 힘이 얼마나 강력한지를 보여주는 명확한 증거이다.

 우리는 이미 부자가 될 충분한 자격을 갖추었다. 이 글을 읽고, 이 책을 손에 들고 있는 당신은 이미 더 나은 목표와 성장의 방향을 바라보고 있는 깨어있는 사람이기 때문이다.
 돈을 더 벌고 싶을 때 진정으로 중요한 것은, 수많은 성공 방법들 중에서 나의 기질과 상황에 맞는 '나만의 길'을 찾는 것이다. 누군가의 성공을 그대로 따라 해본들, 그것은 결국 그 사람의 그릇일 뿐이다. 일시적으로 흉내를 내서 돈을 벌 수는 있겠지만, 결국 우리는 그 사람의 강의에 내 돈을 더 보태주는 소모적인 과정을 반복하게 된다.

세상은 누구나 돈 버는 법, 성공하는 법을 이야기하지만, 결국 성공의 답은 자신의 내면에 있다. 자신과 가장 결이 맞는 길을 지혜롭게 찾아내야 한다. 자기만의 '다이아몬드'를 발견하고, 세상의 속도에 휩쓸리지 않는 '자신만의 속도'로 걸어가는 것이 바로 성취와 진정한 자신의 행복을 동시에 잡는 핵심이다.

한번은 강의를 마치고 이런 질문을 받은 적이 있다.

"저는 자기계발 책도 많이 읽고, 유명한 강의도 자주 듣고, 각종 성공 모임에도 빠지지 않는데… 왜 제 삶은 여전히 제자리걸음 같고 뭔가가 부족한 것 같을까요?"

이 이야기에 많은 독자들이 공감할 것이다. 이야기를 깊이 나눠보니, 그분이 겪는 근본적인 어려움 두 가지가 명확히 보였다.

첫째, 스스로가 진정으로 만족할 만한 '나만의 명확한 목표'가 없었다. 타인이 정해놓은 성공의 기준만 쫓을 뿐, 자신이 무엇을 원하는지, '어디에 도달해야 비로소 만족할지'를 정하지 못했기에 아무리 열심히 배워도 자기 삶의 방향타가 없었다. 마치 연료만 가득 채운 채 목적지를 정하지 않은 배와 같았다.

둘째, 결과가 나오기 전에 조급함에 지쳐버렸다. 콩을 심었으면 싹이 트고 열매를 맺기까지 인내의 시간이 필요함에도 불구하고, 오늘 씨앗을 심고 내일 당장 풍성한 콩이 열리기를 기대했다. 눈에 보이는 작은 변화에도 '이게 다인가?'라며 회의감을 느끼고, 결국 습관을 포기하고 다시 새로운 것을 찾아 나서는 악순환 속에 갇혀 있었다.

행복은 성공한 그 시간과 장소에만 국한되지 않는다. 진정한 행복은 목표를 향해 나아가는 과정 그 자체 안에 있다. 이 과정을 즐기지 못하면, 결국 그 어떤 결과에도 만족하지 못하고 다음 목표를 갈망하게 된다. 따라서 스스로를 기쁘게 할 수 있는 작은 행복의 기준을 세우고, 그 과정을 음미하며 즐기는 능력을 길러야 한다.

우리는 종종 하루아침에 인생이 극적으로 바뀌기를 기대한다. 오늘 부자가 되겠다고 결심했으니 다음 달에 통장이 두둑해지고, 오늘 행복을 선언했으니 곧바로 좋은 일과 웃음이 넘쳐흐르기를 바란다. 하지만 현실은 그런 빠른 속도로 돌아가지 않는다. (로또를 사도 일주일은 기다려야 발표를 하지 않는가)

세상에서 가장 경이롭고 아름다운 존재, 바로 사람이다. 그중에서도 가장 순수하고 아름다운 결정체인 아이는 부모의 헌신적인 사랑과 9개월이라는 긴 시간의 양분을 온전히 담아 세상에 태어난다. 그리고 한 아이가 자신만의 단단한 자아를 갖춘 성인으로 성장하기 위해서는 십수 년에 달하는 충분한 시간과 보살핌이 필요하다.

부자가 되는 과정도 이와 전혀 다르지 않다. 단지 요행이나 기술을 익히는 것이 아니다. 올바른 생각의 씨앗을 잠재의식이라는 밭에 심고, 꾸준한 습관과 올곧은 행동으로 정성껏 길러야 한다. 이 씨앗이 뿌리를 내리고 열매를 맺기까지 인내하고 성장하는 숙성의 시간이 반드시 필요하다. 마치 아이의 성장을 재촉할 수 없듯이, 부도 그 자연스러운 흐름과 시간을 존중해야만 얻을 수 있는 결실이다.

"나무를 심기에 가장 좋았던 때는 20년 전이다.
두 번째로 좋은 때는 바로 지금이다."
- 중국속담 -

내가 원하는 부자의 모습

"당신은 부자가 되고 싶은가?" 이 질문에 "아니요"라고 답할 사람은 거의 없을 만큼, 우리는 모두 부를 갈망한다.

그렇다면 이제 진지하게 스스로에게 질문할 차례다. 당신이 생각하는 '부자'의 모습은 어떤 모습인가? 막연한 욕망이 아닌, 구체적인 이미지를 그려본 적이 있는가? 지금 잠시 멈추고 생각의 시간을 가져보라. 머릿속에 떠오르는 부자의 모습을 명확하게 정의하고 기록하는 것이 모든 시작이다.

"내가 생각하는 부자는 _____ 이다."

당신의 답은 무엇이었는가? 필자가 정의한 부자는 '시간으로부터 자유로운 사람'이다. 즉, 우리는 유한한 인생 속에서 가장 소중한 시간을 돈에 쫓기거나 그것으로 교환하지 않고, 온전히 나에게 가치 있고 의미 있는 것들로 채우는 사람을 부자라 생각한다. 매일매일을 충만함으로 살아내는 사람.

 좋은 집이나 자동차 같은 물질적인 도구들은 그 '자유로운 시간'을 더 풍요롭게 거들어 주는 수단일 뿐이다. 개인의 취향인 그 도구들은 사람의 생김새만큼이나 모두 다르다. 생각해 보라. 만약 우리가 영원히 살 수 있다면 시간이 지금처럼 소중할까? 죽음이 있기에 우리는 삶에 의미를 부여한다. 삶이 유한하기에 하루하루가 귀하고, 시간이 제한적이기에 지금 이 순간이 소중한 것이다.

 부를 향한 여정에서 하지 못하는 일이나 해보고 싶은 경험이 당신을 기다리고 있을 것이다. 도전하지 않아 기회를 놓치는 후회보다, 도전하고 실패함으로써 귀중한 학습 경험을 얻는 것이 훨씬 더 가치 있는 일이다. 실제로 많은 자수성가 부자들은 실패를 성공으로 가는 필수 과정이라 여긴다. 그들에게 실패란 '결과'가 아니라, 다음 단계를 위한 데이터이자 시도하지 않은 것에 대한 후회를 남기지 않는 용기 있는 행동일 뿐이다.

   "우리가 한 일에 대한 후회는 시간이 지나면 잊힐 수 있다.
   그러나 하지 않은 일에 대한 후회는 위안받을 길이 없다."
                    - 시드니 J. 해리스 -

 스틴 팀버레이크와 아만다 사이프리드가 주연한 영화 『인 타임』은 시간이 화폐가 된 충격적인 근미래를 배경으로 한다. 사람들은 자신의 팔에 새겨진 생명 시계가 멈추면 즉시 죽음을 맞이한다. 이 사회에서 노동은 '시간'으로 지급받으며, 모든 거래는 시간으로 이루어진다. 커피 한 잔에 4분, 권총 하나에 3년, 고급 스포츠카 한 대에 59년. 이 디스토피아적 설정은 우리에게 남아 있는 시간의 가치와 유한성을 강렬하게 되묻는다.

 사전적 정의로 부자는 단순히 돈이 많은 사람이다. 한국에서는 KB경영연구소에서 발표하는 '한국 부자 보고서'에 따르면, 금융자산

10억 원 이상을 가진 사람이 한국 상위 1% 부자로 분류된다. 2022년 기준, 자산 상승으로 인해 상위 1%의 기준은 약 30억 원까지 높아졌다. 흥미로운 사실은, 부자들이 생각하는 '진짜 부자'의 기준은 저 기준보다 훨씬 더 높다는 것이다. 이 생각은 우리 모두 비슷할지 모른다. 조금만 더 있으면 좋겠다, 조금만 더 많으면 만족할 것 같다는 막연한 기대. 하지만 이제 물어보자.

 세상이 정해준 부자의 기준이 아닌, 내가 원하는 부자의 모습은 무엇인가? 나는 어떤 부자가 되고 싶은가? 구체적으로 얼마를 벌고 싶은가? 단순히 돈만 많다고 부자가 될까, 아니면 그 돈을 통해 무엇을 하고 싶은가? 이 질문에 대한 답을 찾는 순간, 그저 막연하게 '부자가 되고 싶다'는 생각이 구체적인 목표와 방향성을 가지게 된다.

 미국에서는 상위 부자의 10명 중 8명이 자수성가형 부자라고 한다. 상속이 아닌, 스스로의 노력과 전략으로 부를 일군 사람들이다. 그들의 직업, 습관, 생활 방식을 살펴보면, 부자가 되는 데는 지름길이 없다는 것을 알 수 있다. 무엇보다 중요한 건 부자가 되기 전에 생각과 마음가짐부터 바뀌어야 한다고 말했다.
또한 이들 대부분이 이야기하는 '충분한 돈'의 기준은 의외로 소박하다. 평균적으로 연봉 약 7천8백만 원 정도면 충분하다고 느낀다고 말한다. 물론 사람마다 금액의 차이는 있겠지만, 중요한 건 금액 자체가 아니라 '나에게 필요한 만큼'을 아는 것이다. 그들은 돈으로 부터 얻은 행복보다, 각자가 중요하게 생각하는 가치대로 살 때 진정 행복하다고 말한다. 삶의 본질은 돈이 아닌, 가치에 있다. 돈은 그 가치를 채우기 위한 수단일 뿐이다.

당신에게 소중한 가치들은 어떤것들이 있는가?

〈내가 소중히 생각하는 삶의 가치들〉

1. _____   4. _____
2. _____   5. _____
3. _____   6. _____

나는 단순히 돈을 많이 벌겠다는 막연한 꿈이 아닌, 진정으로 원하는 삶을 살기 위한 충분한 시간과 자유를 꿈꾼다. 좋아하는 일에 몰두하며 시간을 온전히 즐기고, 나를 돌보며, 내가 원하는 방식대로 하루하루를 충만하게 채워가는 인생.
왜 우리는 돈을 벌기 위해 이 소중한 모든 것들을 포기해야만 하는가?

자, 다시 한번 적어보자.

"내가 생각하는 부자는
_____ 이다."

당신만의 그릇을 찾고, 당신만의 부를 만들어라

'부자가 되려면 부자의 씨앗을 심어야 한다'는 말을 자주 듣는다. 부자가 되기 위해서는 부와 관련된 책을 많이 읽고, 부유한 친구들을 사귀어야 한다는 이야기도 흔하다. 성공하고 싶다면 성공한 사람들과 함께 어울려야 한다고도 한다.
맞는 말이다. 그러나 여기서 중요한 질문이 있다.

지금 나 같은 사람에게 정말 부자는 친구가 되어줄까? 그저 그들의 책을 읽고, 그들의 팬이 된다고 해서 그들이 진정으로 나에게 마음을 열어줄까? 이 질문에 답하기 위해, 상황을 역지사지(易地思之)해 보자. 만약 누군가 당신에게 다가와 이렇게 말한다고 상상해보라.

"나 부자가 되고 싶어요. 저에게 마음을 나눌 수 있는 친구가 되어주세요. 당신의 귀한 정보를 나눠주세요!"

당신은 그 요청만으로 바로 친구가 되어주겠는가? 아닐 것이다. 당신 역시 진심이 느껴지고, 대화가 통하고, 가치관이 맞는 사람에게만 마음이 열릴 것이다. 부자와의 관계도 마찬가지다. '친구'가 되기 위해서는 나 스스로가 그들의 시간과 교류에 걸맞은 가치를 지녀야 한다.

우리는 비슷한 사람들과 어울린다. 학창 시절을 떠올려 보라. 비슷한 생각을 가진 친구, 같은 관심사를 가진 친구와 어울리지 않았는가? 동아리나 활동을 통해 쉽게 친해졌던 기억처럼, 사람들은 결국 생각과 결이 비슷한 사람과 '진짜 친구'가 된다. 형식적인 관계가 아니라, 진심으로 교감하고 끝없이 대화가 이어지는 그런 관계 말이다.

이것이 바로 '공명(共鳴)'이다. 부자와 성공한 사람들과 진정으로 공명하려면, 나 역시 그들과 몇 시간이고 지루함 없이 대화할 수 있는 사람이 되어야 한다. 단순한 지식의 나열이 아닌, 가치관과 통찰을 공유할 수 있는 깊이를 갖춰야 한다. 그때야 비로소 진짜 인연이 시작된다. 부자가 되기 위해서는 단순히 그들을 아는 것만으로는 충분하지 않다. 나는 그들과 진심으로 공명할 수 있는 '같은 주파수'의 사람이 되어야 한다.

지금 내 주변을 돌아보자. 나는 누구와 공명하고 있는가? 나는 어떤 사람들과 생각을 나누고 있는가? 내가 되고 싶은 그 부자의 모습을 지닌 사람들과 함께하고 있는가? 내 주변엔 정말 내가 원하는 모습의 사람들이 존재하는가? 혹은 위로만 찾아다니며 그 자리에서 안주하고 있지는 않은가? 책을 읽고, 성공한 사람들의 생각을 이해한다고 해서 내가 자연스럽게 그 사람들과 비슷한 삶을 살게 되는 것은 아니다. 만약 그렇다면 우리는 이미 두 번째 마이클 잭슨, 두 번째 일론 머스크가 되어 있어야 한다.
 우리가 해야 할 일은 누군가의 그릇을 흉내 내는 것이 아니다. 나만의 그릇을 키워야 한다. 누군가의 지식과 정보를 흡수하는 데 그치지 않고, 내 것으로 소화하고 나만의 그릇으로 빚어내야 한다. 성공의 방식은 사람마다 다르기 때문이다. 같은 길을 간다고 모두 같은 결과를 얻는 것은 아니다. 왜 두 번째 스티브 잡스, 두 번째 워렌 버핏이 없는지 생각해보라.

 하늘아래 새로운 것은 없다지만, 세상에 존재하는 모든 사람은 유일한 존재다. 당신 역시 단 하나뿐인 존재고, 세상에 단 하나뿐인 그릇이다. 우리는 스스로의 그릇을 찾아야 한다. 그 과정에서 진정으로 나와 공명하는 사람들을 만나게 될 것이다. 그들이 반드시 현재 부자거나 성공한 사람일 필요는 없다. 그들은 분명 나의 그릇을 단단하게 해줄 인연인 것이다.

 나만의 다이아몬드는 결코 외부에 있는 것이 아니다. 내 안에 있으나 아직 발견하지 못한 것일 뿐이다. 진짜 능력은 내 안에서 찾는 것이다. 밖에서 끊임없이 답을 찾으려 하지 말자. 나는 이미 충분하다. 마치 물컵을 보고 "반밖에 없다"라고 생각하느냐, "반이나 있다"라고 생각하느냐의 차이처럼, 같은 상황이지만 생각에 따라 다른 결과를 만든다. 내 안에서 능력을 찾고, 내가 평생 하고 싶은 일을 찾는 사람은 그 노력조차 즐기게 된다. 시련 속에서도 성장의 기쁨을 느끼며 앞으로 나아간다.

 중요한 건 나를 정확히 아는 것이다. 거울 속 모습이나 타인의 시선에 비춰진 나로 판단하지 말고, 진짜 내 내면을 바라보자. 외부의 시선에 집착하면 끝없이 비교하고 스스로를 깎아내리는 생각에 사로잡히기 쉽다. 나를 이해하고 보듬어야 한다.

 이제 새롭게 나를 바라보자. 당신은 지금 생각하는 것보다 훨씬 멋지고 가치 있는 존재다.

 나는 이미 충분하다. 내 안에 잠든 능력이 깨어나기를 기다리고 있을 뿐이다. 그 힘은 나의 생각에서 시작된다. 내가 생각하는 만큼, 내가 믿는 만큼 내 인생도 변화한다. 세상을 보는 눈이 달라지고, 말투와 걸음걸이가 변하고, 표정과 눈빛도 달라진다. 사람들이 나를 느끼는 '아우라'마저 변하기 시작한다.

> "그저 자신의 길을 가면 춤추듯 걸을 수 있다.
> 나에 맞게 하루를 보내면, 그 하루가 내 것이 되어 품에 안긴다."
>
> - 구본형 -

4장.
나의 목적지는 어디인가

4장. 나의 목적지는 어디인가

 우리는 태어나 어디로 흘러가는 것일까?

이 길은 운명처럼 이미 정해져 있는 것일까? 아니면 스스로 만들어가야 하는 길일까? 내 인생의 진정한 목적지는 어디에 있을까?

 이 질문에 답하기 위해, 잠시 눈을 감고 상상해 보라. 내가 꿈꾸는 최고로 성공한 삶에서 나의 하루는 어떻게 흘러갈까? 내가 진정으로 원하는 성공한 하루는 어떤 모습이며, 그날의 나는 어떤 생각과 행동으로 시간을 채우고 있을까? 이 구체적인 상상이야말로 당신의 성공헤르츠를 작동시키는 첫 번째 주파수이다.

잠시 눈을 감고 가장 구체적으로 상상해 보자. 단순히 '좋은 집에서 살고, 멋진 차를 타고, 풍족한 재산을 가질 것이다'라는 외부 이미지에만 머무르지 말자. 여기서 한 발짝 더 깊이 들어가 보자. 그 모든 것을 이미 이룬 나의 하루는 구체적으로 어떻게 시작될까? 아침에 일어나 어떤 공간에서 눈을 뜨고, 무슨 생각을 하며 하루를 시작할까? 하루 중에 무슨 일에 몰두하고, 누구와 시간을 보내며, 어떤 활동을 할까? 그때 나의 몸과 마음은 어떤 기분일까? 어떤 깊은 만족감과 행복을 느끼며 그 하루를 마감할까?

 이렇게 구체적으로 상상하는 시간이야말로 내가 원하는 인생을 끌어당기는 가장 강력한 도구가 된다. 행복한 나의 모습을 그리는 이 몇 분의 상상이야말로, 단순히 '돈을 많이 버는 것'을 목표로 삼는 것보다 훨씬 더 근본적이고 중요한 일이다.

사실, 인생의 본질을 바꾸는 것은 바로 이 '내가 원하는 인생의 그림'을 그리는 데 있다. 이 그림이 명확해지면 삶의 방향이 달라지고, 모든 것에 임하는 태도가 달라지며, 결국 인생의 궤도 자체가 완전히 바뀐다. 핵심은 '행복'이다. 내가 행복한 상태에서 무엇을 하고, 누구와 시간을 보내며, 어떤 감정을 느끼며 살아가는가를 상상하는 것이다. 돈은 단지 내 행복을 실현하기 위해 일해주는 도구일 뿐이다. 내가 진짜 원하는 것은 돈이 아니라 '삶'이다. 바로 행복으로 가득 찬 나의 삶이다.

내가 원하는 인생이 명확해지고, 그 삶에 필요한 돈이 얼마인지 스스로 깨닫는 순간부터 나의 삶은 훨씬 가벼워진다. 단순히 '더 많은 돈'이라는 끝없는 욕망에서 벗어나, 내가 진짜 원하는 삶을 향해 의미 있는 여정을 시작할 수 있게 된다.
그리고 그 여정의 매 순간이, 그 작은 경험의 한 조각 한 조각이 나를 정말 행복하게 만든다. 목표만 바라보며 조급해하던 내가, 매일의 삶 속에서 행복을 느낄 수 있게 된다.

사업가와 어부 이야기

여기 한 사업가와 어부의 이야기를 들어보자. 서울의 유명한 사업가가 울산의 작은 해변을 여행중이었다.
그는 작은 배를 몰고 돌아오는 어부를 만났다. 배에는 몇 마리의 크고 신선한 물고기가 있었다.
사업가는 어부에게 물었습니다. "이 멋진 물고기를 잡는 데 얼마나 걸리셨나요?" 어부는 대답했다. "별로 오래 걸리지 않았어요."

사업가는 다시 물었다. "그렇다면 왜 더 오래 바다에 나가서, 더 많이 잡지 않으셨나요?" 어부는 말했다. "이 정도면 제 가족이 먹기에 충분해요."

"그럼 나머지 시간에는 뭘 하시나요?" "늦잠 자고, 책도 좀 보고, 아이들과 놀고, 아내와 낮잠도 자고, 저녁에는 마을로 나가 친구들과 소주한잔 마십니다. 아주 바쁜 삶이죠." 어부는 웃으며 대답했다. 이에 사업가는 진지하게 조언을 했다. "제가 서울대 경영학 출신인데요, 당신은 잠재력이 아주 큽니다! 더 오래 낚시를 하면 더 많은 물고기를 팔 수 있고, 그 수익으로 더 큰 배를 살 수 있어요. 그러면 직원도 고용하고, 여러 척의 배를 운영할 수 있게 됩니다. 나중에는 가공공장을 지어서 직접 생산하고 유통할 수 있어요. 이 조그마한 마을을 떠나 광역시나 서울에 사무실도 둘 수 있고요."
어부는 물었습니다. "그렇게 되기까지, 얼마나 걸릴까요?"
"대략 15년에서 20년쯤요."
"그 다음에는요?"
"그 다음엔 사업을 팔고 수백만 달러를 벌 수 있습니다."
"그렇게 돈을 벌면요?"
"그러면 조용한 해안 마을로 가서 늦잠도 자고, 낚시도 하고, 아이들과 놀고, 아내와 낮잠 자고, 저녁에는 친구들과 술 한잔마시며 기타를 치는 삶을 살 수 있죠."
어부는 미소 지으며 말했습니다.
"허허, 나는 지금 그리 살고 있답니다."

성공한 하루는 화려한 일정이 가득한 날만을 뜻하지 않는다. 내가 원하는 방향으로 흐르고 있음을 느끼며, 그 안에서 기쁨과 성취를 경험하는 하루다. 하고 싶은 일을 두려움 없이 시도하며, 만나는 사람들과 깊이 교감하고, 나눌 수 있는 것을 기꺼이 나누는 날. 그렇게 흘러가는 하루는 단순한 시간이 아니라, 내가 꿈꾸던 삶의 한 장면이 된다. 저녁이 되어 하루를 돌아볼 때, '오늘, 내가 생각한 삶을 살았다'는 만족과 평온이 찾아온다. 이는 목표를 이룬 결과가 아니라, 매 순간 그 목적지를 향해 흔들림 없이 나아간 하루에서 오는 충만함이다.

 결국 우리는 스스로 그려낸 하루 속에서 자신이 원하는 인생의 목적지를 발견하게 된다. 그리고 그 하루들이 쌓여 마침내 내가 바라는 성공한 삶으로 이어진다.
 나는 내 인생의 주인인가? 언젠가 자신에게 이런 질문을 던지기 시작했다. 나는 과연 내 인생의 주인인가? 내가 원하는 삶은 무엇인가? 눈을 감는 날, 진정으로 잘 살았다고 느끼려면 어떤 삶이어야 하는가? 한 번뿐인 인생, 나는 어떤 방식으로 살아가야 만족할 수 있을까?
 이 질문은 단순히 순간적인 고민으로 끝나지 않았다. 아직도 현재진행형이며, 결국 삶 그 자체에 대한 본질적인 질문으로 확장되었다.
 내게 삶이란 어떤 의미일까? 삶을 둘러싼 자연은 어떤 존재일까? 하늘을 나는 새는 무엇을 상징하는가? 굳건하게 뿌리를 내리고 서 있는 나무는 내게 어떤 가르침을 주는가? 형이상학적 질문들은 내 잠재의식에 천천히 스며들었고, 세상이 빠르게 변하고 바삐 움직이는 와중에도 나는 나 자신을 잃지 않을 수 있었다. 외부 세상의 부정적 에너지에 휘둘리지 않고 내면의 평온을 지키는 하나의 나침반이 되어주었다. 그것은 나를 중심에 뿌리 내리게 하는 가장 중요한 힘이 되었다.

필자의 좌우명은, 로마의 황제 마르쿠스 아우렐리우스가 말한 "Festina Lente" 이다. '천천히 서둘러라' 라는 뜻이다.
이 말은 인생이라는 항해를 시작하기 전에, 먼저 닻을 내리고 내가 어디로 향할지 깊이 생각해보라는 뜻이다. 어디로 흘러갈지 모른 채 그냥 떠나는 것이 아니라, 분명한 방향을 설정하고 밝은 빛의 등대가 비춰주는 그곳을 향해 돛을 펼치는 것이다. 그리고 뒤돌아보지 못하는 돌고래처럼, 힘차게 나아가라는 말이다.

나는 내가 가고 싶은 목적지를 그려본 적이 있는가? 그 목적지에 도달했을 때 어디에 서 있으며, 누구와 함께 이야기를 하고 있는가? 그 때 나는 어떤 감정들을 느끼고 있을까? 현대 사회는 그 어느 때보다 빠르게 흐르고 있다. 숨 돌릴 틈 없이 바쁘게 움직이는 삶 속에서 이런 깊은 사유의 시간은 내 인생의 방향을 더욱 선명하게 비춰주는 등대와도 같다. 그래서 우리는 '혼자만의 시간'이 필요하다. 세상의 소음에서 벗어나 온전히 나에게 집중하는 시간이 필요하다.

5년 후 나는 어떤 모습으로 살아가고 있을까? 나는 어디로 향하고 있는가? 내가 가고 싶은 목적지는 어디인가? 내 삶의 중심과 내 마음은 지금과 같을까, 아니면 더 성장하고 변화했을까? 내가 걸어가는 그 길에서 무엇을 보고 무엇을 느끼고 있을까? 그 길의 끝에서 나는 행복할까? 만약 지금 이 순간으로 다시 돌아온다면, 나는 여전히 같은 길을 선택하고 같은 방향으로 나아가고 싶을까? 이 질문들에 대한 답은 내 인생의 방향을 더욱 명확하게 밝혀줄 것이다.

> "행복을 자기자신 이 외의 것에서 발견하려고 하는 사람은 그릇된 사람이다.
> 현재의 생활 또는 미래의 생활, 물건 등 그 어느 것에 있어서나, 자기자신 이 외의 것에서 행복을 얻으려는 사람은 그릇된 사람이다."
> - 소크라테스 -

SNS 가 나에게 주는 2가지 : 열등감과 우월감

오늘날 SNS는 우리 삶의 필수적인 부분이 되었다. 소통의 창구이자 정보의 바다인 동시에, 우리의 감정을 흔들고 자존감을 위협하는 양날의 검이기도 하다. 끊임없이 올라오는 타인의 화려한 일상, 완벽해 보이는 모습들을 보며 우리는 알게 모르게 상대적 열등감에 사로잡히곤 한다. "부럽다! 나는 왜 저 사람처럼 살지 못할까?", "내 삶은 왜 이렇게 평범하고 재미없을까?"와 같은 질문들이 마음속에 피어오르며 무의식적으로 스스로를 깎아내리게 만든다.

반대로, 타인의 부족한 점이나 불행한 소식들을 접하며 일시적인 우월감을 느끼기도 한다. "나는 저 사람보다는 낫구나"라는 안도감은 순간적인 위안을 줄지 모르지만, 이는 결코 진정한 행복으로 이어지지 않는다. 결국, SNS를 통해 느끼는 감정은 상대방과의 비교에서 비롯된 허상에 불과하며, 우리의 정신 건강을 해치는 독소가 될 수 있다. 배우 스칼렛요한슨은 SNS에 대해서 이렇게 말했다.

"나는 SNS를 하기에 정신력이 약한 편이다. 나는 섬세한 꽃과 같다. 인스타그램을 3일 사용한 후, 내가 토끼 굴에 빠지고 있는 것을 알아차렸다. 어떤 사람의 페이지를 20분간 보고있더라. 그 사람의 가족들과 살고있는 곳까지 알게 되고 그 방식으로 내 삶을 바꿔야만 할 것같은 느낌까지 들게 되었다.
내 인생의 일부를 낭비한 느낌이 들었다."

 최근의 많은 연구들은 SNS가 특히 청소년들의 사고와 정서에 미치는 부정적인 영향에 대해 경고하고 있다. 심리학 저널(Journal of Psychology)에 발표된 연구 결과에 따르면, SNS 사용 시간이 길수록 청소년들의 삶 만족도가 낮아지고 우울증과 불안감을 느끼는 경향이 높아지는 것으로 나타났다. 이는 청소년들이 SNS를 통해 접하는 비현실적인 '이상적인 외모'나 '완벽한 삶'을 자신과 끊임없이 비교하기 때문이다.
 또한, '포모(FOMO : Fear of Missing Out)' 증후군 역시 심각한 문제로 대두되고 있다. 〈소셜미디어 연구 저널〉에 실린 논문에 따르면, 청소년들은 친구들이 즐거운 시간을 보내고 있는 SNS 게시물을 보며 소외감과 불안감을 느끼고, 이로 인해 강박적으로 SNS를 확인하는 행동을 보이기도 한다고 했다. 이는 학습이나 대인 관계에 집중하는 것을 방해하고, 현실에서의 경험보다 온라인에서의 존재감을 더 중요하게 여기는 왜곡된 가치관을 형성하게 만든다.
 마크 맨슨도 그의 책에서 이렇게 말했다. "사실 99%의 사람들은 평범하다. 세간의 이목을 끄는 1%가 독특한 것이다. 1%가 굳이 되려하지 말고, 99%의 평범함을 받아들여야 한다. 이는 나의 평범함을 넘어서 '사람 자체의' 평범함, 즉 동일성을 깨달으면 삶의 부담감이나 압박감이 상당히 낮아 질 것이다."

결론적으로 우리는, SNS라는 디지털 세계가 보여주는 단편적인 모습에 흔들리지 않아야 한다. 타인의 행복은 결코 내 불행의 이유가 될 수 없으며, 나의 삶은 그 자체로 충분히 의미 있고 가치 있다는 것을 잊지 말아야 한다. SNS는 유용한 도구일 뿐, 우리의 행복과 자존감을 결정하는 기준이 되어서는 안 된다. 내 삶의 진정한 주인으로서, 우리는 SNS가 아닌 나 자신의 내면에 집중하고, 스스로의 행복을 만들어가는 데 더 많은 에너지를 쏟아야 할 것이다.

> "감정은 자신의 것이어야 한다.
> 그러나 그대의 모든 감정이 타인에게 속한 것이므로 순수하지 못하다.
> 감정은 이와같은 '반응'이 아니라,
> 존재계의 자연스러운 형태여야 한다.
> - 오쇼 라즈니쉬 -

나 역시 세 딸의 아버지로서, 이러한 고민을 매일같이 한다. 우리 아이들이 각자의 삶을 사랑하며 올바른 가치관을 확립하고, 타인의 시선에 흔들리지 않는 진정한 행복을 느끼며 살아가기를 바라는 마음이 간절하다. 급변하는 디지털 세상 속에서 우리 아이들이 건강한 자존감을 가지고 성장할 수 있도록 돕는 좋은 방법은 무엇일까, 늘 고민하고 있다. 이 고민을 바탕으로 아이들에게 실질적인 도움을 줄 수 있는 '나의 나침반' 핸드북 제작을 구상하고 있다. SNS의 허상에 현혹되지 않고, 자신의 내면을 들여다보며 스스로의 삶을 사랑하는 방법을 자기 스스로 기록해나가는 좋은 지침서가 될 것이다. 아이들이 자신만의 길을 찾아가는 용기를 얻고, 작은 것에도 감사할 줄 알며, 온전한 행복을 누리는 방법을 깨닫기를 바라는 마음이다. 비단 우리

아이들뿐만 아니라, 스스로의 행복을 찾아 헤매는 모든 이들에게 작은 빛이 되어줄 것이라 믿는다.

내 삶의 선장이 되는 법 : 반얀트리

 우리는 숨 가쁘게 흘러가는 시간 속에서 늘 바쁘게 살아왔다. 끝없이 이어지는 할 일, 책임, 그리고 타인의 기대 속에서 진정으로 나 자신을 돌아볼 틈도, 내 삶을 주체적으로 설계할 여유도 없었다. 그렇게 우리의 삶은 외부의 힘에 의해 이끌려가는 배처럼, 바람이 부는 대로 흘러가곤 했다. 이런 삶의 방식은 결국 스스로를 잃어버리고, 삶의 만족감 또한 외부 환경에 의존하게 만드는 결과를 낳았다.
 하지만 이제는 과거의 굴레를 벗어날 때다. 사주팔자, 즉 태어날때의 4개 기둥(사주)과 간지(천간과 지지)의 여덟가지(팔자)는 주어진다고 믿는 운명론처럼 이미 정해진 길을 맹신하거나 지금의 환경을 비관하는 자기만의 벽에 갇혀서는 안된다. 운명이 모든 것을 결정한다고 믿는다면, 우리의 노력은 무의미해질 것이다. 같은 사주팔자를 가진 사람이라도 살아가는 모습과 행복의 크기는 천차만별이다. 어떤 이는 주어진 운명에 순응하며 불행을 겪고, 또 다른 이는 똑같은 운명 속에서도 자신의 의지로 삶을 개척하며 만족스러운 삶을 살아간다. 엄마의 뱃속에서 부터 함께한 쌍둥이들도, 누구보다 같은 환경에서 태어나 자라지만 각자가 느끼는 행복은 완전히 다르다.
 결국, 내 삶의 만족감과 행복은 외부의 힘이 아닌, 내가 스스로 만들어가는 결과물인 것이다. 지금의 환경 또한 자신의 선택으로 그곳에 서 있는 것이다. 스스로가 원하는 삶의 모습을 다시 그리고, 그 길을 향해 마음가짐과 행동을 능동적으로 바꾸는 용기를 가져야 한다.

그렇게 우리는 성장한다. 마음에 드는 환경을 찾아나서고, 없다면 직접 그 길을 만들어라. 우리가 행복을 스스로 만들어낼 수 있다는 믿음이야말로 삶의 가장 강력한 원동력이 된다. 그 시작은 외부가 아닌, 내부로부터 나온다.

 인도에는 축구장 두 개를 합친 것보다 넓은 면적을 뒤덮고 수백, 수천 개의 기둥뿌리로 거대한 숲을 이루는 나무가 있다. 이 나무는, 불교에서 싯다르타가 깨달음을 얻은 보리수나무와 함께, 영적지혜를 상징하는 '반얀트리'라 불리는 뱅골보리수이다. 과거 인도에서 상인들이 이 나무의 시원한 그늘 아래에서 물건을 팔거나 모여 교류했기 때문에 상인들을 뜻하는 '반얀(Banyans)'에서 유래했다. 힌두교의 여러신화에서는 시바신이 이 나무 아래서 명상하는 모습으로 많은 묘사를 한다. 반얀트리의 압도적인 웅장함은 겉으로 보이는 화려함이 아닌, 그 독특한 뿌리에서 나온다. 반얀트리의 씨앗은 다른 나무의 가지 위에서 싹을 틔운다. 마치 하늘에 매달린 것처럼 시작하지만, 이내 공중에서 아래로 길고 튼튼한 줄기를 뻗어 땅에 닿게 한다. 이 줄기는 땅에 닿는 순간 새로운 뿌리가 되어, 나무를 더욱 단단하게 지탱하는 역할을 한다. 반얀트리는 외부로 향하는 화려한 잎과 가지 대신, 땅속 깊이 박히는 뿌리에 더 집중하며 거대한 생명력을 만들어내는 것이다. 우리는 종종 삶의 중심을 보여지는 '외부'에, 깨달음은 '위로' 향하는 것으로 오해한다. 더 높은 곳에 올라가고, 더 많은 것을 소유하고, 세상의 인정을 받는 것이 성장이라 생각한다. 하지만 반얀트리가 위에서 아래로 뿌리를 내리듯, 진정한 성장과 깨달음은 외부가 아닌 내면으로, 아래로 깊숙이 파고들 때 얻을 수 있다.

보여지는 외부의 화려한 성과에 연연하기보다 내면의 깊은 곳을 들여다보는 것. 나의 가치관, 진정한 행복, 삶의 의미를 찾는 과정은 마치 반얀트리가 땅속으로 뿌리를 내리는 것처럼 겸허하고 묵직한 작업이다. 반얀트리가 수많은 뿌리를 내리며 하나의 거대한 숲을 이루듯, 우리도 내면의 뿌리를 단단하게 만들며 흔들리지 않는 삶의 중심을 세워야 한다. 반얀트리가 보여주는 자성(自性)처럼, 진정으로 의미 있는 삶은 외부가 아닌 내부에서 시작되어야 한다. 먼저 우리 내면의 뿌리를 튼튼하게 내려야 한다. 나의 가치관, 진정으로 좋아하는 것, 삶의 방향성에 대해 깊이 탐색하는 것이다. 이 내면의 뿌리가 단단해지면, 외부의 어떤 변화나 어려움에도 흔들리지 않는 중심을 갖게 된다.

"영성의 나무는 '위로,외부'로가 아니라, '아래로,내면'으로 자라야 한다. 거꾸로 자라는 나무처럼 내면에서 꽃을 피워라."
- 《인도, 익숙한 처음처럼》 이형록, 요가철학박사 -

내 삶의 선장이 되는 것은 단순히 '하고 싶은 대로' 사는 것을 의미하지 않는다. 내가 누구인지, 무엇을 중요하게 생각하는지, 어떤 삶을 살고 싶은지에 대한 내면의 깊은 성찰을 바탕으로, 능동적으로 선택하고 책임지는 태도를 의미한다. 타인에게 끌려다니거나 외부 상황에 휩쓸리지 않고, 내면의 나침반을 따라 흔들림 없이 나아가려는 의지인 것이다.
이러한 주도권을 회복하기 위해 우리는 내면의 성장과 외면의 성공을 조화롭게 이끌어가는 노력이 필요하다. 내면의 성장은 나를 더 깊이 이해하고, 감정을 다스리며, 긍정적인 가치관을 확립하는 과정이다.

외면의 성공은 내가 정한 목표를 향해 나아가며 가시적인 성과를
만들어내는 것이다. 이 두 가지가 균형을 이룰 때, 우리는 외적인
성취뿐만 아니라 내적인 충만함까지 함께 얻을 수 있다.
 결국, 반얀트리의 뿌리처럼 스스로에게 닻을 내리는 과정은 자존감을
높이고, 삶의 방향을 잃었을 때 다시 중심을 잡아주는 든든한 기반이
되어줄 것이다. 이제부터 우리는 '나만의 가치'를 중심으로 삶을
재설계하는 여정을 시작해야 한다. 이것은 마치 거친 파도가 몰아치는
넓은 바다를 항해하는 선장처럼, 스스로 키를 잡고 닻을 내리는 용기
있는 과정이다. 삶의 튼튼한 닻을 내린 후에야, 뒤돌아보지 못하는
돌고래 처럼 힘차게 앞으로 나아가는 행동이 필요하다.
Festina Lente!

"결국 나 혼자 가야할 길을 길동무나 있을까 기다려보았네
어디에 있으나 나는 우주의 중심부. 달빛 가득 찬 절간이지
복사꽃 만발한 부처님 손바닥. 내가 걷는 대로 뚫리는 손금"
  - 이외수 -

제 5장.
인생의 트라이앵글

제 5장. 인생의 트라이앵글

'골든 트라이앵글(Golden Triangle)'은 태국·라오스·미얀마 세 나라의 국경이 만나는 지역을 가리키는 지명이다. 인도차이나 반도의 가장 비옥한 땅 중 하나이며, 고온다습한 기후 덕분에 다양한 농작물이 잘 자라고 주변 강줄기를 통해 운송이 편리한 지리적 이점을 갖춘 곳이다. 또한 아시아 대륙의 중심부에 위치해 다른 나라와의 교류와 유통에도 유리한 지점을 차지한다. 하지만 이 자연이 주는 축복의 땅은 어둡고 슬픈 진실도 함께 품고있다. 이 풍요로운 땅이 마약생산의 중심지로 악명이 높은 것. 2007년, 라오스 정부는 이 지역을 경제특구로 지정하면서 변화의 바람이 불기 시작했다. 현재는 커피와 녹차 생산지로 거듭났고, 카지노와 관광 단지로 탈바꿈하여 여전히 변화를 이어가고 있다. 자연의 선물은 변하지 않았지만, 그것을 어떻게 사용하느냐는 결국 인간의 선택에 달려 있음을 보여주는 사례다.
 나는 이 골든 트라이앵글을 바라보며 우리의 삶을 떠올렸다. 인간의 삶 또한 가장 고귀하고 비옥한 가능성을 품고 태어나지만, 그것을 어떻게 가꾸느냐에 따라 전혀 다른 모습을 만들어가기 때문이다. 우리는 지구상에서 가장 신비롭고 놀라운 존재다. 생각하고 느끼며 행복을 경험할 수 있고, 가치를 창조할 수 있는 유일한 생명체다. 인간 자체가 지구에서 가장 훌륭한 '인생의 트라이앵글'이라 할 수 있지 않겠는가.

 모든 사람들은 순간순간 주어진 삶의 축복을 충분히 누리고, 더 행복하고 더 가치 있는 인생을 살아갈 수 있는 권리와 능력을 이미 타고났다. 다만 세상이 씌워준 색안경에 가려져 있을 뿐이다. 우리는 그것을, 그 다이아몬드를 다시 발견할 것이다.

 우리는 태어날 때 아무것도 준비되지 않은 상태에서 세상에 내던져졌고, 대부분의 사람들은 무의식과 환경에 휩쓸리며 살고 있다. 빈 도화지에 자유롭게 그림을 그리는 것과 이미 그림이 그려진 종이에 새로 그림을 그리는 것은 다르다. 하지만 이미 채워진 종이도 지우고 다시 그릴 수 있다. 무의식의 커다란 배도, 우리 스스로의 선택으로 천천히 움직이기 때문이다.

 우리의 현실은 늘 바쁘다. 수많은 정보와 선택지, 그리고 타인의 시선에 끊임없이 흔들린다. 마치 거친 파도가 몰아치는 바다 위 작은 배처럼, 삶의 방향을 잃고 표류할 때가 많다. 하지만 이제는 이 흔들림을 멈추고, 내 삶의 굳건한 닻을 내릴 때다.

 이제 나는 인생을 안정적으로 잡아줄 견고한 기둥 3가지를 소개하고자 한다. 이는 삶의 핵심을 이루는 세 가지 축이 유기적으로 연결된 강력한 구조다.
 "메타인지, 목표 지향적 실천, 현존의 감사"라는 이 3가지 기둥이 조화를 이룰 때, 비로소 우리는 어떤 어려움 속에서도 흔들리지 않는 단단한 자아를 구축하게 될 것이다.
 3T, 즉 3가지 기둥(Tower)은 우리의 삶을 올바른 방향으로 이끌어줄 나침반이 된다. 정리해보면,

1. Think to Thinking : 생각을 바라보는 사고.
   즉, 메타인지(Metacognition)를 통해 나를 인식하고 나의 생각을 들여다보는 것

2. Try to Goal : 목표 지향적 실천.
   진심으로 원하는 목표를 향해 행동하는 것

3. Thanks to Everything : 현재에 대한 감사.
   지금 존재에 감사를 느끼며 살아가는 것

 서로 조화를 이뤄 성장하는 이 3가지 기둥을 '인생의 트라이앵글'이라고 정의했다. 인생의 트라이앵글은 인생의 방향을 잃었을 때 다시 중심을 세워주는 기둥이자, 행복으로 이끄는 지침서가 된다.

1. 내 생각을 바라보라 : 메타인지
* Think to Thinking

 첫 번째는 '생각을 바라보는 사고', 즉 메타인지(Metacognition)이다. 메타인지는 단순히 생각하는 것을 넘어, '나의 생각을 들여다보는 능력'을 의미한다. 내가 무엇을 생각하고 있는지, 왜 그렇게 생각하는지, 그리고 그 생각이 얼마나 합리적인지를 객관적으로 파악하는 것이다. 메타인지 훈련을 통해 우리는 자신을 더 깊이 이해하게 된다. 나의 강점과 약점은 무엇인지, 어떤 감정에 자주 휩쓸리는지, 어떤 편견을 가지고 있는지 등을 정확히 인식할 수 있다.

이는 마치 거울을 보듯 내면을 비추어보는 과정과 같다. 스스로를 정확하게 파악하면 잘못된 판단을 줄이고, 보다 현명한 선택을 할 수 있는 힘이 생긴다. 이 과정은 오랫동안 닫혀있던 내면의 문을 열고 새로운 가능성을 발견하는 것과 같다. 이렇듯 메타인지는 자기 성장의 출발점이며, 삶의 방향을 설정하는 데 필수적인 근육과도 같다.

"나는 지금, 올바른 생각에 반응하고 있는가?"
 우리는 우리 머릿속 생각에 따라 살아가고, 행동하며 반응한다. 이것은 매우 자연스럽다. 나 역시 그렇게 살아왔다. 아름다운 풍경을 보면 감탄사가 절로 나오고, 맛있는 음식 냄새가 코끝을 스치면 입에 침이 고였다. 불쾌한 소리를 들으면 인상부터 찌푸려 진다. 이렇게 오감을 통해서 들어오는 수만가지의 정보들로 생각의 강물은 끊임없이 흐르고 있다. 명상을 해본 사람이라면 아마 공감할 것이다. 내 안에서 쉴 새 없이 수많은 생각들이 흐르고 사라지는 것을.
 우리는 이렇게 매순간 수많은 감정과 생각을 떠올리며 살아간다. 하지만 이런 생각과 감정들이 내 '진짜 궁극적 바람'과 일치하는지 제대로 고민해 본 적이 있었을까? 어느 순간 깨달았다. "나는 내 생각의 방향을, 내가 정할수 있다." 는 것을.
그렇다면 어떻게 수많은 생각과 감정을 일일이 걸러낼 수 있을까? 처음에는 막막했다. 하지만 직접 시도해보니 의외로 간단했다. 내가 생각하는 모든 생각과 감정, 행동이 '진짜 나'와 일치하는지를 스스로에게 묻는 것이었다.
"지금 떠오르는 이 생각이 내가 원하는 모습과 맞는가?"
"이 감정이 내가 추구하는 삶과 부합하는가?"
"지금 하려는 이 행동이 내 목표와 일치하는가?"

이 질문들을 매순간 묻는 것이아니라, 의식을 한걸음 뒤로 가져가, 객관적으로 나를 바라보며 Think to Thinking의 개념과 느낌을 그저 떠올리기만 하면 된다. 이렇게 잠시라도 자각하는 것이다. 자각의 가장 효과적인 방법이 바로 '깊은 호흡'이다. 복식 호흡을 하며 '한걸음 뒤에서 내가 나를 바라본다' 이것은 하루아침에 습관이 되지는 않지만 지속적인 노력으로 충분히 가능하다.

나는 스스로 습관화 하기위해 다음의 방법을 활용했다. 스마트폰 배경화면에 내가 원하는 문구를 적어두고, 스마트워치에는 두시간마다 손목 진동알람을 설정했다. "윙~~~!" 손목이 진동하면 의식을 잠시 멈추고 한 걸음 뒤에서 심호흡을 하며, 나와 내 생각을 바라본다.

"지금의 내 모습과 내 생각, 니가 바라는 멋진 모습인거지? 너의 멋진 목표와 삶을 항해하고 있는거지?"

이 작은 실천만으로도 내 일상은 눈에 띄게 달라지기 시작했다. 예전의 나는 순간의 감정에 충실한 사람이었다. 지나가는 것들에 감정을 실어 속마음을 종종 중얼거렸다. 솔직함과 자신감이 나의 열정이고 자존감이라고 생각했다. 불편한 감정은 즉각적으로 표현해야했고 짜증이 나면 바로 드러냈으며, 기분이 좋으면 기쁨을 숨기지 않았다. 하지만 시간이 흐르며 깨달았다. 진정한 품위는 상황에 맞는 적절한 방식으로 감정을 표현하는 것이었고, 때로는 침묵이 승리한다는 것을. 그리고 그것은 훈련과 습관을 통해 얼마든지 길러질 수 있다는 것도 알게 되었다.

그때부터 나는 내 감정을 다시 들여다보았다. 불쑥 감정이 치밀
때마다 깨달았다.
"아, 지금 이 순간은 내가 흘려버리고 싶은 상황이구나."
이렇게 잠시 생각을 멈추고 심호흡을 통해 알아차리는 순간이 점점 더
많아졌고, 반복해 나갈때 마다 나에 대한 변화의 믿음과 자긍심이
자라났다.

 작은 변화의 느낌을 느낀 후, 나는 변화하기로 결심했다. 내 안에 불쑥
기어오르는 부정적인 습관과 감정을 버리고, 품위있는 내 모습을
만끽해보기로.
내가 버리고 싶은 습관과 행동들을 종이에 하나씩 써 내려갔다.
적어놓은 목록에 빨간 선을 하나씩 긋고 작별 인사를 했다. 그리고 그
종이를 웃으면서 버렸다.
무술의 대가, 브루스 리는 자신이 버리고 싶은 습관을 종이에 적어
불에 태웠다고 한다.
'글로 적고 과감히 버리는 결단의 행동'은 단순한 행동을 넘어서, 뇌에
강렬하게 새겨지는 자기각성의 의식이다.

> "인간은 자신을 성찰할 수 있는 존재다.
> 그것이 인간을 위대하게 만든다."
> - 찰스 디킨스 -

2. 행동하라, 당신의 목표는 움직일 때만 실현된다
* Try to Goal

가슴 떨리는 목표를 세웠다면, 이제 남은 유일함은 바로 행동이다. 목표는 결코 책 속에서 완성되지 않는다. 목표는 결코 머릿속 생각만으로는 이루어지지 않는다. 오직 '행동하는 사람'만이 변화의 주인공이 된다.

 인생의 트라이앵글, 그 두 번째는 '목표 지향적 실천'이다. 아무리 좋은 생각과 계획이 있어도 행동으로 옮기지 않으면 아무런 변화도 일어나지 않는다. 이는 단순히 '시작'하는 것을 넘어, 실패를 두려워하지 않고 끊임없이 지속하는 끈기를 포함한다.

 목표를 설정하는 과정은 자기 자신에게 질문을 던지는 것에서 시작된다. "나는 정말 무엇을 원하는가?", "어떤 삶을 살고 싶은가?"와 같은 질문을 사유하면서 나의 방향성을 명확히 할 수 있다. 이렇게 세워진 목표는 내 삶의 뚜렷한 이정표가 된다. 그리고 이 목표를 향해 나아가는 과정 자체가 큰 성취감을 안겨준다. 작은 성공들이 쌓여 자신감은 높아지고, 이는 다시 더 큰 목표에 도전할 수 있는 용기로 이어진다. 'Try to Goal'은 생각에만 머물러 있던 꿈을 현실로 만들어주는 강력한 원동력이다.

 '조금만 더 준비하면', '책을 몇 권만 더 읽으면', '유명한 사람의 강의를 듣고 나면'라고 하면서 많은 사람들은 조금 더 완벽한 준비를 하려한다. 하지만 이런 생각은 자기기만일 뿐이다. 머릿속으로 알고 있는 것과 실제 행동으로 옮기는 것 사이에 상당한 시간의 간극은 하나의 습관일 뿐이다. 앤서니 로빈스는 이렇게 말했다. "지식은 잠재력이다. 그러나 행동은 힘이다."

주변에도 이런 사람이 있지 않은가? 관련된 서적 열 권, 스무 권 읽었으며, 다양한 유튜브 강의를 섭렵했다고. 그러나 그의 삶은 그 전과 크게 다르지않은 사람 말이다. 머리만 큰 기형아가 될 것인가.

" 책이 말하는 바를 '자기 삶속에서 적용하는 것'이야말로
책의 진실성을 입증하는 것이다.
- 알랭 드 보통 -

더 이상 '정보 소비자'로만 머물러서는 안 된다. "이거 알아. 이런 내용 유명하지. 그 책 읽어봤어." 이렇게 말하는 것으로는 내 삶이 조금도 앞으로 나아가지 않는다. 팔짱 끼고 말만 하는 사람들은 결국 스스로를 속인다. "원하면 언제든지 할 수 있어." 그러나 진실은 그렇지 않다. 비제이 모건 박사는 "사람은 '언젠가'라는 단어로 자신의 미래를 끝없이 미룬다"고 했다. 결론은 하나다. 지금 하지 않으면, 절대 하지 않는다.

'행동'은 결심과는 전혀 다른 차원의 힘이다. 단 한 번의 작은 실천이 우리의 마음을 바꾸고, 자존감을 키우고, 삶의 에너지를 다르게 만든다. 하버드 심리학 연구에 따르면 '작은 행동의 법칙'은 사람의 심리를 근본적으로 바꾼다고 한다. 한 번 움직이면 그 움직임이 심리적 관성을 만들고, 이는 다시 더 큰 행동으로 이어진다는 것이다.

예를 들어보자. 누군가는 '운동해야지'라는 생각만으로 몇 년을 보낸다. 하지만 한번의 산책이라도 시작하면, 그 사람의 삶은 변화가 시작되는 것이다. 처음에는 억지로 움직였던 몸이, 운동의 기쁨을 온

마음과 몸으로 느끼게 되면, 그것을 또 느끼고 싶어서 나중에는 스스로 움직이기를 원한다. 첫 행동이 마음을 건드리고, 좋은 느낌의 마음이 습관적 행동을 만드는 것이다. 목표도 마찬가지다. 머릿속에서 아무리 목표를 굴려봐도 행동하지 않으면 아무 일도 일어나지 않는다. 하지만 딱 한번만, 아주 작은 행동이라도 시작하면 인생의 톱니바퀴가 움직이기 시작한다. 할지 말지, 지금 할지 나중에 할지, 이 옷입고 갈지 등등 이것저것 생각을 하지말자. Just DO IT!

 목표를 정할 때 명확한 이유와 '나만의 동기'를 심자. 단순히 '돈을 많이 벌고 싶다', '성공하고 싶다'가 아니라, 왜 이 목표를 이루고 싶은지, 어떤 삶을 살기 위해 이 목표를 세웠는지를 분명히 해야 한다. 동기 이론의 대가인 데시와 라이언은, 내적동기가 강할수록 행동지속률이 월등히 높다고 한다.
 예를 들어 '나는 아이들에게 더 좋은 삶의 기회를 주고 싶기 때문에 돈을 벌고 싶다' 혹은 '나는 내 재능을 세상에 펼치기 위해 이 사업을 성공시키고 싶다'라는 동기가 생기면, 열정과 헌신의 지속력이 전혀 다르게 작동한다. 그리고 시간이 흐른 뒤에는 '시간의 시험'을 견디는 인내의 힘이 된다. 어떤 목표든 일정 시간이 지나야 비로소 열매가 맺힌다. 당신의 목표가 눈앞에 있다면 지금 당장 움직여라. 한 걸음만 옮기면, 한 번만 실천하면, 생각만 하던 당신의 인생이 조금씩, 그러나 분명히 달라질 것이다.
행동이 모든 시작이며, 변화는 결국 움직이는 사람의 몫이다.

> "나는 1만 가지 발차기를 한 번씩 해본 사람을 두려워하지 않는다.
> 하지만 하나의 발차기를 1만 번 연습한 사람은 두렵다."
> — 브루스 리 —

3. 현존, 지금 이순간에 존재하라.

* Thanks to Everything

 가장 중요한, 세 번째는 '현존의 감사'이다. 이는 지금 이 순간, 내게 주어진 모든 것에 대해 감사하는 마음을 가지는 것이다. 우리는 종종 미래의 성공만을 쫓거나 과거의 아쉬움에 갇혀 현재의 소중함을 잊곤 한다. 하지만 행복은 먼 미래에 있는 것이 아니라, 바로 지금 이 순간을 온전히 느끼고 감사할 때 찾아온다.

 일상 속 작은 것들에 감사하는 습관은 삶을 긍정적으로 바라보는 시각을 길러준다. 아침 햇살, 따뜻한 커피 한 잔, 사랑하는 사람과의 대화 등 당연하게 여겼던 것들이 감사함의 대상이 되어 온 마음으로 그저 느낄 때, 삶은 더욱 풍요롭고 의미있게 느껴진다. 그 순간을 조금더 마음으로 느껴보라. 아침햇살이 내려오는 빛줄기와 비치는 곳의 밝은 아름다움, 따뜻한 차한잔의 온기를 손으로 느껴보고 커피향에서 전해지는 고소함과 입에 머금은 진한 에스프레소의 풍미를 천천히 음미해보는 것이다. 느낌을 진심으로 느껴보라. 사랑하는 이의 투명한 눈을 바라보며 그 사람의 의식과 내 오감이 모두 대화를 나누는 시간을 경험해보라.

'Thanks to Everything'은 단순히 생각과 인지를 넘어, 현재에 집중하여 삶의 만족도를 높이는 최상의 삶의 태도이다.

"지금 이 순간에 감사하라. 우리가 가진 것은 바로 이 순간 뿐이다."
– 오프라 윈프리 –

이 책을 읽는 지금 이순간, 당신이 느끼는 감사함을 한번 적어보자.
생각만 해도 좋다.

- 이 책장을 손끝으로 넘길 수 있는 자유와 여유.
- 앉아 있을 수 있는 의자와 평온한 공간. 그리고 이 시간.
- 글자를 읽을 수 있는 눈, 사고할 수 있는 마음.
- 방 안을 밝혀주는 따뜻한 빛, 혹은 창밖에서 스며드는 햇살.
- 옆에서 묵묵히 함께 있어주는 가족, 친구, 혹은 반려동물의 존재.
- 손에 쥔 차 한 잔이나 커피의 따스한 온기.
- 편안히 기댈 수 있는 쿠션과 이불, 내 몸을 감싸주는 아늑함.
- 지금 이 순간에도 들려오는 바람 소리, 새소리, 혹은 조용한 음악.
- 눈앞의 책이 내게 건네는 사색과 영감의 선물.

우리는 오직 오늘만 살아갈 수 있다. 감사를 느끼는 것도, 상대에게 감사함을 전하는 것도, 목표를 향해 나아가는 노력도, 내일이 아니라 오늘 할 수 있으며 목표를 이루는 그 멋진 그 날도 내일이 아니라 결국 오늘에 이루어 진다.
우리는 지금껏, 몸은 이 곳에 있지만 생각은 과거와 미래에 있지는 않았는가? 회사에서는 퇴근 후에 있을 저녁시간을 생각하고, 퇴근 후 집에서는 회사 걱정을 한다. 여행지에서도 여전히 어깨에 걱정을 올려놓고 수영을 한다. 멋진 곳에 가면 그곳의 분위기와 공기에 취하기보다 사진으로 남기기에 바빴다. 음식이 너무 맛있어 보여도 향과 맛을 느끼기려 하기보다 사진을 찍기에 급급했다. SNS에 올리기 위한 것이든, 순간을 추억으로 남기기 위한 것이든 상관없이, 사진을 먼저 찍었다. 지금이야말로 그 순간을 온전히 즐길 수 있음에도, 미래에 사진을 보며 추억하기 위해.. 이 순간을 느끼지 못했다. 지금 이 순간이야 말로, 훗날 작은 6인치의 화면을 들여다보며 그리워할 바로 그 순간이란 말이다!
 이런 수많은 사진을 보며 과거를 떠올리고, 더 부유하고 행복해질 미래를 상상하며 현재를 견뎌왔다. 정작 지금, 내 옆에 있는 사람과 함께하는 행복을 놓치고 있었다. 현재에 온전히 존재하는 사람은 많지 않다. 하버드 대학의 킬링 스워스 연구에 따르면, 인간은 평균 47%의 시간을 현재에 집중하지 못하고 과거와 미래에 정신을 빼앗기며 살아간다고 한다. 꿈과 목표를 이루었다고 해서 그곳에서 오랫동안 만족할 수 있는지도 의문이다. 행복 연구로 유명한 소냐 류보머스키는 '목표 달성으로 인한 행복감은 빠르게 사라지고, 오히려 일상 속의 소소한 행복이 더 큰 만족을 준다'고 했다. 현재에 머무르는 능력을 키우는 것은 삶의 평온과 만족도를 높이는 핵심이다.
 잠시, 내 삶의 감사함을 느껴보자. 어떤 것들이 느껴지는가?

- 아침에 눈을 떴을 때 평온한 세상. 들려온 새소리, 창문 사이로 들어온 햇살.
- 언제나 나를 맞이해주는 가족의 미소와 따뜻한 인사.
- 힘들 때마다 곁에 있어준 친구나 동료의 위로와 격려.
- 나를 지탱해주는 직장, 배움의 기회, 그리고 하루를 살아갈 힘.
- 아프지 않고 걸을 수 있으며 숨쉴 수 있다는 단순하지만 큰 기적.
- 내가 좋아하는 책을 읽을 수 있는 시간과 공간.
- 따뜻한 커피 한 잔, 편안한 의자, 포근한 이불.. 소소한 일상의 선물.
- 실수와 실패조차도 나를 성장시켜준 지난 경험들.

- 오늘 하루를 다시 시작할 수 있는 '시간'이라는 선물.
- 누군가 나를 믿어주었던 순간,
  그리고 내가 누군가를 믿을 수 있었던 기억.

 이제 깊이 숨을 들이쉬고 천천히 내쉬어 보라. 복부가 충분히
부풀어오를 만큼 숨을 깊게 들이쉬고, 천천히 공기를 내쉰다. 아마도
이 호흡은 6초에서 10초 정도가 걸릴 것이다. 우리의 삶을 천천히,
아름답게 흐르게하는 마법의 시간이다. 다시 한 번 깊은 숨을 들이쉬고
온몸으로 감사함을 느껴보라. 무언가 특별한 이유를 떠올릴 필요도
없다. 이 세상, 대지, 맑은 공기와 햇빛, 흐르는 시간, 내 곁의 사람들,
편안한 의자와 스마트폰, 따뜻한 아메리카노, 일정하게 움직이는
손목시계, 노트북… 그저 존재하는 모든 것에 집중하고 감사함을
느끼며 심호흡한다. 이러한 작은 습관이 반복되면 우리는 점점 더 좋은
것들을 인식하게 된다.

> "술 한잔, 구운 밤, 작은 화로, 바다소리..
> 행복이란 얼마나 단순하고 검소한 것인가! 다른 것은 없어요."
> - 그리스인 조르바 7장 중 -

 '인생의 트라이앵글'은 단순히 세 가지 좋은 습관의 나열이 아니다.
이는 메타인지, 목표 지향적 실천, 현존의 감사라는 세 개의 기둥이
서로 유기적으로 연결되어, 삶의 균형을 잡아주는 견고한 시스템이다.
이 세 가지가 조화를 이룰 때 비로소 진정한 힘을 발휘하며, 우리가
어떤 어려움 속에서도 흔들리지 않는 단단한 중심을 갖게 된다. 만약
메타인지만 있고 실천이 없다면, 우리는 그저 생각에만 머무르는

공허한 이상주의자가 될 것이다. 자신을 완벽하게 이해하고 있지만, 정작 아무것도 시도하지 않아 삶에 변화를 만들어내지 못한다.

반대로 실천만 있고 메타인지가 부족하다면, 무작정 열심히만 하는 맹목적인 사람이 될 수 있다. 방향을 잃은 채 불필요한 노력만 반복하며 지치게 될 가능성이 크다. 목표를 향해 달려가는 열정만으로 모든 문제를 해결하려다 보면, 정작 자신의 내면이 무엇을 원하는지, 왜 힘든지조차 모른 채 번아웃을 경험하게 될 수도 있다.

또한, 메타인지와 실천만 있고 감사가 없다면, 우리는 성취에 대한 만족을 느끼지 못하는 불행한 완벽주의자가 될 수 있다. 끊임없이 다음 목표만을 바라보며 현재의 소중한 순간들을 놓치게 된다. 아무리 큰 성공을 거두어도 공허함만 남게 되는 것이다. 반대로 감사만 있고 메타인지와 실천이 부족하다면, 우리는 현실에 안주하며 성장을 멈추게 될 수도 있다. 현재에 감사하는 마음은 중요하지만, 더 나은 미래를 향한 노력이 동반되지 않으면 결국 정체된 삶에 머물게 된다.

결국 이 세 가지는 서로를 보완하며 시너지 효과를 만들어내어 내 인생의 트라이앵글을 완성한다. 메타인지는 나를 정확히 파악하여 올바른 목표를 설정하게 돕고, 실천은 그 목표를 향해 나아가며 성취감을 안겨준다. 그리고 그 과정 속에서 감사는 현재의 순간을 온전히 즐기고 삶의 만족도를 높여준다. 이처럼 서로 맞물려 균형을 이룰 때, 우리는 인생의 어떤 파도에도 휩쓸리지 않는 굳건한 선장이 되어 스스로의 행복과 성공이라는 항해를 성공적으로 이끌어갈 수 있을 것이다.

> "진정한 항해의 목적은
> 새로운 풍경을 만나는 것이 아니라 새로운 눈을 갖는 것이다."
> – 마르셀 프루스트 –

6장.
생각이 바로 나이다.

6장. 생각이 바로 나이다.

 나는 똑똑한 사람일까? 사실 '똑똑하다'라는 말은 비교 속에서 존재한다. 남과의 비교가 아니라, 스스로에게 다시 물어야 한다. "나는 남과 비교하는 똑똑함을 쫓고 있는가, 아니면 내 삶의 방향을 똑똑하게 선택하고 있는가?"
 모든 사람은 자신만의 경험과 사고방식을 가지고 살아간다. 시간이 흐르며 쌓인 생각과 판단은 곧 자신을 이루는 토대가 된다. 자신의 주관을 올바로 세운 사람만이 삶의 주인이 되며, 그렇지 않은 사람은 결국 허울뿐인 종이 되고 만다. 남에게 인정받고 싶은 욕망에서 벗어날 때 비로소 진정한 자신이 자리 잡는다. 주의해야 할 것은, 내 지혜와 능력만을 절대적으로 믿고 살아간다면, 그 안에서는 잠시 자유로울지 모른다. 그러나 그 생각이 두터운 벽이 되면 결국 스스로를 가두게 되고, 어느 순간 주변으로부터는 '꼰대'라는 소리를 듣게 될지도 모른다.
 나는 내 생각을 겸손하게 바라본 적이 있는가? 생각을 바라본다? 꽤 낯설게 들릴 수도 있다. 한걸음 물러나서 메타인지를 해보라. 나는 사고와 판단을 잘하는가? 합리적이고 타당한가? 내가 가진 이 판단, 내가 떠오르는 이 생각들, 혼자 있을 때 떠오른 생각, 걷다가 스치는 생각, 운전할 때 불쑥 올라오는 생각들… 이 모든 생각들이 좋고 올바른 것일까? 나는 지금 좋은 생각을 하는가? 불필요한 걱정에 빠져 있는가? 기분 좋은 생각을 많이 하는가? 아니면 부정적인 감정이 더 많은가? 아니면 그냥 아무 생각도 없는가? 그저 오감이 느끼는 대로,

걱정 또는 기쁨을 느끼는 그대로 우리의 생각은 피어난다. 저절로.
여기서 중요한 것이 하나 있다.
'그 생각들이 바로 내 현실이 될 것이다.' 라는 것.
 이번 장에서는 '내가 지금 어떤 생각을 하고 있는가'를 진지하게
살펴볼 것이다. 우리는 평생 '생각'이라는 것을 하며 살아갈 것이기에.

"인간은 생각 그 자체다." - 윌리엄 블레이크
"지식보다 더 중요한 것은 상상력이다." - 알베르트 아인슈타인
"인간은 자신이 생각하는 대로 된다. 우리의 인생은 생각에 의해
만들어진다." - 마르쿠스 아우렐리우스

생각이란?

 사전적 정의로는 '사물에 대하여 주관이나 관념을 갖는 것, 또는 어떤
일에 대하여 판단하고 기억하며 상상하는 작용'을 뜻한다. 하지만
생각은 단순히 머릿속에서 스쳐 지나가는 관념에 그치지
않는다.때로는 순간의 이미지처럼 가볍게 지나가지만, 때로는 내 삶의
방향을 바꾸는 거대한 힘이 되기도 한다. 생각은 내가 살아온 경험과
배움, 그리고 지금 이 순간의 감정이 만나 빚어내는 '결실'이다. 우리는
생각을 통해 자신을 이해하고, 세상을 바라보며, 미래를 만들어간다.
우리는 지금 이 순간에도 생각을 완전히 바꿀 수 있다. 일상속에서
우리는, 얼마나 많이 타인의 생각에 지배되는가? 다음의 몇가지 예를
보자.
 어느 날 아침, 나는 기분 좋게 출근했다. 회사 엘리베이터에서 동료를
만났다. "헐 대리님, 어제 잠 못 잤어요? 얼굴이 피곤해 보여요." 순간,
호기심에 휴대폰 카메라로 내 얼굴을 비춰본다. '정말 피곤해 보이나?'

탕비실에서 만난 또 다른 동료가 말한다. "여~ 오늘 얼굴이 안 좋아 보이는데 무슨 일 있어?" 살짝 불편해지기 시작한다. 점심시간에 부장님이 지나가며 말한다. "영양제 좀 챙겨 먹어. 요즘 안색이 안좋아 보여." 그들의 말이 반복되자, 내 안에서 '나는 지금 안색이 안 좋은 사람'이라는 생각이 진실처럼 자리 잡는다. 그 순간부터 걱정이 피어나고 스마트폰 화면에는 '피로 회복 영양제', '피부 탄력 개선', '수면 보충제' 광고가 눈에 들어오기 시작한다. 이제 안색이 안 좋다는 생각으로 머리가 가득 찬다. 분명히 나는 아침에 기분 좋게 출근했다. 그러나 몇 마디 말에 휘둘려 내 생각은 완전히 달라져 버렸다.

 아침에 새로 산 옷을 입고 자신있게 현관 앞에서 셀카를 찍은 후 출근한다. 그런데 친구가 한마디 한다. "그 색깔은 좀 안 어울리는데?" 처음에는 대수롭지 않게 넘기지만, 또 다른 친구가 "엄마옷 입고왔어?"라고 말한다. 순식간에 자신감이 무너지고, 하루 종일 그 옷이 불편하게 느껴진다. 아침에 내가 느꼈던 만족감은 어디로 갔는가?

 강의 준비를 완벽하게 했다고 생각하며 단상에 오른다. 그런데 청중 한 명이 집중하지 않고 스마트폰을 쳐다보는 모습이 눈에 들어온다. 곧이어 뒷줄 사람의 하품이 보인다. 그 순간부터 '내 강의가 재미없나? 내가 잘 못하고 있나?'라는 불안이 엄습한다. 사실 대부분은 집중해서 듣고 있는데도, 내 생각은 단 몇 장면에 사로잡혀 흔들려 버린다.

 SNS에 글을 올리고 많은 사람들이 '좋아요'를 눌러준다. 하지만 단 한 명의 부정적인 댓글이 눈에 들어온다. "별로 공감 안 되네요." 수십 개의 긍정적 반응은 사라지고, 그 한 줄만 머릿속을 지배한다. 결국 스스로를 의심하게 되는 건 댓글 때문이 아니라, 그것을 크게 받아들인 내 생각 때문이다.

이처럼, 나를 바꾼 것은 타인의 말이라 생각할 수 있지만, 결국 '그것을 받아들인 내 생각'이다.

피그말리온 실험

다음 이야기는 아주 유명한 피그말리온 실험이다. 나는 이 실험을, 모든 부모가 반드시 알아야 한다고 생각한다.

1968년, 로버트 로젠탈(Robert Rosenthal)과 초등학교 교사 레노어 제이콥슨(Lenore Jacobson)이 흥미로운 가설을 세웠다.
"교사의 기대가 학생의 실제 능력과 성취도에 영향을 미칠 수 있을까?" 이들은 캘리포니아의 한 초등학교에서 실험을 진행했다. 먼저, 전교생에게 IQ 검사인 척 속이는 가짜 시험을 시행했다. 그리고 실제 시험 결과와는 무관하게 무작위로 학생들을 추려냈다. 그 후 선생님들에게 이렇게 소개했다.
"이 아이들은 머지않아 지능이 크게 향상될 가능성이 있습니다." 선생님들은 이 말을 진심으로 받아들였다.
몇 달 후, 연구팀은 이 학생들의 변화를 추적 조사했다. 놀랍게도, '지능이 향상될 학생'으로 지정된 아이들은 실제로 학업 성취도와 지능 지수 모두에서 눈에 띄는 향상을 보였다. 게다가 그들은 수업에 더욱 자신감 있게 참여하고, 태도와 선생님과의 관계도 긍정적으로 변했다.
그리스 신화에서 조각가 피그말리온이 자신의 조각상을 사랑하여 결국 생명을 얻은 이야기처럼, "누군가에 대한 긍정적인 기대가 실제로 그 사람의 성장으로 이어진다"는 것이 바로 이 원리다. 이 효과는 교실 안에서만 국한되지 않는다. 부모가 자녀에게 보내는 기대의 눈빛, 팀장이 팀원에게 갖는 믿음, 친구가 친구에게 보내는 신뢰가 천천히 상대의 자존감과 성과, 태도를 변화시킨다. 또한 이

기대는 '자신에 대한 기대'에서도 강력한 영향을 미친다. 만약 "나는 원래 부족한 사람이야"라고 스스로 믿는다면, 나에 대한 그 부정적인 기대가 결국 현실이 된다. 반대로 "나는 아직 성장 중이야, 나는 할 수 있어"라고 믿으면, 긍정적인 기대가 자신을 성장하게 만든다.

긍정적인 기대는 단순한 응원이 아니다. 그것은 '성장의 환경'이며, '가능성을 현실로 만들어주는 씨앗'이다. 그리고 그 씨앗은 타인에게도, 나 자신에게도 심을 수 있다. 참고로, 피그말리온 효과의 반대 개념을 '골렘 효과(Golem Effect)'라 한다. 낮은 기대는 실제로 상대방의 성과를 낮추고 자존감을 약화시킨다. 내가 누군가를 싫어하면, 상대방도 나를 더 싫어하게 된다. 『성공하는 사람들의 7가지 습관』으로 유명한 스티븐 코비는 이렇게 말했다.
"상대를 바꾸고 싶다면, 먼저 그에 대한 나의 시선을 바꿔야 한다."

다음은 현자들의 '생각에 대한 명언' 이다.
- 나는 내 생각의 소산이다 - 싯다르타
- 이루고 싶은 것이 있다면,
  생각의 씨앗을 먼저 심어야 한다 - 존 멕스웰
- 생각하라, 그러면 부자가 되리라 - 나폴레온 힐
- 세상에 딱히 좋거나 나쁜것은 없다.
  우리 생각이 그렇게 만들 뿐이다 - 셰익스피어
- 생각은 만물의 근원이자 유일한 실체이다.
  느낌이 창조의 비밀이다. - 네빌 고다드
- 그 사람은 그가 생각한 대로 된다.
  우리의 인생은 우리 생각이 만든 것이다 - 마르쿠스 아우렐리우스
- 생각의 힘을 믿어라. 구체적 목표를 세워라.

생각이, 말과 행동 그리고 운명을 만든다 - 김승호
- 자연스럽게 습관적으로 하는 생각과 행동들이
  현재의 내 위치이다 - 네빌 고다드
- 반복적인 생각이 내보내는 파동은 아주 정교하고,
  우주에서 가장 강력하다 - 찰스 F. 해낼
- 모든 것은 생각에서 시작된다. 받아 들일지 흘려 들을지 상처를
  받을지 말지, 그 사람의 행동은 어쩔 수 없지만
  반응은 언제나 내 몫이다. - 백범 김구

망상활성계 (RAS)

 우리는 매일 수많은 생각을 하며 살아간다. 표면적으로 '우리의 생각'은 꽤 이성적이고 합리적이라 생각한다. 하지만 깊이 들여다보면 생각은 매우 편향적이며, 한계가 명확하다. 하루에 오감을 통해 쏟아지는 수백만 개의 자극 중, 우리는 극히 일부만을 받아들인다. 새 차를 구입했을 때 그 차가 거리에서 유난히 눈에 띄거나, 임신을 했을 때 갑자기 주변에 아이들이 많이 보이는 경험을 해본 적이 있는가? 누군가 군대에 가면 군인이 자주 보이는 현상처럼 말이다.
 1950년, 예일의대와 미 국립정신건강연구소 수석연구원인 폴 맥린 의사는 우리 뇌의 3중 구조를 발표했다.
생각하는 뇌(신피질-의식) / 감정의 뇌(변연계-의식)
/ 생존을 다루는 파충류의 뇌(뇌간-잠재의식)
 이 삼위일체의 뇌에 따르면 인간이 진화하면서 뇌의 기능도 진화했다고 말한다. 즉, 생존본능을 다루는 파충류의 뇌에서 감정을 느끼고, 생각을 하게 되는 뇌로 진화했다고 한다.

우리가 잠재의식에 씨앗을 심으려 해도 뇌를 감싸는 '의식 뇌'가 이성과 오감에 들어오는 정보에 의심이나 두려움, 불편함 등으로 '잠재의식 뇌'까지 들어가지 못하며 씨앗을 못심게 된다. 따라서, 잠재의식에 씨앗을 심기위해서는 가운데 있는 '감정'의 뇌를 거쳐야 한다는 것. 그렇다. 감정은 바로 '느낌'이다!

과학의 발달에 따라 뇌 연구를 통한 그 원리는 조금 더 구체적으로 밝혀졌다. 이탈리아 피사 대학에서 발표한 연구에 따르면, 우리 뇌에는 수많은 정보를 걸러내는 필터 역할을 하는 기관이 있다.
바로 **망상활성계**(RAS, Reticular Activating System)다.
RAS는 척수를 타고 올라오는 오감의 정보를 뇌로 전달하는 과정에서 중요한 관문이 된다. 눈, 귀, 코, 피부 등에서 끊임없이 들어오는 무수한 자극들을 모두 받아들인다면 뇌는 순식간에 과부하에 걸리고 만다. 그러나 RAS는 이 정보를 전부 올리지 않고, 선택적으로 '취사선택'하여 대뇌피질로 보낸다. 다시 말해, 우리에게 지금 필요한 정보만을 걸러내 집중할 수 있도록 돕는 것이다.

이 RAS는 주로 중뇌에 위치한 신경망으로 구성되어 있으며, 불필요한 자극을 걸러내고 의미 있는 자극에만 주의를 기울이게 한다. 덕분에 우리는 수많은 소음 속에서도 누군가 우리 이름을 부르면 바로 반응할 수 있고, 복잡한 환경에서도 특정 대상에 집중할 수 있는 것이다. 즉, RAS는 우리의 뇌를 보호하는 정보 필터이자 주의의 관문인 셈이다.

더욱이 연구에 따르면, 인간의 뇌는 매초 약 1,100만 비트 이상의 정보를 받아들인다. 생각, 감정, 오감, 외부 자극 등이 동시에 밀려드는 것이다. 이때 RAS는 일종의 관제탑처럼 작동하며, '익숙한 것, 기존 신념, 생존에 필요한 것, 지금 당장 알아야 할 정보'를 우선적으로 걸러낸다.

그 결과 실제로 대뇌피질까지 전달되는 정보는 고작 50만 비트(전체의 약 0.000005%)에 불과하다. 결국 우리의 인식과 판단은, 뇌로 들어온 모든 정보가 아니라 RAS가 선택해 올려 보낸 극히 일부의 정보 위에서 이루어지는 것이다.

그렇다. 평소에는 관심이 없던 사람들의 신발들이, 내가 신발을 사려고 마음먹은 순간부터 신발들이 자주 보이기 시작한다. 내가 사려는 신발의 중요성이 RAS를 통과하여 뇌에 안테나를 띄운 것이다.

이는 마치 네비게이션이나 보일러, 비행기 자동항법장치와 같다. 보일러는 26도를 맞춰 놓으면 알아서 작동하거나 멈춰서 26도를 항상 유지한다. RAS를 통과한 우리의 목적지는, 내가 생각을 못하고 있는 시간에도 잠을 자고 있는 시간에도 24시간 안테나를 띄워 놓고 있다고 할 수 있다.

이 원리는 삶의 행복과 목표설정 및 성취 등에서도 핵심적인 역할을 한다. 명확한 목표를 세우고 반복적으로 그 모습을 떠올리거나 말하면, 뇌는 그것을 '중요한 정보'로 인식하게 되고, RAS는 그와 관련된 기회, 사람, 정보를 이전보다 더 많이 보게 만든다.

마치 안테나처럼, 세상 속에서 필요한 신호를 잡아내기 시작하는 것이다. 앤서니 로빈스는 이렇게 말했다. "당신의 초점이, 당신의 현실을 만든다."

RAS는 바로 그 초점을 세상 속에 투영시키는 뇌의 메커니즘인 셈이다. 결국 우리는 '객관적인 세계'가 아닌, '주관적인 내 마음속 세상'을 살아가고 있는 것이다. 이 과학적 원리를 바탕으로, 생각의 특징을 다음 세 가지로 정리할 수 있다.

생각의 특징

1. 내가 보고 싶은 것만 본다.

인간은 자신이 믿고 있는 신념이나 감정에 맞는 정보만 선택적으로 받아들이고, 그 외의 정보는 무시하거나 왜곡한다. (확증편향)
예를 들어, 한 사람이 "요즘 사람들은 다 나를 무시해"라고 믿기 시작한다면, 카페에서 나를 슬쩍 흘겨보는 다른사람의 시선을 자신과 연결 지어 부정적으로 받아들인다. 심지어 상대방이 무심코 한 말, 혹은 관심이 없었던 행동마저 '역시 나를 무시하는구나' 라고 해석한다. 하지만 주위 사람들은 오히려 이렇게 말한다. "왜 요즘 그렇게 예민해졌어?"
이처럼 사람은 자신의 생각을 확인하는 증거만 찾으며, 그 외의 정보는 보이지 않게 된다. 이것이 바로 확증편향의 작용이다. 나도 모르게 특정 '선글라스'를 끼고 세상을 보고 있는 것이다. 특히 과거의 상처나 부정적인 경험이 필터처럼 작용해 세상을 왜곡되게 볼 가능성이 크다. 이 사실을 인식하지 않으면 부정적인 사고의 굴레에서 벗어나기 어렵다.

2. 한 번에 한 가지에만 집중할 수 있다.

우리 뇌의 주의(attention) 용량은 생각보다 훨씬 좁다. RAS는 우리가 생존에 꼭 필요한 정보만 필터링해 뇌에 전달하도록 진화해왔다. 한 번에 여러 정보를 동시에 처리할 것 같지만, 실제로는 '멀티태스킹'이 불가능하다. 인간은 집중할 때 한 번에 하나의 주제에만 몰입할 수 있다. 이 때문에 특정 사람의 '단점'에 집중하기 시작하면 그 사람의 장점은 눈에 보이지 않게 된다. 반대로 장점에 집중하면 단점은 흐릿해진다.

 예를 들어, 팀장이 한 직원에게 말했다. "요즘 계속 실수하네!?" 이 말을 계기로 팀장은 그 직원의 작은 실수만 눈에 들어오고, 그 사람이 얼마나 노력하는지조차 보지 못한다. 결국 직원은 위축되고 실수가 더욱 잦아진다. 어떤 관계든 '내가 어디에 주목하는가'에 따라 관계의 분위기가 달라진다. 사람뿐 아니라 인생에서도 마찬가지다. 내가 어디에 집중하고 주의를 두고 있는지 점검해볼 필요가 있다. 나도 모르게 시야의 초점을 잘못 맞추고 있는 건 아닐까?

3. 내가 아는 만큼만 본다.

 사람은 자신의 경험, 정보, 언어, 감정의 테두리 안에서만 세상을 이해하고 해석한다. 그 범위를 벗어나는 정보는 낯설고 불편하다. 한 친구가 말했다. "요즘 MZ세대 진짜 이해가 안가." 들여다보니 그는 SNS 문화에 익숙하지 않았고, MZ세대의 말투나 관심사에 대해 열린 태도를 갖지 않았다. 결국 친구가 '이해 안 간다'고 느낀 이유는 MZ세대가 문제인 것이 아니라, 자신이 새로운 세상을 접하지 않았기 때문이었다. 인간은 자신이 '아는 만큼' 세상을 본다. 그릇이 작으면 작은 세상이 보이고, 그릇이 넓으면 더 다양한 세상이 열린다. 생각의 폭이 좁을수록 세상이 불편하고 거슬린다.

 나의 인지적 한계는 어디까지인가? 나는 내 관심 밖의 세상에 열린 마음을 가지고 있는가? 우리는 세상을 있는 그대로 보지 않는다. 내가 해석한 대로, 내가 익숙한 만큼만 본다. 하지만 이 사실을 자각하는 순간, 사람을 더 관대하게 바라볼 수 있고, 세상에 더 유연하게 반응할 수 있으며, 무엇보다 나 자신을 더 깊게 이해할 수 있는 길이 열린다.

생각을 생각하라

생각의 작동 방식을 이해하는 것만으로도, 우리는 더 넓은 세상을 향해 나아갈 수 있다. 이제부터는 내가 생각한대로 살기 시작하자. 이는 먼저 머릿속에서 생각이 주도권을 잡고, 그 다음 그 생각에 따라 삶을 살아간다는 것을 의미한다.

필자는 '내가 진짜 원하는 것'을 깊이 생각해 본 적이 없었다. 그러니 내가 원하는 대로 살지 못한 것도 어쩌면 너무나 당연한 일이다. 어떻게 살고 싶은지 한 번도 생각해 본 적이 없고, 그냥 막연히 돈이 많았으면 좋겠다고만 생각했다. 그러니 당연히 내가 원하는 삶이 펼쳐질 리 없었다. 그렇다면 이제부터는 '제대로 생각해야' 한다. 무엇이 '제대로 생각하는 것'일까?

포르쉐를 드림카로 꿈꾸는 한 친구가 있다. 그와 함께 길을 걷는데, 마침 포르쉐가 지나간다. 그 친구의 다양한 반응을 유추해보자.

① "와, 포르쉐다!" (그냥 감탄)
② "아니, 나보다 어려보이는데, 포르쉐 타네?" (부정적 질투)
③ "저건 24년식 박스터 GTS 모델이네." (분석적 관찰)
④ "아… 저 소리… 핸들과 시트로 전달되는 진동… 상상만 해도 짜릿하다." (상상을 통한 느낌)

1번에서 3번까지의 반응은 잠재의식에 모두 이렇게 각인될 것이다.
'포르쉐는 내 차가 아니다.'

하지만 4번 반응은 다르다. 오감을 사용하여 포르쉐를 느끼는 순간, '느낌과 감정'이라는 잠재의식의 언어가 각인된다.
 우리의 뇌는 외부에서 들어오는 감각 자극에 따라 '뉴런(neuron)'이라는 신경세포가 활동한다. 신경과학에서 이 과정을 '시냅스 가소성'이라 부르는데, 이는 반복되는 감각 경험에 따라 시냅스의 연결 강도가 변화하는 것을 의미한다.

 특히 새로운 것을 느끼거나 집중해서 상상할 때, 우리 뇌에서는 다음과 같은 반응이 일어난다. 감각 자극이 들어오면, 뇌의 감각피질에서 해당 자극을 분석한다. 포르쉐의 엔진 소리는 청각 피질, 디자인은 시각 피질에서 처리된다. 이때 '도파민'이 분비되며 보상회로가 자극된다. 즐거움과 기대가 형성되면 도파민은 뉴런의 시냅스 연결을 더욱 강화한다. 반복적으로 같은 감각과 생각을 할 경우, 장기강화가 발생해 신경세포 간 연결이 단단히 굳어진다. 이는 '포르쉐를 느낄 때 쾌감 → 강한 기억 형성 → 목표 지향적 행동'으로 이어진다.

 게다가 뇌의 '해마(hippocampus)'에서는 이러한 경험이 장기 기억으로 저장되며, '전전두엽(prefrontal cortex)'에서는 목표 지향적 계획으로 연결시킨다. 이후, 우리 뇌는 관심 있는 정보가 주변에 나타났을 때 RAS를 통해 자동적으로 주의를 끌게 된다. 포르쉐에 관심이 생기면, 거리를 걸을 때 포르쉐가 자주 눈에 띄는 현상이 나타나는 이유이다. 뇌가 '의식적으로 집중한 대상을 자동으로 찾아내는' 본능적인 생존 메커니즘이다.

정리해보면, 현재의 의식(오감)이 뇌에 강하게 각인되면, 시냅스가 강화되고 새로운 뉴런 네트워크가 형성되어 잠재의식이 점점 그 방향으로 나를 이끌게 된다. 이렇게 우리의 뇌는 진짜 현실을 바꿀 준비를 시작한다.

우리는 생각을 통해 뇌를 '새롭게 배선(wiring)'할 수 있다. 이는 도널드 헵의 말처럼 "함께 발화하는 뉴런은 함께 연결된다"는 과학적 원리를 기반으로 한다. 내가 무엇을 생각하고, 어떤 감각을 반복적으로 체험하느냐에 따라 뇌는 그 방향으로 계속 진화한다.
이제부터는 '제대로 생각'하자. 오감을 통해 내가 원하는 삶을 선명히 그리고, 내 뇌와 잠재의식 속에 '새로운 현실'을 심자.
그 순간부터 우리의 인생은 새로운 궤도로 자연스럽게 움직이기 시작할 것이다.

중요한 결정을 내려야 할 때

* 직감 : 사고(思考) 작용을 거치지 아니하고 대상을 접하였을 때 곧바로 느껴 앎

직감은 내 잠재의식의 속삭임이다. 직감에 귀 기울이기 시작해보라. 이 세상과 모든 사람들, 온 자연으로부터 배우는 것은 물론이거니와 특히, 내 직감의 무한함을 받아들이고 '나를 안내하는 훌륭한 안내자'로 허락을 해준다면, 오히려 생각의 날개를 달고 어떠한 결정에도 자유로울 수 있다. 내 직감을 이해하고, 직감이 알려주는 감정과 느낌을 찾아보자.

위기(Crisis)의 어원은 단호함, 결단의 순간을 뜻하는 희랍어이다. 따라서 위기란, 단호한 결단이 필요한 분기점에 서있는 것과 같다. 나의 결정에 따라 그 길이 선택 되는 것이다. 위기의 순간에 기지를 발휘한 역사의 사례는 셀 수없이 많다. 2022년, 동탄의 한 경찰서로 전화 한통이 걸려온다. 경찰에게 떨리는 목소리로 '주소와 불고기피자 라지 한판'을 주문했다. 전화를 받은 경찰은 장난전화를 의심했지만, 순간 직감의 느낌을 잡았다. '어플도 아니고 전화로? 피자종류도 다양하고 이름도 긴데, 할인세트도 아니고 그냥 불고기피자?' 경찰은 즉각 코드0(강력범죄 시, 현행범 체포 대응코드)을 발령, 피자집 사장으로 답변을 한 후 출동 7분만에 가정폭력 중인 남편으로부터 신고자를 구할 수 있었다. 그들은 평소와 같은 이성적 판단에 의존하기 보다, 직감이 말하는 곳으로 가 현명한 판단을 할 수 있었다.

이처럼 우리는, 살아가면서 크고작은 많은 선택들을 하고 살아간다. 특히 고민의 기로나 삶의 갈림길에서 그 결정은 아주 중요하다. 나를 응원하는 가족이나 지인의 조언도 좋고, 비판적 의견을 가진 친구의 조언도 좋다. 거기에 내 잠재의식의 속삭임을 활짝 열어놓고 직감의 느낌을 느껴보자.
 흔히 직관과 직감을 혼돈하지만, 사전적 의미는 대동소이하다. 직관은 판단, 추리, 경험 등의 간접수단에 따르지않고 대상을 직접 파악하는 일이며, 직감은 사물의 진상을 순간적으로 감지한다는 뜻이다. 둘다 이성적 판단을 거부한다.

2012년, 이스라엘 텔아비브 대학에서 직감에 대한 실험을 했다. 실험자 앞에는 두 대의 모니터를 두었다. 한 모니터 당 숫자 2개를 띄운 후 두 숫자의 합이 높은 쪽 모니터를 선택하도록 하였다. 그러나 숫자가 표시되는 시간이 매우 짧아, 눈으로 판단하기에는 도저히 힘들었으며 참가자들은 오직 직감에 의존할 수 밖에 없도록 했다. 총 24세트를 진행한 결과, 정답률은 자그마치 90%였다. 이 결과는 영국 일간데일리에서 발표, 주요 포털이에서 난리가 났으며 미국국립과학원회보에 실렸다.

 내가 어떠한 사업을 추진하려 할 때, 사업과 그다지 관련 없는 제3자가 그냥 지나가는 말로, "왠지 잘 될거 같다." 하고 툭 던지고 간다면, 당신은 흘려 들을텐가? 잠재의식의 속삭임이라 생각할텐가? 그것은 당신의 '느낌'에 답이있다. 직감은 Yes or No로 말해주지 않기 때문에 문을 열어 그 느낌의 감각을 키워야 한다.

 에디슨과 살바도르 달리는 선잠(오감과 이성은 잠들고, 의식은 깨어있는 상태)에서 아이디어를 찾았고, 스티브잡스의 젊은 시절부터 자신의 명상의 방에서 수행한 무의식과의 대화는 애플 혁신의 근간이었다. 그들이 지금 살아있다면 이렇게 말하지 않았을까? "세상을 바라보는 시선이 바뀌고, 주변 사람과 환경에 동요되지 않습니다. 내 삶에 목표와 방향성이 뚜렷해져, 지금의 시간과 오늘하루를 꽉 차게 살게 됩니다. 나아가 1개월, 6개월, 1년을 꽉 차게 살아낼 것입니다."

내 생각과 수준에 매몰되지 말고, 모든 사람에게서 배우고, 내 직감이 말해주는 느낌을 느낄 줄 아는 사람이 되자.

공존인가? 독존인가?

하루에도 우리는 수많은 생각을 하며 산다. 2020년 7월 네이처 학술지에 실린 캐나다 퀸스대학교의 연구내용을 보면, 건강한 성인들은 하루평균 6천번 이상의 생각을 한다고 한다. 의식적으로 하는 생각도 있고 자연스레 떠오르는 생각들도 있다. 생각을 안하고 있는 시간이 거의 없다. 무념의 상태로 명상을 하려고 자세잡고 앉아도 뭉게뭉게 생각의 구름들이 피어오른다.

평소 우리가 하는 생각은 대부분 오감을 통해 일어난다. 눈으로 보는 것, 귀로 듣는 것, 코로 맡는 향기, 입으로 느끼는 맛, 그리고 감각과 관련된 모든 경험이 생각을 만들어낸다. 직장에서 마주하는 사람과 상황, 향기나 음악, 음식에 대한 기분 좋은 감정과 반응들까지, 우리의 생각은 자연스럽게 피어오른다. 이처럼 우리는 오감을 통해 떠오르는 생각들과 함께 살아간다. 동물도 마찬가지다. 그들은 현실에서 보고, 듣고, 느끼는 것에 따라 생존하며, 번식하고, 무리를 이루어 살아간다. 단, 인간은 동물과 달리 오감을 넘어, 세상에 없던 것을 상상하고 만들어낼 수 있는 능력을 지녔다.

AI 시대를 맞은 지금, 우리는 동물들과는 차원이 다른 세상을 살고 있다. 그렇다면, 이 놀라운 세상을 만든 주체는 누구일까? 단순히 오감 속에서 떠오른 생각만 따라 사는 사람들 덕분일까? 아니다. 세상에 없던 것을 생각하고, 때로는 미친 소리라는 평가를 받으면서도 끝까지 상상과 시도를 멈추지 않은 사람들 덕분이다. 인류의 삶과 생각을 혁신적으로 바꾼 사람들 — 니콜라 테슬라, 토머스 에디슨, 헨리 포드, 스티브 잡스, 일론 머스크, 코코 샤넬, 톰 포드, 젠틀몬스터의 김한국 등

— 그들의 무수히 많은 '미친 생각'이 대중을 새로운 세상으로 이끌었다. * 미치다 : 말과 행동이 '보통사람과 다르게' 되다.

"Nobody better than you, Nobody smarter than you"
- 브라이언 트레이시 -

그들은 오직 '생각을 다르게 했다'는 것을 알 수 있다. 우리도 세상을 혁신시킬 무언가를 지금 여기서 하고자 하는 것이 아니다.
 내가 원하는 대로 나를 변화시키고, 필요하다면 나의 환경을 변화시켜 세상을 살아가는 내 마음이 조금 더 평화롭고 행복하길 바라는 것이다. 훨씬 쉽게 느껴지지 않은가? 그렇다! 우리는 충분히 할 수 있다. 나아가 우리 또한 저 분들처럼 미친 세상을 창조 할 수도 있다. 그들이 정말 외계인이 아니라면, Why not me? 세상이 말하는 언론, 매체, 유행, 분위기, 흐름 등으로 흔들어대는 팬듈럼에 속지말고, 내가 그 팬듈럼을 흔들자. 유행을 따르는 자가 아니라 유행을 만드는 자가 되자. 제품을 사용하는 자가 아니라 제품을 만드는 자가 되자. 생각에 따르는 자가 아니라 생각을 이끄는 자가 되자.
 그럴려면, 대중들의 팬듈럼(같은 속도와 같은 방식으로, 반복적으로 흔들리는 시계의 추)과 다르게 생각해야 한다.
 현실은 대중들과 공존하지만, 생각은 홀로 존재해야 한다.
당신은 공존인가? 독존인가?
우리는 공존 속에서 '독존(獨存)'해야 한다.

"Think different from the pendulum"

7장.
인과의 법칙

7장. 인과의 법칙

'끌어당김 법칙' 이라고 들어본적이 있을 것이다. 우주는 내가 원하는 것을 향해 움직이고 그것을 끌어당긴다는 말이다. 마음만 먹으면 세상이 내 뜻대로 움직이는 것처럼 느껴지기 때문에 참 듣기 좋다. 끌어당김의 법칙이라는 개념이 사람들에게 매우 매력적으로 다가오는 이유이기도 하다. 오프라 윈프리, 윌 스미스, 제임스 카메론, 스티브 잡스, 짐 캐리, 아놀드 슈워제네거, 레이디 가가, 앤드류 카네기 같은 수많은 유명 인사들도 이 끌어당김의 법칙으로 성공했다고 알려져 있다.

그들에게서 영감을 받은 사람들은 '시크릿'이라는 제목의 책으로 이 법칙을 접하게 된다. 이 시크릿 책은 누구나 쉽게 이해할 수 있도록 간단한 언어로 핵심 원리를 요약했다. '내가 원하는 것을 명확히 하고, 긍정적으로 시각화하는 것' ChatGPT 는 끌어당김의 법칙에 대해 이렇게 조언한다.

"끌어당김의 법칙은 긍정적인 사고와 목표 설정에 유용한 도구가 될 수 있지만, 생각만으로 모든 것이 해결된다는 극단적인 해석은 현실적이지 않습니다. 생각하는 방식을 더 나은 방향으로 변화시키는 철학적 도구로 활용하는 것이 좋습니다."

결국 끌어당김의 법칙이란 단순히 내가 원하는 물질적인 것을 끌어당기는 것이 아니라, 나의 생각과 말, 태도, 습관을 변화시키는 수단이다. 나 자신의 가치를 높이고 자존감을 키우며 진정한 '나'를 새롭게 탄생시키는 도구로 생각을 하자.

창백한 푸른점 (Pale Blue Dot)

 1990년 2월, 보이저 1호가 촬영한 지구를 가리켜, 칼 세이건은 '창백한 푸른 점(Pale Blue Dot)' 이라고 했다. 지구와 태양 간 거리의 약 40배인 61억km 떨어진 곳에서 촬영된 사진은, 지구가 우주에서 아주 작은 한 점에 불과함을 나타내는 유명한 사진이다. (칼 세이건의 제안으로 촬영됨)
 무한한 우주속에서 창백한 푸른 점과 같은 인간의 생애, 그리고 그 속에서 나라는 존재가 얼마나 작은지 깨닫는 순간, 인간의 욕심과 불안이 얼마나 덧없는 것인지 알 수 있었다.
관점 이동은 단순히 생각을 바꾸는 것을 넘어, 내가 서 있는 자리에서 벗어나 더 넓고 객관적인 시각으로 나 자신과 세상을 바라보는 심리적 전환이다.

 마치 망망대해 한가운데서 파도에 휩쓸려 허우적거리다가, 문득 하늘 위로 올라가 그 바다를 내려다보는 것과 같다. 이제 파도에 대한 두려움과 불안은 더 이상 나를 압도하지 못한다. 파도 자체는 여전히 존재하지만, 나는 그 파도가 끝없이 펼쳐진 바다의 아주 작은 일부분에 불과하다는 것을 깨닫게 된다.
 이러한 시각의 변화는 내 감정의 폭풍을 잦아들게 하고, 현실을 있는 그대로 인식하는 힘을 길러주었다. 과거의 나는 좌절이라는 파도에 갇혀 모든 것이 끝난 것처럼 느꼈지만, 이제는 그 파도 역시 삶이라는 드넓은 바다를 항해하는 한 과정일 뿐임을 이해하게 된 것이다.
 관점 이동은 나를 둘러싼 모든 문제를 바라보는 틀을 바꾸고, 궁극적으로는 삶의 안정과 평화를 되찾는 가장 강력한 도구가 된다.

"인생의 원칙은 두 가지다.
첫째, 사소한 것에 연연하지 말라.
둘째, 모든 문제는 다 사소하다."
- 리처드 칼슨 -

바위를 뚫는 꾸준함

 나는 내 자신을 다시 만들고 싶었다. 갈망과 열망으로 많은 책을 읽고, 목표를 적으며 나아갔다. 깨어 있는 대부분의 시간 동안 현실의 일과 생계를 위해 바쁘게 움직였지만, 틈틈이 나를 위한 의식적인 실천을 이어갔다. 그러나 현실의 벽은 높았고, 고요한 명상 속의 열정은 일상이라는 파도에 쉽게 사라지곤 했다. 성취의 결과가 눈앞에 빠르게 나타나지 않자, 그 열정은 서서히 식어가기도 했다. 결과를 빨리 확인하고 싶은 마음은 모든이가 같으리라.
 나는 점차 현실이라는 물살에 휩쓸렸고, 당시의 기록들은 책장 한 켠에 쌓여만 갔다. 서재 벽에 붙여두었던 인생의 목표와 다짐들을 볼 때마다, 처음 가졌던 설렘과 결심이 조금씩 옅어졌다. 새로운 마음으로 새롭게 고쳐적었다. 시간이 흐르면서 이렇게 쌓아온 명상과 기록의 습관들, 무의식에 새겨진 수많은 각오들은 서서히 내 삶에 변화를 만들고 있었다. 겉으로는 변화가 없는 것처럼 보이지만, 일정 시간이 지나고 특정 자극이 주어졌을 때 비로소 드러났다. 즉각적인 변화는 없었지만, 나의 깊은 내면은 천천히 그리고 확실하게 변화하고 있었다. 낙숫물이 바위를 뚫는 것은 그 힘이 아니라 꾸준함 때문이다.

"당신의 진정한 모습은 당신이 반복적으로 행하는 행위의 축적물이다.
탁월함은 하나의 사건이 아니라, '습성'인 것이다.
- 아리스토텔레스 -

마음에 품은 씨앗, 결국 현실이 된다

필자에게는 '내면의 목표 설정'이 현실을 어떻게 이끌어가는지 생생하게 깨달은 흥미로운 경험이 있다. 2022년 할리데이비슨 전국투어에 참가했고, 방송인 노홍철과 함께 라이딩을 한 행사였다. 투어 둘째 날 저녁, 함께 참가한 형님들과 대화하던 중이었다. 당시 37세로 최연소 참가자였던 나에게, 할리데이비슨 코리아 H.O.G 창원챕터 회장이자 인도 철학의 문을 열어준 이형록 회장님이 물었다. "어떻게 젊은 나이에 할리데이비슨을 타게 되었어?"

나는 그 자리에서 문득 휴대폰에 저장해둔 '10가지 인생 목표' 버킷리스트를 찾았다. 그리고 그 안에 이런 문장이 적혀 있었다.

〈5년 뒤, 할리데이비슨 FATBOY를 타고 유유자적 홀로 사유한다〉

놀랍게도 FATBOY는 당시 내가 타고 전국투어를 하고 있던 바로 그 할리데이비슨 모델이었다. 그제야 깨달았다. 할리데이비슨을 타는 것이 내가 의식적으로 설정한 목표 중 하나였다는 사실을! 나는 적어놓은 것을 완전히 잊고 있었다. 다만, 평소 폰으로 FATBOY의 사진이나 영상을 볼 때마다 거기서 자연을 음미하고 있는 나의 삶을 생생하게 상상했고, 아파트 주차장 한 켠에 묵직하게 주차된 바이크의 모습을 상상하곤 했을 뿐이었다.

사실, 당시 다른 브랜드(BMW)의 바이크를 이미 계약해 둔 상태였으나, 길을 지나다 우연히 들른 할리데이비슨 매장에서 한 대의 바이크와 마주한 순간 내 안의 무언가가 전혀 예상치 못한 방향으로 강력하게 울렸다. 그 묵직한 존재감과 엔진 소리, 디자인까지, 모든 것이 나를 압도했다. 마치 오랫동안 기다려온 운명적인 만남과 같았다. 결국 그 자리에서 BMW 계약을 취소하고 FATBOY를 구매했다.

이것은 단순한 구매 이상의 경험이었다. 내 안에서 오래 잠자고 있던 직감과 열정이 한순간에 깨어나, 이성으로는 설명할 수 없는 확신과 속도로 행동을 이끌었던 순간이었다. 버킷리스트를 작성하고 내면에 목표의 씨앗을 심었고, 삶은 내가 의식하지 못하는 사이에 그 목표를 향해 이끌린 것이다.

인간은 자신이 진심으로 원하는 대상에 '주의력'을 기울이는 순간, 현실이 그 방향으로 '끌어당겨지며' 행동을 결정하게 된다는 단순하지만 강력한 진리였다. 사실 끌어당김의 법칙도 결국 우리가 잘 알고 있는 인과의 법칙과 다르지 않다. 땅에 콩을 심으면 시간이 흐른 뒤 콩이 자라듯이, 내가 마음속에 심은 생각도 시간이 지나 현실이 된다. 할리데이비슨도 내가 심어놓은 씨앗이었다.

나는 과거에 쓴 다른 목표 목록들도 다시 펼쳐보았고, 그 과정에서 내가 얼마나 나의 욕구를 변화시켜왔는지도 알게 되었다. 그때의 나는 활짝 웃는 얼굴과 맑은 눈빛을 가졌고, 걸음걸이도 자신감에 가득 차 있었다. 주변의 모든 것에서 아름다움과 감사함을 느끼며 살기로 다짐했었다. 무례하거나 불합리한 사람을 만나도 '나도 저럴 수 있지'라며 여유롭게 대하겠다고 적어두었다.

사람의 마음속에는 누구나 간절한 씨앗이 있다. 중요한 건 그 씨앗을 심을 때 좋은 땅을 선택하고, 꾸준히 햇볕과 물을 주며 정성을 들이는 것이다. 꾸준한 노출과 반복은 무의식의 강력한 행동 변화를 이끌어낸다. 가장 쉬운 단계는 바로 씨앗을 심는 것이다. 막연한 바람이 아니라 구체적인 목표와 모습을 적어보고 마음속에 심는 순간부터 현실의 변화가 시작된다.

당신의 씨앗은 무엇인가. 당신이 원하는 인생은 어떤 모습인가.
사람은 누구나 자신의 삶을 결정하는 주인이 될 수 있다.
가장 큰 행복은 시간과 돈에서 자유로워지는 순간이고, 그 출발점은 나만의 씨앗을 심는 데서 시작된다.
마틴 셀리그만은 자율성과 삶의 통제감을 느낄 때 사람은 가장 높은 행복감을 느낀다고 했다. 내가 원하는 삶을 위해 내가 선택하고 움직이는 그 과정 자체가 이미 행복의 시작임을 알게 된다.

이 씨앗을 어떻게 심고, 어떤 태도로 꾸준히 가꾸어 풍성한 열매를 맺을 수 있는지를 이 책에서 계속해서 풀어나갈 것이다.

"당신의 삶을 디자인하라.
그렇지 않으면 다른 사람이 대신 디자인할 것이다."

- 짐 론 -

어릴 때는 나보다 중요한 사람이 없고, 나이들면 나만큼 대단한
사람없으며, 늙고나면 나보다 더 못한 사람이 없다.
돈에 맞춰 일하면 직업이고, 돈을 넘어 일하면 소명이다.
직업으로 일하면 월급을 받고, 소명으로 일하면 선물을 받는다.
칭찬에 익숙하면 비난에 마음이 흔들리고, 대접에 익숙하면 푸대접에
마음이 상한다.
집은 좁아도 같이 살 수 있지만, 사람 속이 좁으면 같이 살지 못한다.
내 힘으로 할 수 없는 일에 도전하지 않으면, 내 힘으로 갈 수 없는 곳에
이를 수 없다.

사실 나를 넘어서야 이 곳을 떠나고, 나를 이겨내야 그 곳에 이른다.
갈 만큼 갔다고 생각하는 곳에서 얼마나 더 갈 수 있을지, 참을만큼
참았다고 생각하는 곳에서 얼마나 더 참을 수 있을지 누구도 모른다.
지옥을 만드는 방법은 간단하다. 가까이 있는 사람을 미워하면 된다.
천국을 만드는 방법도 간단하다. 가까이 있는 사람을 사랑하면 된다.
모든 것이 다 가까이 있는 곳에서 시작된다.

상처를 받을 것인지 말 것인지 내가 결정한다. 또 상처를 키울 것인지
말 것인지도 내가 결정한다.
그 사람의 행동은 어쩔 수 없지만, 반응은 언제나 내 몫이다.
산고를 겪어야 새 생명이 태어나고, 꽃샘추위를 겪어야 봄이 오며,
어둠이 지나야 새벽이 온다.
거칠게 말할수록 거칠어 지며, 음란하게 말할수록 음란해지며, 사납게
말할수록 사나워진다. 결국 모든 것이 나로부터 시작되는 것이다.
나를 다스려야 뜻을 이룬다. 모든 것은 내 자신에게 달려있다.

- 백범 김구 -

8장.
성공헤르츠

8장. 성공헤르츠

억지가 아닌, '성공의 느낌'

전역을 준비하며 나는 몸을 멋지게 만들겠다는 목표를 세웠다. 운동복을 챙기고, 보충제를 검색하며, 장비와 정보를 탐색하고 피트니스 전문가의 조언도 적극적으로 들었다. 대부분의 사람이 그렇듯, 나 또한 몸을 꾸미는 외부의 변화에는 열심이었지만, 내면의 마음을 가꾸고 성장시키는 일에는 상대적으로 소홀했던 자신을 발견했다. 스스로에게 부끄럽지 않을 정도는 되어야 한다고 마음을 다잡고, 이후 국내에 번역된 관련 서적을 모두 찾아 읽기 시작했다. 시간이 흘러 나는 '성공헤르츠'라는 클래스를 개설하여 강의와 토론을 진행했다. 클래스에 참여한 분들 중 어떤 분이 이런 질문을 했다. "몇몇 책에서 추천하는 대로, 하루 100번씩 원하는 문장을 계속 써나가는데 이게 효과가 있는 건가요? 아무리 반복해서 적고 되뇌여도 어색함과 불편함이 있어요."

내면의 신념과 외부에 의해 억지로 주입된 사고가 충돌하면 심리적 불편함은 극대화되고 행동의 지속력은 떨어진다. 마음 깊은 곳에서 동의하지 않는 방식은 결코 습관으로 자리 잡을 수 없다. 진정한 변화나 신념의 전환은 마법처럼 갑자기 일어나거나 당장 성과로 나타나는 일이 아니다. 이것은 라디오 주파수를 맞추어 나가는 과정과 같다. 내가 변화하고 싶은 성공의 상태로 내 마음의 주파수를 먼저 맞추어 놓는 것, 바로 성공헤르츠를 조율하는 것이다.

" 성공헤르츠란 '성공의 느낌'을 잠재의식에 심는 것이다. "

그렇다면 내가 바라는 목표를 성공헤르츠로 잘 조율했는지 어떻게 알 수 있을까? 그 목표와 성공을 떠올렸을 때, 내 것처럼 느껴지는 '**완벽한 편안함**'이 드는지 점검해야 한다. 내 것이 아닌 목표는 주파수가 맞지 않아 어색함과 불안함만 남는다.

성공헤르츠로 마음의 주파수를 조율한다는 것은, 평생 익숙했던 사고방식과 세상과의 상호작용을 의식적으로 다르게 만들어 나가는 일이며, 나아가 목표를 향한 행동에 즐거움이라는 강력한 동기를 더해준다. 성공의 느낌은 누구에게나 유쾌한 기분을 주기 때문이다.

생각의 법칙과 잠재의식

생각의 주파수를 바꾸면, 내면(within)이 달라지고, 내면이 달라지면 표정, 눈빛, 말투, 걸음걸이 등 외부(without)로 드러나는 모든 것이 조금씩 변화되기 시작한다. 결국 삶의 모든 것이 생각의 변화를 따라 달라지는 것이다.

새로운 태도가 반복되면 새로운 자아상이 형성되고, 그 자아상이 다시 새로운 행동을 강화하는 선순환 구조가 만들어진다. 예를 들어, 내가 미소 짓고 정중하게 말하고 당당하게 걷기 시작하면, 타인은 나를 훨씬 더 호감 가는 사람으로 인식하게 된다. 그런 긍정적 반응이 다시 나의 자신감을 키운다. 이런 변화는 단순히 생각만이 아니라 몸과 행동이 함께할 때 비로소 지속된다. 느낌이 내 잠재의식을 움직여 새로운 자아상을 만드는 것이다.

우리는 생각과 잠재의식의 법칙을 이해하고, 내 생각의 주파수를 성공헤르츠(내가 원하는 방향)로 맞추는 방법을 터득할 필요가 있다.

자동차 운전을 예로 들어보자. 운전할 줄 모르면 버스를 타거나 걸어서 가야 하고, 자동차가 있어도 목적지가 없으면 그저 기름만 낭비할 뿐이다. 그러나 명확한 목적지와 운전법, 즉 성공헤르츠를 익히게 되면 다르다. 당신은 더 이상 목적지 없이 표류하지 않는다. 당신이 바라는 목적지로 항해의 과정 자체를 즐기면서 나아갈 수 있게 되는 것이다. 성공헤르츠를 통해 생각과 마음의 법칙을 이해하고 그것을 능숙하게 다룰 수 있다면, 인생의 속도와 방향은 완전히 다른 궤도로 나아가게 된다.

나는 정작 가장 중요한 '생각하는 법'을 어디에서도 배운 적이 없다. 학교에서도, 회사에서도 이 핵심 기술을 가르쳐주는 이는 없었다. 그저 열심히만 살아왔을 뿐, 내면에서는 불필요한 방황이 끊이지 않았던 이유다. 내 생각의 주파수를 성공헤르츠로 조율하는 것은, 바로 이 방황을 멈추고 원하는 속도와 방향을 직접 설정하는 자기 주도적인 삶의 핵심 기술이다.

새로운 습관과 사고방식은 누구나 체화할 수 있다. 이것이 '자동화된 습관'으로 굳어지면, 마치 운전처럼 더 이상 의식적인 노력이 필요하지 않다. 그렇게 익숙해지면, 세상을 향한 내 마음은 한층 더 넓고 편안해진다. 이제부터 우리는 이불 개기, 물 마시기, 조깅, 독서 같은 일상의 작은 습관부터 자격증 취득, 원하는 환경 조성, 사업 시작, 경제적 자유, 심지어 성격 변화 같은 삶의 거대한 목표에 이르기까지, 모든 것을 마음의 주파수를 먼저 맞추어 변화시키는 방법과 원리를 깊이 있게 알아볼 것이다.

성공헤르츠를 잘 조율하면, 억지로 노력하는 것이 아니라 이미 목표가 성취된 유쾌한 감정을 바탕으로 자연스럽게 행동하게 된다. 이 감정은 목표로 나아가는 과정의 즐거움을 느끼게 해주는 가장 강력한 동력이 된다. 결국 이 여정은, 당신이 원하는 모습이 되도록 돕는 가장 명쾌하고 근원적인 길이 될 것이다.

세상이 내게 반응하는 방식은, 내가 세상에 던지는 생각과 가치관의 반영이다. 말투, 표정, 관계, 환경, 주변 사람들 모두 내 내면의 주파수에 따라 필연적으로 재구성된다. 비슷한 파장은 서로 끌어당기는 주파수의 법칙 때문이다. 잠시 따라 하는 흉내는 일시적일 수 있으나, 결국 사람은 자신의 주파수대로 돌아간다. 그래서 진짜 변화는 '내면의 주파수'를 바꾸는 것에서 시작된다. 이를 위해 '올바른 생각'을 점검하는 메타인지가 필수적이다.

"우리의 정신은 마치 의식속을 떠돌아다니는
특정한 대상을 잡아내기 위해서,
주파수가 새로 맞춰진 레이더가 된다.
그 효과는 이제껏 조용하다고 생각했던 방 안으로
라디오를 가져오는 것이다.

그 방의 조용함이란 다만 특정한 주파수에만 존재했으며,
실제로는 우크라이나의 뉴스나 택시에서의 잡담이
줄 곧 우리와 같은 방을 써왔음을 깨닫게 된다."

– 마르셀 프루스트 –

주파수대로 흐르는 삶

사실 필자는 '끌어당김'이라는 표현이 그다지 마음에 들지 않는다. 적은 노력만으로 꿈이 이루어진다는 환상적인 뉘앙스가 여전히 사라지지 않기 때문이다. 결국 끌어당김의 법칙은 인과의 법칙을 다르게 표현한 것과 같다. 이 법칙은 지구와 우주를 지배하는 아주 자연스러운 이치이며, 원인에 따라 결과가 생긴다는 명확한 사실을 담고 있다.

마치 관성의 법칙이나 자석의 원리처럼, 이는 우리의 생각과 에너지가 방출하는 특정 주파수에 따라, 같은 주파수의 현실을 끌어오고 경험하게 만드는 자연의 이치이다. 누구에게나 예외 없이 적용되는 삶의 근본 원칙인 것이다. 한국 속담 중 이를 가장 명확하게 설명하는 것이 있다.

> **"콩 심은 데 콩 나고, 팥 심은 데 팥 난다."**

이는 인과율을 가장 직관적으로 설명하는 말이다. 내 마음에 어떤 관념의 씨앗이 심겨있는가. 이것이 핵심이다.

어떤 사람들은 다이어트에 성공하더라도 다시 원래의 체중으로 돌아가곤 한다. 이는 마음 깊은 곳에서 여전히 자신을 '비만인'으로 인식하고 있기 때문이다. 잠시 살이 빠졌다 하더라도, 내면의 관념이 바뀌지 않으면 결국 다시 원래 상태로 되돌아가게 된다. 성경에는 이런 말이 있다. "무릇 있는 자는 받아 풍족하게 되고, 없는 자는 그 있는 것까지 빼앗기리라." 부유한 사람이 계속해서 부를 축적하고, 가난한 사람이 빈곤에서 벗어나기 어려운 이유 또한 그들의 잠재의식에 고착된 사고방식과 생활 습관에 있다.

 필자가 강남의 람보르기니 매장에 방문한 적이 있다. 아무리 멋진 슈퍼카를 눈으로 직접보고 시트에 앉아보아도, 어색하고 불편한 마음을 버리지 못했다. 우리의 몸은 정직해서, 주파수가 일치하지 않는 환경에서는 편안함을 허락하지 않는다. 그 환경이 현재 자신의 주파수와 맞지 않아 불편함을 느끼기 때문이다.

 복권 당첨자들이 몇 년 안에 다시 이전의 경제 상태로 돌아가는 흔한 사례 역시, 단순히 외부에서 들어온 돈만으로는 그 부(富)를 유지하기 충분하지 않음을 명확히 보여준다. 그들에게는 갑자기 들어온 큰 부(富)를 담아내고 유지할 수 있는 사고방식과 습관의 주파수가 형성되어 있지 않기 때문이다. 이 내면의 주파수가 근본적으로 변화되지 않으면, 사람은 결국 자신에게 가장 익숙하고 편안한 주파수, 즉 이전의 환경으로 되돌아가게 되는 것이다. 다이어트와 요요현상 역시 이와 같은 맥락에서 설명된다. 단순히 혹독한 식단이나 운동으로 체중을 감량하더라도, 뚱뚱했던 과거의 '나'에 맞춰진 내면의 주파수를 바꾸지 못하면 몸은 곧바로 가장 익숙하고 편안했던 상태로 복귀해버린다. 우리 삶의 방향타를 쥐고 있는 근원적인 힘은 외부의 조건과 노력이 아닌, 우리 내면에 존재한다.

 부모의 모습을 보며 자라는 아이들을 떠올려보자. 마트에서 아이가 진열된 물건을 떨어뜨렸을 때, 어떤 부모는 이렇게 말한다. "봐라, 내가 조심하라고 했지!" "그러니까 그렇게 하니까 떨어뜨리지!"

이러한 말과 행동이 반복되면, 아이는 부모의 말투와 태도, 그리고 사고방식을 잠재의식에 그대로 새겨 넣는다. 아이들에게 부모는 세상의 기준이며 절대적인 존재이기에, 부모의 주파수와 사고방식을 무비판적으로 받아들일 수밖에 없다.

그래서 '나는 부모님처럼 살지 않겠다' 고 다짐했던 사람이 어느 날 문득 거울 속에서 부모와 똑같은 표정을 발견하고, 자신도 모르게 싫어했던 말투와 행동을 따라 하게 되는 것이다. 어린 시절 경험을 통해 형성된 이 잠재의식 속 경험이, 삶의 방향과 궤적까지 결정짓는 핵심적인 뿌리가 된다.

결국 나는 '나의 생각과 습관이 만든 결과물'이며, 내 삶의 환경과 현재의 모습 또한 내가 맞춰온 생각의 주파수가 만든 결과인 것이다. 새로운 주파수로 재설정을 결심하는 순간, 내 인생에 대한 진정한 책임감이 생긴다. 배우 정우성은 인터뷰에서 "어린시절의 가난은, 내 것이 아니라 아버지의 것이다"라고 말하며 그 가난이 부끄러웠던 적이 없었다고 했다. 그의 반응은, 그가 책임감 있는 사람임을 말해준다.

이제 우리는 알게 되었다. 내가 맞춰온 주파수가 지금의 나를 만들었고, 미래의 나는 내가 새롭게 조율할 주파수에 의해 결정된다는 것을. 우리는 더 이상 과거의 환경과 타인을 탓하지 않을 것이다. 지금까지 내 안에 고착된 주파수를, 원하는 방향으로의 '성공헤르츠'로 맞출 차례이다. 잠재의식을 성공헤르츠로 다시 맞추는 것은 생각보다 단순하며 충분히 가능한 일이다. 선행되어야 할 것은 오직 변화를 결심하는 것이다. 나만이 할 수 있는 일이며, 내가 진심으로 바뀌겠다고 결심하는 순간, 내 삶은 원하는 주파수, 나의 성공헤르츠를 향해 조금씩 변하기 시작한다.

인간의 구조

잠재의식이란 무의식과 의식 사이의 중간 과정에 해당하는 정신적 영역이다. 이곳에는 우리의 기억과 습관이 저장되어 있으며, 우리의 일상적 판단과 행동의 90% 이상이 이 잠재의식의 지배를 받는다.

인간의 구조를 풀어보면, 다음과 같이 세 가지 범주로 나눌 수 있다.

- **마음(Mind)** : 의지, 감정, 양심이 존재하는 영역
- **잠재의식(Subconscious)** : 옳고 그름을 판단하지 않으며, 마음의 명령을 그대로 실행함.
- **신체(Body)** : 오감으로 세상을 느끼며, 마음과 잠재의식의 결과가 외적으로 드러나는 영역

중요한 잠재의식을 잘 이해하기 위해, 프로이트가 구분한 의식, 잠재의식, 무의식을 간단히 이해하고 넘어가자.
- 의식은 지금 내가 '알고 있는 생각'이다.
- 잠재의식은 내가 항상 자각하지는 않지만 '삶의 방향을 좌우하는 믿음과 습관의 저장고'다.
  * 프로이트는 당시, 전의식 이라는 용어를 더 자주 사용했다.
- 무의식은 의식적으로 접근할 수 없는 깊은 심연으로, 억압된 감정과 욕망이 자리한다.

의식은 빙산의 일각에 불과하고 대부분의 내면은 무의식과
잠재의식이 차지하고 있다.

"만약 우리가 무의식을 의식화하지 않으면, 무의식이 우리의 삶을
이끌 것이다. 그리고 우리는 그것을 운명이라 부른다."
- 칼 융 -

프로이트의 제자이자 후계자인 칼 융의 말처럼, 인간은 방대한
무의식의 흐름 속에서 살아간다. 그 거대한 흐름을 바꿀 수 있는 것이
바로 '잠재의식'이다.

잠재의식과 삶의 방향

사실 우리는 이미 잠재의식을 직관적으로 알고 있고, 삶 속에서
느껴왔다. 다만 그 정의가 익숙하지 않을 뿐이다.

"마음이 잠재의식에 뿌리를 내리면, 그것이 외부 세계에서 신체로
나타난다."

이는 고대부터 내려오는 진리이며, 우리가 "마음이 중요하다",
"긍정적으로 생각하라", "선한 마음을 가져라"는 말을 끊임없이 들어온
이유이다. 이 모든 가르침이 바로 잠재의식의 주파수가 가진 힘을
반영한다. 우리 삶에서 무엇이 나를 이끌고 있는가? 내 내면의
주도권인가? 아니면 변화하는 환경과 세상의 흐름인가? 빠르게
변화하는 시대와 통제할 수 없는 외부 환경 속에서도, 내가 그것을
어떻게 받아들이고 반응할지는 전적으로 내 몫이다. 환경은

주어지지만, 그 환경에 대한 반응은 철저히 나의 선택이다. 그 반응 속에서 우리의 감정이 생성되고, 이 감정이 언어와 행동으로 표출되면서 우리의 인생이 그 생각대로 흘러간다. 생각이 감정을 만들고, 감정이 행동을 만들며, 반복될수록 그 흐름은 강화된다. 감정을 통해 반복된 생각은 진실처럼 받아들여지게 되고, 결국 믿음이 된다. 그리고 그 믿음이 잠재의식에 깊게 뿌리내리면, 우리의 삶은 그 믿음의 주파수에 따라 자연스럽게 흘러가게 된다.

잠재의식이라는 거대한 배는 누가 조종하는가와 상관없이, 일단 설정된 주파수대로 흘러간다. 우리는 마치 자유의지로 움직이는 것처럼 느끼지만, 실상 대부분의 행동은 이미 잠재의식에 프로그래밍된 주파수의 결과물이다. 새벽에 일찍 일어나 독서하고 명상하며 하루를 시작하고 싶다고 생각하지만, 익숙한 잠재의식의 이불 속 편안한 주파수에 눌려 그 속에 머물게 되는 이유도 여기에 있다. 잠재의식은 현재 익숙한 주파수 상태를 유지하려는 강력한 힘을 발휘하기 때문이다. 결국, 우리의 인생 방향을 결정짓는 가장 강력한 힘은 잠재의식이다. 잠재의식을 내가 바라는 성공헤르츠로 어떻게 조율하느냐에 따라 우리의 삶이 결정된다.

> "조각가가 조각품으로 탄생시킬 원재료를 갖고 있듯,
> 우리는 누구나 자신의 운명을 손에 쥐고 있다.
> 예술 활동뿐 아니라 다른 모든 것에서도 마찬가지다.
> 우리는 운명을 주조할 수 있는 능력을 갖고 태어난다.
> 재료를 자신이 원하는 모양으로 빚어내는 기술은,
> 공들여 배우고 계발해야 한다."
> － 요한 볼프강 괴테 －

9장.
마음의 증거, 주파수와 공명

9장. 마음의 증거, 주파수와 공명

Hz(헤르츠) : 1초 동안의 진동 횟수.
 우리가 일상에서 경험하는 마음의 힘, 주파수와 공명 현상은 결코 추상적인 개념이 아니다. 위대한 과학자들과 수학자들의 연구와 발견 덕분에 우리는 이를 매우 구체적이고 과학적으로 이해할 수 있게 되었고, 그 혜택 속에 훨씬 편리하고 빠른 시대를 살아가고 있다.
 아이작 뉴턴이 만유인력의 법칙과 운동 법칙(F=ma)을 정리하며 자연의 힘을 수치화하는 기초를 다졌다. 그리고 이 기초 위에서 알베르트 아인슈타인은 $E=mc^2$이라는 혁명적인 방정식을 통해 물질의 본질이 에너지(파동)로 전환될 수 있음을 증명하며 패러다임을 바꿨다. 이 에너지와 파동의 실체는 제임스 맥스웰이 전기장과 자기장의 분포를 수식으로 정리한 '맥스웰 방정식'을 통해 더욱 구체화되었다. 그리고 마침내 하인리히 헤르츠는 이 전자기파의 존재를 실험적으로 증명해냈으며, 그의 이름을 따서 1초 동안 진동 횟수의 단위를 'Hz(헤르츠)'라고 부르게 된 것이다.

 우리 주변의 빛, 라디오, TV, 전자레인지, 휴대전화, 와이파이, 적외선, 자외선 모두가 결국 전자기파의 다양한 주파수 범위 안에 존재한다. 라디오 주파수를 맞춰야만 원하는 방송이 들리고, 휴대폰도 같은 주파수 영역에서 통신할 때만 정보가 전달된다.
이는 '**공명(Resonance)**' 현상 덕분이다.

 실제 오케스트라에도 이 원리가 적용된다. 전 세계 어디에서든 공연 직전, 모든 악기는 연주를 시작하기에 앞서 오보에가 내는 'A음'을 기준으로 정확하게 음을 맞춘다. 이 A음은 초당 440번 진동하는 440Hz(헤르츠)로, 전 세계 오케스트라의 국제 표준 조율 주파수이다. 두 악기가 같은 주파수로 맞춰진 상태에서 하나를 울리면 다른 악기도 자연스럽게 진동하게 되는데, 이것이 바로 공명 현상이다.

공명이란, 진동계에 외부 진동이 가해질 때 주파수가 일치하면 진동이 커지고 에너지가 증폭되는 현상이다. 이는 '에너지의 상호 교환'이 가능하다는 것을 의미한다. 이 원리는 우리 몸과 정신에도 그대로 적용된다. 모든 물질과 생명체, 심지어 생각에도 고유의 진동수, 즉 주파수가 존재한다.

1940년, 워싱턴의 타코마 내로우스 다리는 철근과 콘크리트로 잘 건설되었음에도 불구하고 주기적인 바람의 진동과 공명 현상으로 붕괴되고 말았다.. 또한 제2차 세계대전 당시 독일 군인들은 공명을 방지하기 위해 다리를 건널 때는 발을 맞춰 행군하는 것을 금지했다. 이는 주파수의 일치가 얼마나 큰 물리적 영향을 미치는지 보여주는 실제 사례다. 이 원리는 건축물, 다리, 자동차, 오토바이 설계에도 반영되어, 엔진과 차체의 공명을 막기 위해 고무 같은 완충 장치를 사용한다. 이를 통해 불필요한 진동과 구조적 손상을 방지하는 것이다.

흥미롭게도 티베트 승려들은 수천 년 동안 마음의 본질을 탐구해왔고, 그들의 명상은 단순한 정신 안정이 아니라 의식의 깊은 변화 상태에 이르는 것을 목표로 해왔다. 위스콘신 대학의 리처드 J. 데이비슨 박사와 신경과학 연구팀은 f-MRI(기능자기공명영상)와 EEG(뇌파검사)를 통해 티베트 승려들의 명상이 뇌에 실질적인 변화를 가져온다는 것을 입증했다. 그들은 명상 중 일반인 대비 높은 감마파(40Hz 이상)를 지속적으로 유지했다. 감마파는 뇌의 여러 영역을 통합하고 고차원적 인지, 공감, 자각과 연관된 뇌파이다. 특히 1만 시간 이상의 명상 경력을 지닌 승려들은 전두엽과 측두엽이 비정상적으로 강하게 활성화되어 자기 통제력과 감정 조절, 인지 능력이 극적으로 향상되었다는 사실이 발견되었다.

이들은 외부 자극 없이도 내면의 훈련을 통해 심박수, 호흡, 면역 반응까지 조절할 수 있었다. 데이비슨 박사는 이렇게 결론지었다. "심박수, 호흡, 심지어 면역체계까지 마음의 작용에 따라 변화했다. **'마음의 자각'**은 신화나 상징이 아니라 스스로의 뇌 구조와 신체 기능을 변화시키는 구체적이고 측정 가능한 힘이다. 이는 물리적 세상에까지 영향을 미치는 창조적 에너지임이 입증되었다."
이는 우리의 사고와 감정, 즉 **마음의 주파수**가 현실 세계는 물론 신체적 변화까지 이끌어낼 수 있는 '측정 가능한 힘'임을 증명한다. 마음의 법칙은 곧 주파수 법칙이며, 우리가 어떤 주파수를 방출하느냐에 따라 현실이 다르게 공명하는 것이다.

지구(Earth) 주파수

1952년 슈만박사는 '지구 고유의 주파수'를 알아냈다.
7.83Hz. 지구의 주파수 이다.
그는 지구의 대지와 전리층 사이의 공간에서 발생하는 전자기파, 즉 번개를 통해 그 주파수를 알아냈고 이 번개를 통해 지구는, 우주로부터 들어오는 다른 주파수의 영향으로부터 지구의 주파수를 일정하게 유지하고 있다. 참고로 대한민국에서만 하루 약 360번, 시간당 평균 15번 이상의 번개가 친다.

NASA에서는 유인우주선을 쏘아 보낼 때, 우주의 주파수와 지구주파수 차이에 의해 발생하는 우주병 예방을 위해, 우주선 내에 지구 주파수, 즉 7.83Hz를 쏘는 '인공 지구공명주파수 발생기'를 달아 놓는다. **지구공명주파수는 인간이 대지의 품안에서 가장 편안함을 느끼는 주파수**이다.

1960년, 러트거 위버교수는 지구의 주파수가 인간에 어떠한 영향을 미치는지에 대한 실험을 했다. 다음은 러트거 교수의 말이다.
"건강한 학생들만 참여시켰습니다. 병들거나 나이든 자는 배제되었어요. 어떤식으로든 건강에 영향을 미칠 것이라는 사실을 알기에 건강한 젊은이들만 참여시켰습니다. 실험실의 지하벙커에는 슈만공명이 존재하지 않도록 했습니다. 이 사실을 모르는 지하로 들어간 젊은이들은 메스꺼움과 두통을 호소하기 시작했습니다. 매우 흥미로운 것은, 자기펄스 발생기를 이용하여 7.83Hz의 주파수를 쏴주자 이런 증상들이 사라졌다는 사실입니다. 저는 이 실험을 30년간 해왔습니다."

사람의 주파수

그렇다면 당신과 나, 우리 사람들은 과연 몇 헤르츠의 주파수를 발산하고 있을까?
1873년 독일에서 태어난 한스베르거는 대학교 수학과를 다니다가 입대를 한다. 그는 기병대 군복무 중 갑자기 말이 몸을 일으켜 떨어지면서 부상을 입게되는데 이 때, 수십킬로 떨어진 곳에 있는 여동생의 전보가 도착한다. 오빠가 다친것 같다고. 그녀는 어떻게 알았을까? 이 사건을 계기로 베르거는, 멀리 떨어진 동생에게 어떻게 전달 된 것인지 의문을 품고 의학으로 전공을 바꿔 신경정신과 의사 및 교수가 되었다. 1929년에 '뇌파'를 공식적으로 발견, 현대 뇌과학의 문을 열게 되었다. 그는 세계 최초로 인간의 뇌가 발산하는 주파수를 측정하는데 성공한 것이다.
 다음은 한스베르거의 뇌파(뇌의 주파수) 구분이다.

- 베타파 : 13~30Hz / 평소 뇌파. (화내거나 흥분하면 주파수가 올라간다.)
- 알파파 : 8~12Hz / 긴장이완, 명상, 마음이 편한 상태
          (눈을 감으면 알파파는 강해진다.)
- 세타파 : 4~7Hz / 가수면 상태, 창의적인 상태
- 델타파 : 1~3Hz / 깊은수면, 무의식(코마) 상태
          (눈동자가 움직이지 않는 Non R.E.M = 각성상태 처럼
          뇌파는 활발하게 활동. 이 숙면동안, 신체 및 면역력이
          회복되고 세포 재생이 활발해짐)

 위 주파수 구분에서 7.83Hz 의 위치를 한번 눈여겨 보자.
우리가 사는 지구는, 우주로 부터 7.83Hz로 우주에너지를 받아들이고 있으며 이는 우리가 심호흡을 할때 들숨과 날숨사이에 측정한 주파수의 값과 같다. 게다가 우리의 심장박동 소리도 이에 맞추어 공명한다. 특히, 번개가 치는 날은 우주에너지의 밀도가 높아지고 사람들의 무의식이 많이 열린다고 한다. 더욱 차분해지며 끈기와 추진력, 내면의 깊이가 달라져 사물을 보는 시야가 열리고, 구도자들은 영적인 각성을 많이 한다고 알려져 있다.

이처럼 인간과 세상이 주파수라는 공통 언어로 소통하고 있음은 과학적 사실과 일상적인 현상에서 깊은 통찰을 선사한다.

 심리적 안정감과 깊은 집중력을 유도한다고 잘 알려진 고전 클래식 음악 역시 주파수와 깊은 관련이 있다. 440Hz로 조율된 대부분의 클래식 음악에서 우리가 안정감을 느끼는 것은 뇌파의 동조화(Entrainment) 현상 때문이다. 위에서 알아본 뇌파의 구분 중에서 알파파는 명상이나 휴식 시 나타나는 이완되고 집중력 있는 상태를 나타낸다. 음악의 440Hz 자체는 알파파 대역에 직접 속하지 않지만, 이 주파수와 배음(Harmonics) 구조를 가진 소리가 청각 피질을 통해 뇌에 전달될 때, 뇌파를 의도적으로 이완 상태인 알파파 대역으로 유도하고 동기화시킨다는 연구 결과가 많다.

 즉, 440Hz는 복잡한 외부의 소음을 차단하고, 우리의 뇌가 평온함 속에서 최고의 능력을 발휘하도록 이끌어주는 '조율의 기준점' 역할을 과학적으로 수행하는 것이다. 마치 오케스트라가 440Hz의 A음에 맞춰 아름다운 화음을 연주하듯, 우리 삶 역시 각자의 '성공 헤르츠'라는 기준점에 내면을 잘 조율할 때, 비로소 혼란을 멈추고 원하는 현실과 조화롭게 연주할 수 있다.

에디슨과 살바도르 달리, 그리고 테슬라

 어린 시절, 우리는 토마스 에디슨 위인전을 통해 익히 들어온 유명한 명언이 있다.
'천재는 1%의 영감과 99%의 노력으로 이루어진다.'
이 명언이 무엇을 강조하는지 배우면서, 우리는 자연스럽게 '노력의 중요성'을 떠올리게 된다. 하지만 조금 더 깊이 생각해보면, 에디슨이 정말로 노력을 강조하고자 했다면 '영감보다 노력이 먼저' 언급되지 않았을까 하는 의문이 생긴다.

  물론 에디슨이 엄청난 노력을 기울였음은 분명하다. 다만 그 노력 중에는 언론과 자존심, 명예를 유지하기 위한 불편한 노력도 상당히 포함되어 있었다. 필자는 오히려 에디슨이 '1%의 영감'에 조금 더 무게를 두었다고 생각한다.

  실제로 미국 '에디슨 & 포드 윈터 에스테이트' 박물관의 에디슨 생가를 방문하면, 지팡이를 든 에디슨 동상을 볼 수 있다. 그리고 그의 왼손에는 쇠구슬이 들려 있다. 왜 쇠구슬일까? 그 용도는 이렇다.
  에디슨은 발명의 영감을 얻거나 문제를 해결하기 위해 어두운 방에 들어가 구슬을 들고 안락의자에 앉아 잠을 청했다. 서서히 긴장이 풀리며 잠에 빠져들기 시작하면, 구슬이 떨어진다.
  즉, 그는 알파파와 세타파 상태에 들어 발명의 영감이나 문제 해결의 실마리를 얻고, 델타파 상태로 깊이 잠에 빠지면서 얻은 아이디어를 잊어버리지 않도록 한 손에 쇠구슬을 쥐고 선잠을 잤던 것이다.
  또한 그의 생가 한쪽 액자에는 이렇게 적혀있다. "발명을 하려면, 좋은 상상력을 가져야 한다."

* 상상(想像) : 생각 상. 모양 상. 이 한자에는 '마음 심'과 '코끼리 상'이 있다. 즉 마음속으로 어떠한 이미지나 현상을 그려보는 것을 뜻함.

"잠재의식에 요청할 것이 없는 채로 잠에 들면 안된다."
- 토마스 에디슨 -

우리가 한번쯤 본적이 있는 살바도르 달리의 '기억의 지속' 이라는 작품이 있다. 코코샤넬과 같이 맞담배를 피며, 20세기 가장 독창적인 초현실주의 화가로 불리는 달리는 이렇게 말했다.
"영감을 떠올리기 위해, 수저나 열쇠꾸러미를 들고 잠을 청했다."

 에디슨과 살바도르 달리, 그리고 위대한 창조자들의 공통점은 단순한 노력이나 재능이 아니라, 잠재의식과 느낌, 그리고 상상력과 직관을 의식적으로 활용하는 습관에 있었다는 점이다. 그들은 잠깐의 휴식 속에서도 마음속 신호와 직관을 주의 깊게 살피며 아이디어를 얻었고, 선잠 속에서 떠오르는 영감을 붙잡아 현실 속 창조로 이어갔다. 이는 그들의 관심사가 핵심 목표로 가득했으며, 목표 달성에 필요한 정보를 걸러내는 RAS(망상 활성계)의 기능을 극대화했음을 시사한다.

 우리가 배워야 할 교훈도 바로 여기에 있다. 단순히 열심히 노력하는 것만으로는 부족하며, 자신의 내면에서 올라오는 작은 느낌, 직관, 감정의 파동에 귀 기울이고 그것을 삶의 선택과 행동으로 연결할 때 비로소 진정한 창조와 성장이 가능하다. 즉, 영감과 노력은 따로 떨어진 것이 아니라, 내면의 느낌을 따라 흘러가는 길 위에서 서로를 돕고 이어주는 동반자와 같다. 어린 시절 배운 명언이 강조한 '1%의 영감과 99%의 노력'의 참된 의미는 바로 여기에서 완성된다. 우리의 느낌과 잠재의식이 보내는 신호를 주의 깊게 받아들이고, 그것을 현실 속 행동으로 자연스럽게 풀어낼 때, 우리는 비로소 자신의 삶을 주체적으로 이끌 수 있다.

한 때, 토마스 에디슨의 실험실 연구원이었던 니콜라 테슬라는, 일론머스크가 그의 이름을 자신의 전기차 회사명으로 따올 만큼 인류에 공헌한 업적은 대단하다. 당시 에디슨은 직류를 찬양했고 테슬라는 교류를 찬양했으며, 결국에는 변압이 용이하고 장기리 송전에 손실이 적은 교류전송방식이 세계적으로 쓰이기 된다. 이 때 에디슨은 그의 유명세와 자본을 통해 언론 및 정계로비 등으로 테슬라를 비난하고 그가 무너지도록 노력했다. 그러나 테슬라는 라디오(전압변환장치로 테슬라코일 발명), 무선조종배, 각종 밸브, 레이더 초기단계, 무선송신, 테슬라 발전기(공명주파수 활용), 외계문명 찾기위한 SETI프로그램 최초 제안, 무선충전기술, 비행기 수직이착륙 이론 등의 업적을 이뤄낸다.

> "우주의 비밀을 알고자 한다면
> 에너지와 진동, 그리고 주파수에 대해서 이해하라."
> – 니콜라 테슬라 –

원하는 것을 이루는 5가지 STEP

다음은 여러분의 소망을 실현할 수 있도록 돕는 5가지 핵심 단계이다.

STEP 1. 내가 바라는 것을 '구체적'으로 정하라
STEP 2. 받으려면, 먼저 주어야 한다
STEP 3. 소망 실현의 '현실적' 기한을 정하라
STEP 4. 소망 실현을 위한 구체적인 '노력'을 계획하라
STEP 5. '그 소망대로 나는 되어있다'는 믿음 갖기

먼저 STEP 1. 내가 바라는 것을 '구체적'으로 정하라

"명확하게 정의된 소망만이 현실이 될 수 있다."
많은 사람이 원하는 것이 무엇인지 스스로에게 명확히 묻지 않는다. 본인 스스로도 무엇을 원하는지 구체적으로 모르면서 불만족스럽게 그저 시간위에 달리고 있다. '부자'나 '행복한 사람'처럼 막연한 소망만으로는 잠재의식에 각인되기 어렵다. 이는 곧 내가 바라는 소망의 주파수와 현재 내 마음의 주파수를 일치시키지 못했다는 뜻이다. 그 소망을 생각할 때면, 내게 맞지 않는 옷처럼 불편하게 느껴질 뿐이다.

소망은 마치 '잠재의식'이라는 강력한 엔진에 입력하는 '네비게이션 주소'와 같다. 주소(명확한 소망)가 불분명하면 엔진(행동)이 아무리 좋아도 방향없이 빙빙돌며 기름(열정)만 낭비하게 된다. 여러분이 바라는 물질(금액, 물건), 성격(침착함, 자신감), 태도(긍정적 자세, 적극성) 등을 누가 물었을 때, 3초 안에 답변이 나올 수 있을 만큼 명료해야 한다. 이는 당신의 소망이 잠재의식 속에 깊이 각인되어 **있으며, 그 소망의 주파수와 나의 내면 주파수가 '성공 헤르츠'에서 완벽하게 공명하고 있음을 증명하는 강력한 신호입니다.**

STEP 2. 받으려면, 먼저 주어야 한다

"주는 것이 받는 것보다 먼저이다. 당신은 대가를 바라지 않고 무엇을 먼저 줄 것인가?"
우주의 모든 에너지는 순환한다. 원하는 것을 얻기 위해서는 그에 상응하는 가치나 에너지를 먼저 세상에 흘려보내야 한다. 이 원리는 다음 장에서 언급할 '우주의 12가지 법칙' 중 8번째인 보상의 법칙과 깊이 관련된다. 당신은 무엇을 줄 것인가? 자신이 원하는 성공, 풍요, 평화 등을 받기 위해, 먼저 타인에게 또는 세상에 어떤 도움, 시간, 지식, 긍정적인 태도, 봉사 등을 **대가를 기대하지 않고** 제공할 것인지 구체적으로 정하라. 더 나아가, 당신의 소망을 이루기 위한 열정적이고 헌신적인 노력 또한 세상에 내어주는 강력한 에너지임을 기억해야 한다. 이 '주는 행위'는 당신의 그릇을 넓히고, 소망을 담을 수 있는 에너지의 통로를 활짝 여는 핵심 행동이다. 그리고 그 기쁨은 단지 내가 가지는 것보다 훨씬 크다.

STEP 3. 언제 그 소망을 이루고 싶은가?

"우리는 지구의 물리법칙 속에 살고 있다. 소망은 현실적으로 타당한 시간이 필요하다."

우리가 소망하는 것을 현실로 만들기 위해서는 시간이라는 물리적 요소가 반드시 필요하다. 아무리 '성공 헤르츠'를 잘 조율하며 씨앗을 심어도, 물을 주고 정성의 시간이 지나야 꽃이 피듯 소망에는 현실적인 타당성을 갖는 '기한'을 설정해야 한다. 우리는 지구의 엄격한 물리법칙 속에서 살고 있다. 이는 곧 **모든 창조물은 에너지화(주파수 조율)뿐만 아니라, 물질화되는 과정(시간과 노력)** 을 거쳐야 함을 의미한다. 마치 근육을 키우기 위해 헬스장에서 땀 흘리는 시간이나, 건물을 짓기 위해 설계 후 벽돌을 쌓아 올리는 물리적인 시간이 필요한 것과 같다. 따라서 우리의 소망이 이루어진 현실은 '시간'과 '노력'을 요구한다. 기한은 당신의 잠재의식과 의식적인 행동을 목표에 집중시키는 강력한 **마감 효과**(Deadline Effect)를 발휘한다. 이 마감 효과는 추상적인 소망을 구체적인 현실 창조의 주파수로 고정시킬 뿐만 아니라, 그 목표를 향해 매일 실질적인 에너지(노력)를 투입하도록 독려하는 가장 강력한 도구이다.

STEP 4. 소망 실현을 위해 어떤 노력을 할 작정인가?

"**주파수만 맞추는 것으로는 부족하다. '행동 주파수'를 방출하라.**" 많은 사람이 소망을 이루기 위해 심상화나 확언으로 내면의 주파수 조율에 집중하지만, 행동 없는 주파수는 공중에 흩어지는 무선 신호와 같다. 이는 마치 목적지 주파수는 완벽하게 맞췄지만, 정작 차의 시동을 걸지 않는 것과 같다. 우리는 현실의 물리법칙이라는 무대 위에서 살고 있다. 아무리 간절하게 '성공 헤르츠'를 외쳐도, 그 주파수와 일치하는 행동 에너지를 세상에 내보내지 않으면 소망은 관념 속에 갇히고 만다. 따라서 소망을 구체화하는 일련의 과정을 **매일의 행동**으로 정하고 **실행**해야 한다. **내면의 강력한 조율과 현실에서의 단호한 행동**이 만날 때, 비로소 원하는 미래를 향한 강력한 파동이 생성된다.

STEP 5. '그 소망대로 나는 되어있다'는 믿음 갖기

"**행동을 지속할 수 있는 강력한 추진력은 이미 이루어졌다는 '느낌'이다.**"

모든 준비와 행동이 계획되었다면, 이제는 심리적·정신적 영역을 완성할 차례다. 소망이 실현된 미래의 자신을 현재로 끌어와 '이미 이루어진 상태'의 감정과 확신을 잠재의식에 심어야 한다. 소망을 향해 행동해 나가는 과정은 시간의 흐름에 따라 힘들고 지치기 쉬우며,

처음의 열정을 잃기 쉽다. 이때 '이미 이루어진 편안한 나의 모습'이 잠재의식에 각인(성공 헤르츠)되는 시간이 결정적으로 중요하다. 불안, 의심, 두려움이 밀려올 때마다, 이미 소망대로 내가 되어있음을 확언하고 느껴야 한다. 이 '믿음'은 단순한 희망이 아니라, 강력한 잠재의식의 프로그래밍이다. 최적의 시간은 바로 잠들 때이다. 완벽한 상상(누가 깨웠을 때, 내가 지금 어디있는 거지? 라고 착각 할 정도로, 생각의 그릇을 상상으로만 가득 채우는 것) 속에서 편안히 잠에 든다면, 잠든 시간 내내 잠재의식에 잘 각인(주파수 조율)될 것이다. 이 믿음이 흔들리지 않을 때, 당신의 모든 행동과 에너지는 목표를 향해 일관성 있게 집중될 수 있다.

결국 원하는 것을 이루는 성공헤르츠의 작동원리는, 가장 먼저 '명확한 목표설정'에서 시작된다. 여기에 물리적 시간(기한)을 부여하여 현실성을 확보하고, 상응하는 노력(행동)을 기꺼이 세상에 내어주는 보상의 법칙을 실천해야 한다. 그리고 이 모든 과정의 강력한 트리거는, 마치 영화의 결말을 미리 본 것처럼 이미 소망이 이루어진 상태의 **편안한** '느낌'을 잠재의식에 각인하는 데 있다.

이 다섯 가지 핵심 단계를 통해 내면과 외부 현실의 주파수를 완벽히 조율할 때, 당신은 원하는 미래를 스스로 연주하게 될 것이다.

10장.
잠재의식과 습관을 바꾸는 법

10장. 잠재의식과 습관을 바꾸는 법

잠재의식의 언어, 느낌

 우리는 늘 바쁘게 살아가느라 생각이라는 감옥에 스스로를 가두고, 마음이 보내는 신호를 놓치곤 한다. 그러나 삶의 진정한 방향은 논리적 사고가 아니라, 내면 깊숙이 울려 퍼지는 '느낌' 속에 있다. 행복할 때도, 슬플 때도 우리는 언어가 아니라 느낌을 통해 감정의 높낮이를 경험한다. 언어는 인간이 만들어낸 인위적인 도구일 뿐, 우리의 마음은 한국어도, 영어도 알지 못한다. 우리의 마음과 영혼은 오직 '느낌'으로 우리와 대화한다.

 우리의 감정과 직관이, 말보다 더 빠르고 정확하게 삶의 방향을 결정한다. 뇌는 수많은 정보를 처리하며 논리적인 결정을 내리려 애쓰지만, 몸은 이미 본능적으로 반응하고 있다. 이는 인류가 수백만 년 동안 생존해 온 방식과 같다. 맹수를 만났을 때, '이것은 위험하니 도망쳐야 한다고 논리적으로 판단하기 전에 이미 심장이 요동치고 몸이 굳어 몸의 모든 에너지가 도망칠 준비에 올인하는 것처럼 말이다. 이처럼 몸은 우리의 무의식적인 직관과 감정을 담아내는 그릇이며, 이 그릇에서 느껴지는 미세한 떨림이 바로 내면의 목소리인 것이다.
 이 내면의 목소리를 다른 말로 잠재의식이라 부를 수 있다. 우리의 잠재의식은 언어가 아닌, 감정과 느낌으로 소통한다. 의식은 언어로 사고하지만, 잠재의식은 감정으로 반응하기 때문이다.

 이는 우리가 어떤 목표를 설정할 때, 단순히 "나는 성공할 거야"라고 되뇌는 것보다 성공했을 때의 벅찬 성취감과 행복한 느낌을 생생하게 상상하는 것이 훨씬 강력한 이유다. 긍정적인 감정이라는 높은 주파수를 반복적으로 느끼는 행위는 잠재의식에 강력한 신호를 보내고, 이는 현실을 창조하는 에너지가 된다. 반대로 부정적인 감정이라는 낮은 주파수에 계속 사로잡히면, 잠재의식은 그 부정적인 현실을 끌어당기게 된다.

따라서 우리는 성공헤르츠를 맞추기 위해 의식적으로 긍정적인 감정 주파수를 선택해야 한다. 몸이 보내는 신호를 긍정적으로 해석하려는 노력을 기울이는 것이 바로, 원하는 목표로 잠재의식을 조율하는 핵심적인 과정이다.

 이러한 '느낌의 언어'를 이해하는 것은 자기 자신과의 깊은 대화를 시작하는 첫걸음이다. 내면의 소리에 귀 기울이지 않고 오직 외부의 기준과 논리적인 판단에만 의존하며 살아가면, 우리는 자주 길을 잃고 방황하게 될 것이다. 마음이 보내는 신호를 외면하지 않고, 그 느낌을 통해 잠재의식을 긍정적인 방향으로 훈련시키는 것, 이것이야말로 우리가 원하는 삶을 창조하는 가장 강력한 힘이다.

 실제로 붓다는 고요한 명상 속에서 자신의 내면을 있는 그대로 바라봄으로써 깨달음에 도달했다고 전해지며, 스티브 잡스 또한 젊은 시절 인도 여행과 참선을 통해 직관을 다듬으며 인생의 중요한 결정을 내리는 데 큰 도움을 받았다.
 아인슈타인은
     "직관은 신성한 선물이고, 이성은 충실한 하인이다"
라고 말하며, 위대한 발견의 순간마다 내면에서 솟아오르는 직관적 통찰이 무엇보다 소중했음을 강조했다. 이렇듯 역사 속 위대한 인물들

역시 마음이 보내는 신호를 귀하게 여기며 그것을 삶의 방향을 정하는 나침반으로 삼았다.

느낌을 다루는 자가 삶을 다스린다

우리는 의식적인 생각뿐만 아니라, 잠재의식의 느낌을 통해 삶의 방향을 결정짓는다. 자신의 감정과 직관에 귀 기울이지 않고 오직 논리적인 생각만으로 삶을 살아가려 한다면, 우리는 자주 길을 잃고 헤매게 될지도 모른다. 이는 마치 내비게이션에만 의존해 운전하며 주변의 표지판이나 도로 상황을 전혀 살피지 않는 것과 같다. 때로는 내비게이션을 따르기보다, 직관적으로 느껴지는 길을 선택하는 것이 더 나은 결과를 가져올 수도 있다. 때로는 잠재의식이 이끈 새로운 길에서 마주한 풍경과 사람들이, 예기치 않게 삶의 잊지 못할 순간을 선물해 주기도 한다.

우리가 삶의 주인이 되기 위해서는 이 '느낌의 언어'를 이해하고 다루어야 한다. 어떤 감정이 나를 올바른 길로 이끌고, 또 어떤 감정이 나를 잘못된 길로 이끄는지 차분히 분별할 줄 아는 것이 필요하다. 마음이 보내는 신호를 외면하지 않고, 그 느낌을 긍정적인 방향으로 이끌어 가는 것, 그것이야말로 우리가 원하는 삶을 빚어내는 가장 큰 힘이 된다.

느낌을 다스린다는 것은 감정에 휘둘리지 않는다는 뜻이다. 순간의 감정에 휩쓸려 충동적으로 선택하거나, 부정적인 기분에 사로잡혀 아무것도 하지 못하는 상태에서 벗어나는 것이다. 대신 우리는 감정을 있는 그대로 바라보고, 그 안에 담긴 이유를 이해하며, 그것을 더 나은 길로 이어주는 다리로 삼을 수 있다.

 예를 들어, 불안이 밀려올 때 그것을 억누르려 하기보다, 무엇이 나를 불안하게 하는지 살펴보고 그 마음을 가볍게 풀어낼 방법을 찾아보는 것이다. 이 과정은 억지로 애쓰며 만들어내는 것이 아니라, 천천히 삶 속에서 길러지는 태도에 가깝다. 조용히 호흡에 집중하거나 잠시 명상에 잠기는 시간은 마음을 맑게 하고, 감사한 순간을 떠올리거나 작은 성취를 기뻐하는 습관은 자연스럽게 긍정적인 감정을 키워준다. 우리의 잠재의식은 이렇게 우리가 자주 머무는 감정의 빛깔을 따라가며 변해간다.

 작은 기쁨을 소중히 하고, 감사한 마음을 자주 느끼며, 원하는 삶을 살아가는 자신을 생생히 그려보는 것. 이런 순간들이 차곡차곡 쌓일 때, 우리의 내면은 서서히 새로운 방향으로 물결치기 시작한다. 결국 삶은 우리가 느끼는 감정의 결을 따라 흘러가며, 그 느낌을 아름답게 다루는 사람이야말로 삶의 진정한 주인이 된다.
 '느낌'은 우리 모두가 공유하는 가장 본질적인 언어이자, 무의식의 주인이다.

"조용히 자신을 들여다볼 시간을 갖지 않으면 목표가 빗나간다."
- 알버트 아인슈타인 -

우주의 12가지 법칙

 세상에는 눈에 보이지 않지만 삶을 움직이는 원리들이 있다. 그것은 단순한 우연이 아니라, 오래전부터 내려오는 지혜와 경험을 통해 사람들이 발견해온 '우주의 법칙'이라 할 수 있다.
 이 '우주의 12가지 법칙'은 자기계발, 영성 분야에서 자주 다루는 개념으로, 물리적인 법칙이라기보다는 삶을 바라보는 보편적인 원리, 또는 우주적 질서에 대한 비유적 설명이다. 우리의 마음과 행동, 그리고 현실이 어떻게 연결되어 있는지를 보여주는 길잡이와 같다.

1. 신성한 하나 됨의 법칙
 모든 것은 서로 연결되어 있다. 내 작은 생각과 행동도 세상 전체에 파동처럼 퍼지며, 내가 만드는 현실에 영향을 미친다. 내면에서 품는 감정과 태도는 결국 외부 세계와 연결된다.

2. 진동의 법칙
 세상의 모든 존재는 진동한다. 우리의 생각과 감정 또한 각각의 파동을 지니며, 그 진동에 따라 현실의 색깔이 달라진다. 평온과 기쁨은 높은 진동으로 긍정적인 경험을 끌어오고, 분노와 불안은 낮은 진동으로 혼란을 불러온다.

3. 상응의 법칙
"위와 같이, 아래도 그러하다." 내면의 세계는 외부 현실을 비춘다. 마음속 불안이 반복된다면, 세상에서도 불안정한 상황이 반복될 수 있다. 반대로 내면이 차분하고 긍정적이라면, 그 평화가 외부에서도 나타난다.

4. 끌어당김의 법칙

같은 파동은 같은 파동을 끌어당긴다. 긍정적인 마음의 주파수는 긍정적인 현실을, 부정적인 마음의 주파수는 부정적인 현실을 만들어낸다. 생각뿐 아니라, 내면에서 느껴지는 영감과 직관을 따라 행동할 때 삶은 움직인다. 작은 실천이 큰 변화를 만들어낸다.

5. 영감 있는 행동의 법칙

영감은 생각에서만 머물러서는 안 된다. 마음이 가리키는 길을 따라 실제로 행동할 때, 그 길은 새로운 가능성과 기회를 열어준다.

6. 에너지 전환의 법칙

모든 에너지는 끊임없이 흐르고 변화한다. 슬픔이나 불안도 관점과 선택에 따라 긍정적인 에너지로 바꿀 수 있다. 우리에게 주어진 감정은 늘 새로운 가능성으로 전환될 수 있다.

7. 원인과 결과의 법칙

모든 일에는 원인이 있고, 그에 따른 결과가 있다. 우리가 뿌린 작은 행동 하나도 시간이 지나면 예상치 못한 열매로 돌아온다. 실수와 잘못조차도 삶의 배움과 깨달음으로 이어진다.

8. 보상의 법칙

우리가 세상에 베푼 사랑과 노력은 결국 되돌아온다. 세상은 늘 균형을 맞추며, 우리가 필요한 기회와 교훈을 적절한 순간에 전한다.

9. 상대성의 법칙

모든 것은 상대적이다. 고난 속에서도 다른 시각으로 바라보면, 그것은 성장과 배움의 기회가 된다. 삶의 경험은 비교와 관점을 통해 더욱 깊이를 얻는다.

10. 양극성의 법칙

세상에는 빛과 어둠, 기쁨과 슬픔, 사랑과 미움처럼 모든 것이 쌍을 이룬다. 반대되는 극은 서로를 완성하며, 그 안에서 삶의 전체를 이해하게 된다.

11. 리듬의 법칙

인생에는 흐름과 주기가 있다. 성공과 실패, 바쁨과 쉼, 기쁨과 슬픔은 모두 순환 속에서 반복된다. 리듬을 이해하고 받아들일 때, 우리는 흔들리지 않고 삶의 흐름에 몸을 맡길 수 있다.

12. 성별의 법칙

모든 존재 안에는 남성과 여성의 에너지가 공존한다. 창조와 균형은 두 에너지가 조화롭게 흐를 때 이루어진다. 직관과 이성, 포용과 결단, 수용과 실행의 균형 속에서 우리는 삶을 온전히 살아갈 수 있다.

　이 12가지 법칙은 단순히 세상을 설명하는 이론이 아니다. 그것은 우리 내면과 연결된 삶의 지혜이며, 스스로를 이해하고 마음을 조화롭게 다루며, 현실 속에서 길을 찾는 안내서다.
　이 법칙들을 마음에 새기고, 삶 속에서 느끼며 조금씩 실천할 때, 우리는 매일의 선택과 행동을 조금 더 의식적으로 바라볼 수 있다.

결국 우리의 삶은 우리가 느끼고 선택하는 감정과 행동으로 만들어지며, 이 법칙을 이해하고 삶에 적용하는 사람이 자신의 길을 가장 잘 이끌어가는 법을 알게 된다. 작은 깨달음 하나, 조금씩 느끼고 실천하는 변화 하나가 쌓일 때, 삶은 서서히 그 빛을 드러낸다.
이 책을 통해 전하고자 하는 메시지도 바로 그것이다. 우리 안에 이미 있는 지혜와 힘을 알아차리고, 그것을 삶 속에서 하나씩 꺼내어 사용하는 사람만이, 자신만의 길을 잃지 않고 걸어갈 수 있다.

습관이 만들어지는 과정과 잠재의식

잘못된 습관을 없애고 좋은 습관을 형성하고 싶다면, 우리는 먼저 주파수의 원리를 이해해야 한다. 우리는 생각이 씨앗이 되고, 반복된 생각과 감정이 잠재의식에 명령으로 새겨지면 결국 행동과 결과로 나타난다는 것을 이미 알고 있다. 즉, 우주의 12가지 법칙 중 하나인 '끌어당김의 법칙'은 바로 주파수의 인과법칙과 같다. 우리가 느낌이라는 주파수로 씨앗을 심으면, 잠재의식은 이를 강력한 명령으로 인식하고 그 주파수를 맞추려고 인생의 방향을 이끈다. 우리의 삶을 좌우하는 습관은 바로 잠재의식의 언어, 즉 느낌이라는 감정을 통해 주파수를 형성한다.

습관은 단순히 반복적인 행동이 아니라, 그 행동과 결부된 감정과 느낌의 총체인 것이다. 잠재의식은 우리가 반복적으로 방출하는 감정을 새로운 명령 주파수로 받아들이고, 그 명령에 따라 우리의 행동을 자동화한다. 결국 우리는 잠재의식에 새겨놓은 편안한 느낌의 주파수를 따라 행동하게 되는 것이다

예를 들어, 처음 무단횡단이나 신호위반을 할 때 사람들은 본능적인 두려움을 느낀다. 양심이 주는 불편한 '느낌'이 바로 잠재의식의 경고 신호이다. (8장에서도 논했듯이, 잠재의식은 옳고 그름을 판단하지 않으며 마음의 명령을 그대로 실행한다.)

초기에는 무단횡단이라는 잘못된 행동이 잠재의식에 이미 새겨져 있는 기존의 주파수와 달라 거부감으로 명확히 전달된다. 하지만 '이 정도쯤이야'라는 자기 합리화와 함께 그 잘못된 욕망을 반복적으로 주입하면 어떻게 될까? 잠재의식의 목소리는 점점 무뎌지고, 이내 불편함이 사라질 것이다.

이제 꽤 편안해진 무단횡단이 지속적으로 생각과 욕망을 입력하는 통로가 되면, 잠재의식은 그것을 새로운 명령으로 받아들이기 시작한다. 결국 잠재의식의 경고 없이도 그 행동을 자연스럽게 행하는 습관이 형성되는 것이다. 이는 잠재의식과 행동이 같은 주파수로 자연스럽게 동조된 결과이다. 이처럼 부정적인 습관은 처음에는 작은 불편함에서 시작되지만, 그 불편함을 무시하고 반복(새로운 명령)하면 잠재의식의 필터가 망가지면서 점점 더 대범한 행동으로 이어진다.

반대의 경우도 마찬가지다. 처음에는 귀찮고 힘들었던 운동도, 반복적으로 해낸 뒤의 개운함과 성취감을 느끼는 순간이 쌓이면 점차 습관으로 굳어진다. 잠재의식은 이 긍정적인 감정을 새로운 명령으로 받아들이고, 자신의 주파수를 바꾸기 시작한다. 이제 우리의 몸은 그 새로운 주파수와 동조하기 편안한 행동을 자연스럽게 찾아가게 된다.

단순히 "운동해야지"라고 생각하는 것보다, 운동을 마치고 난 후의 상쾌한 기분을 생생하게 느끼는 것이 운동을 지속하는 데 훨씬 효과적인 이유이다. 이처럼 좋은 습관 역시 '감정'이라는 주파수와 함께 반복될 때 가장 강력하게 형성된다. 느낌이 바로 잠재의식의 언어이기 때문이다.

 결국, 습관을 바꾸는 것은 단순히 행동을 바꾸는 것을 넘어, 그 행동과 관련된 '감정의 패턴'을 바꾸는 일이다. 바로 느낌으로! 무의식적으로 느끼는 감정의 신호를 인식하고, 그것을 긍정적인 주파수로 재조정하는 노력이 필요하다.
 잠재의식에 어떤 느낌의 주파수를 주입할지 스스로 통제할 수 있을 때, 우리는 비로소 삶의 방향을 바꿀 수 있는 진정한 힘을 얻게 된다. 이는 마치 정교한 지도를 가지고 항해하는 선장처럼, 자신의 내면의 주파수를 완벽하게 맞추고 원하는 곳으로 나아갈 수 있게 되는 것이다.

그런 척하면 그렇게 된다

 사실, 몸과 마음에 이미 익숙해진 것을 바꾸는 일은, 처음 습관을 들일 때보다 더 많은 성실함과 시간이 필요하다.
새로운 행동을 습득하는 과정에서 필연적으로 경험하는 심리적 저항이다. 이를 넘어서야 새로운 습관이 정착된다. 그러나 충분히 가능하다!
예를 하나 더 들어보자. 많은 사람이 옆 테이블에서 갑자기 접시나 큰 물건이 떨어져 깨지는 소리를 들으면 깜짝 놀라거나 때론 비명을 지른다. 필자는 왠만해서는 놀라지 않는다. 10여년의 군 생활을 하면서 다양한 사격 훈련을 지휘하며 소총 및 기관총, 포 사격 등 큰 충격음을 자주 경험했기 때문이다. 처음에는 매우 놀랐지만, 반복되는 훈련을 통해 무뎌지고 익숙해진 것이다. 왠만한 충격이나 소음에는 전혀 흔들리지 않게 되었다. 반복된 노출을 통해 자극에 대한 반응이 둔해진 것이다.

즉, 의식적으로 '편안한 척', '자연스러운 척', '원하는 모습처럼 행동하기'를 반복하면, 잠재의식은 그 새로운 주파수에 익숙해진다. 결국 그 새로운 모습이 우리의 습관과 현실이 되어 내 것이 되는 것이다.

하지만 많은 사람들은 이렇게 말한다.
"머리로는 아는데, 그게 잘 안 됩니다."
괜찮다. 당연하다. 변화는 본능적으로 불편하기 때문이다. 기존의 편안한 생활패턴의 주파수를 바꾸려고하니 잠재의식이 불편한 것이다. 또한 익숙한 불편함이 새로운 불편함보다 낫다. 그래서 변화의 첫 단계에서 대부분 포기한다.
덴젤 워싱턴은 말했다.
"당신의 가장 큰 적은, 바로 편안함 입니다."
중요한 것은 그럼에도 불구하고, 의식적으로 메시지를 반복해서 주는 것이다. 느낌과 함께! 스스로에게 이렇게 말하기 시작하라.
"그래, 전에는 그랬었지. 하지만 지금은 달라! 이게 내 새로운 명령이야"

감정의 반복이 잠재의식에 새로운 명령으로 자리 잡기 시작하면, 이전의 습관이 서서히 주파수를 바꾸기 시작한다. 생각과 감정의 반복이 잠재의식에 뿌리를 내리면 그것은 새로운 주파수로 맞춰지고, 결국 나를 새로운 방향으로 이끌게 된다.

새로운 습관을 만들 때, '이미 변화된 나의 느낌'을 잠재의식에 심어야 한다. 만약 "나는 매일 아침에 30분간 조깅을 해야지"라고 생각하는 순간, 우리의 잠재의식은 판단 없이 '사실'만을 되뇌인다. 그 사실은 바로 '아직 아침 조깅 습관이 없다'는 것. 이처럼 느낌 없는 중얼거림은 오히려 잠재의식의 기존 주파수를 강화하여 역효과를 낸다.

따라서 우리는 **이미 변화된 나의 느낌으로 성공헤르츠 주파수를 맞추어야 한다**. 즉, 조깅을 성공적으로 마쳤을 때의 상쾌함과 에너지 넘치는 기분을 생생하게 느껴서 잠재의식이 그것을 새로운 현실로 받아들이게 해야 한다.

" I AM that I am "

- 출애굽기 3:14 -

완벽한 주파수 동조, 나 이런사람이야

반면, 진짜 습관이 된 사람의 모습을 한번 보자.
'부의 마스터키' 저자이자 기업가 댄 록은, 친구와 함께 여행 중이었다. 그의 친구 토마스는 20살 때부터 매일 조깅하는 습관이 있었다.
어느 날 두 사람은 긴 비행 끝에 새벽에 토론토에 도착했지만, 토마스는 짐을 풀고 바로 조깅을 나갔다. 댄록이 물었다.
"토마스, 오늘같이 피곤한 날에도 조깅을 한다고? 한 숨자고 해"
그러자 토마스는 당연하다는 듯 답했다.
"그게 무슨 말이지, 댄? 나는 조깅하는 사람이야. 왜 조깅을하냐니.. 내게는 당연한 거야." 라고 말하며 호텔 밖을 나섰다.

이미 토마스의 자아 이미지(self-image)는 '조깅하는 사람'으로 완전히 잠재의식에 각인되어 있었다. 그래서 피곤하든, 날씨가 어떻든 상관없이 조깅은 그에게 행복감을 주는 '자연스러운 일상'이었다. 바로 '자연스러운 일상'이 되는 것. 이것이 우리가 맞춰야 할 성공헤르츠의 최종상태이다.

 우리가 아침에 눈을 뜨면 이불을 개듯, 습관이 된 행동은 더 이상 선택이 아니라 당연한 일상이 되어, 생각없이 움직이게 된다. 만약 여전히 이불 속에서 게으름과 싸우고 있다면, 미 해군 윌리엄 제독의 '이불 개기 영상'을 보는 것도 좋은 자극이 될 것이다. 작은 행동이 가장 위대한 변화를 만들 수 있기 때문이다.

"세상을 바꾸고 싶다면, 침대 정리부터 시작하라."
- 윌리엄 H. 맥레이븐

11장.
한번 뿐인 인생,
어떤 삶을 살고 싶은가

11장. 한번 뿐인 인생, 어떤 삶을 살고 싶은가

잠시 눈을 감아보자. '나는 진정 어떤 인생을 살고 싶은걸까?' 여기서 잠깐만! 잠시라도 생각해보았는가? 그냥 읽고 머리로만 알고 넘어가지말자. 중요한 것은 실행력이다. 즉시 하라! 미루는 나는 이제 없다. 사진으로 보고서 형형색색의 슈팅스타 아이스크림 맛이 판단 되는가? 먹어봐야 톡톡 터지는지 한다. 다시 아래 문장들을 읽어보자.

나는 지금의 삶에서 무엇에 가장 큰 의미를 느끼는가?
나는 어떤 순간에 가장 행복함을 느끼는가?
나는 무엇을 위해 시간을 쓰고 싶은가, 무엇을 포기할 준비가 되어 있는가?
나는 내가 진정으로 원하는 일을 하고 있는가?
나는 어떤 사람으로 기억되고 싶은가?
나의 하루가 만족스럽기 위해 필요한 것은 무엇인가?
나는 어떤 가치와 원칙을 지키며 살고 싶은가?
나는 실패와 어려움을 어떻게 받아들이고 싶은가?
나는 내 삶에서 누구와 함께 시간을 보내고 싶은가?
나는 지금의 선택이 나의 미래를 더 나은 방향으로 이끌고 있는가?
나는 누구와 함께 어디서 그 성공을 축하하고 나누고 있는가?
나는 그 목적지를 향해가는 과정에서 어떠한 것을 느꼈는가?
나는 미래에 어떠한 친구들과 함께 어떤 이야기를 나누고 있는가?
나는 어떤 외모와 미소, 걸음걸이와 패션을 하고 있는가?'

우리는 자신에 대해 생각보다 잘 모른다. 내가 살아온 인생을 천천히 그려보는 내 삶의 역사적인 시간을 가져보자. 종이를 꺼내자. 그곳에 '내가 알고싶은 나에 대한 주제'를 적어보자. 눈 앞에 적어놓는 것 만으로 그 주제를 깊이있게 생각할 수 있고, 생각이 다른 곳으로 새더라도 주제로 다시 돌아오기 쉽다. 시간을 내어 꼭 한번 적어보자.

혼자있는 시간의 힘

최근에, 단 5분 정도 아무생각없이 가만히 있어본적이 있었는가? 빨리빨리 문화가 대한민국의 한국전쟁 이후 급성장에 큰 기여를 했다면, 지금 필요한 것은 차분하고 품위있는 선비의 문화가 아닐까? 무언가 확인하거나 업무에 필요, 여유있는 시간에도 우리는 폰을 들여다 보고, 잠시 화장실에 앉아 있을 때와 엘리베이터 안의 짧은 시간에도 가만히 있질 않고 폰을 습관적으로 열어본다. 그렇지 않은가? 우리의 의식적 성장과 진정한 행복은 외부가 아니라 내면으로부터 나온다고 말했다. 스티브 잡스 또한 20대부터 명상을 통해 인사이트를 얻었다고 잘 알려져 있다. 노자는 이런 말을 했다.

> "과거에 사는 사람은 불행하고,
> 미래에 사는 사람은 불안하며,
> 현재에 사는 사람은 행복하다."

오늘날 우리에게는, 노자의 시대에는 없던 다른 한가지 세상이 더 있다. 바로 SNS 세상이다. 멋진 장소와 아름다운 풍경들을 볼 때면, 그 감상에 젖기보다 폰 카메라부터 연다. 우리가 먼저, 아니면 사진을 찍은 후라도, 모든 오감과 내면으로 깊숙히 음미해보자. 멋진 풍경과 그 곳의 향기, 뺨을 스치우는 상쾌한 바람과 그 맛까지...

 어떠한 영감을 얻기 위해 책을 찾아보고 연구하는 것도 중요하지만, 진정한 인사이트는 혼자있는 시간으로부터 얻을 수 있다.(Insight : 내면을 들여다보다)

 인사이트, 즉 영감은 한국말이나 영어의 어떠한 단어나 문장이 아니라 '느낌'으로 다가온다. 언어가 우리의 사고를 넓히기도 하지만, 반대로 제한시키기도 한다. 사피어워프 가설은 아는 만큼 보인다는 언어학적 상대성과 언어의 구조가, 그 언어사용자의 세계관을 결정한다는 가설이다.

 즉, 사용하는 언어가 그의 사고방식을 결정하고 사물을 다르게 보며, 나아가 한 나라의 문화와 전통에 많은 영향을 끼친다. 노란색을 보고 베트남인들은 노랗다고 하지만, 우리나라에서 노란색은, 연노랑 / 진노랑 / 누런 / 노릇노릇 / 노르스름 / 누리끼리 등 그 미묘한 차이까지 구분한다. 히마바족은 언어적 특성으로 인해 초록색과 파란색을 구분하는 단어가 없다.

 또한 우리는 눈이 내리면 함박눈 / 진눈깨비 정도로 구별하지만, 알래스카 이누이트족은 내리는 눈을 50여가지로 구분한다. 이렇듯, 한글이든 영어든 언어는 우리의 무한한 영혼을, 그 사고의 한계에 가둬둘 가능성이 높다. 불이 뜨거운 것을 백번 설명하는 것보다, 가까이서 경험한 한번의 뜨거운 느낌이 제대로 각인되는 것과 같다.

 우리가 원하는 영감, 인사이트는 언어로 다가오지 않는다. 영혼의 언어는 '느낌'이다. 우리는 영혼의 두드림과 그 느낌을 알아챌 여유와 차분함을 잃었다. 오늘날, 혼자있는 시간은 그 중요성 만큼이나 더욱 필요하다. 하루 중 시간을 내어, 혼자있는 시간을 통해 내면의 순수한 느낌을 느껴보자. 그 느낌의 주인이 되자.

 명상이 스트레스를 줄이고 내면의 집중력을 높인다는 것은 익히 잘 알고있다. 타인의 소음과 외부 정보에 휘둘리는 삶에서 벗어나 잠시라도 '지금 이 순간'에 머무르는 것만으로도 정신적인 균형이 회복된다. 또한 칼 융(Carl Jung)은 **'침묵 속에서만 영혼은 스스로를 만난다'** 라고 했다.
 말과 정보에 지칠 때일수록, 고요 속에서 진짜 나를 마주할 수 있다. 혼자만의 고요한 순간은 나를 회복시키고, 진짜 내가 원하는 것에 눈을 뜨게 한다. 꾸준히 그 시간을 지키다 보면, 생각이 명확해지고 마음이 단단해진다. 어떤 상황에서도 흔들리지 않는 나만의 중심이 생긴다. 불편한 상황이 생겨도, 이내 마음을 다잡을 수 있게 된다.

"바쁘게 돌아가는 세상에서 나는 잠시 멈춰선다.
말이 아닌 느낌으로 내면과 소통한다. 영혼의 언어에 귀를 기울인다.
오늘도 조용한 시간 속에서 나는 나의 느낌을 온전히 느낀다.
그리고 그 느낌에 정직한 사람이 된다."

당신에게 성공은 무엇인가?

 돈을 충분히 버는 것, 좋은 대학 가는 것, 유럽 1년 살기, 멋진 몸, 드림카 타기, 대기업 입사 / 승진, 사랑하는 여자와의 결혼 / 예쁜 자녀, 등등 필자가 공직 및 회사생활을 하면서 '지금의 삶을 진정 만족하면서 그 행복을 만끽하는 사람'을 만난 적은 거의 없다. 작전사령부 근무 당시, 소위 잘나가는 육군사관학교 출신 중령 선배님이 이런 말을 했다. "이번에 진급 안되면 어떻하지? 아씨, 떨어지면 1년을 더 이곳에서 잠도 못자고 고생해야 할텐데… 나, 가족들과 떨어져 산지도 6년이다. 나가고 싶어도 당장... 휴 답답하네…"

 나 또한 다를바가 없었다. 주변 대부분이 이렇게 살고 있고, 당장의 변화가 두렵기 때문일까? 혹은 이번 달 사용한 카드값과 집/자동차 할부금을 다음 달 월급으로 메워야 하는 현실 때문일까?

 문득 이런 회의감이 든다. "나는 언제쯤 성공할 수 있을까? 나이 들고 병들어서? 모든 것을 다 이루고 난 후에?" 그때의 몸과 마음으로 과연 원하는 삶을 잘 누릴 수나 있을까?

21세기, 살기 좋은 대한민국에, 아주 건강한 모습으로 태어난 것은 정말로 기적 같은 일이다. 이 기적을 당장의 할부금이나 막연한 두려움 때문에 미루고만 있을 수는 없다.

> "나는 지금 기적처럼, 축제와 같은 삶을 살고 있는가?"

 당신에게 성공이란 무엇인가?
성공은 다른 사람이 대신 정해주는 기준이 아니다. 오직 나만의 언어로, 내가 원하는 방식으로 스스로 정의해야 한다. 그것은 거창한 모습일 수도 있고, 아주 소박한 모습일 수도 있다. 숲속의 큰 나무와 작은 개미가 각자의 자리에서 온전히 존재하듯, 우리의 성공 또한 각자의 삶 속에서 충분히 의미 있게 빛난다. 남들 눈에 보여질 필요도 없다. 핵심은 외부가 아니라 내 내면에 있다. 자기결정이론에서도 인간이 자발적인 동기와 깊은 만족을 느끼는 건 외부의 인정이나 보상이 아니라, 스스로 선택한 목표와 행동에 있다고 말한다.

남들이 부러워하는 성공이 아니라, 내가 진심으로 원하며 스스로 가치 있다고 여기는 목표가 가장 깊은 의미를 가진다.

또 한 가지 중요한 점이 있다. 우리는 시간이 지나면서 성장하고 변화한다. 그래서 지금의 성공기준이 영원할 필요는 없다. 사람은 노력과 도전, 반복된 경험을 통해 스스로 발전할 수 있고, 그 과정에서 목표도 달라지고 성공의 정의도 달라진다는 것이다.

따라서 너무 조급하게 생각할 이유가 없으며, 시간이 흐르는 것 처럼 내가 바라는 삶, 나의 가치관이 달라지는 것은 당연한 일이다.

"사람마다 계절이 있어요.
내 계절에 활짝 피게, 정신은 맑게 햇빛에 서서 그 때를 기다려요"
- 임재범, 위로 중에서 -

성공은 목표다

이상형과 결혼해 행복하게 사는 것도 분명 성공이다. 의사 면허를 따는 것도 성공이다. 5년 후 유럽 여행을 다녀오는 것도 성공이며, 6개월 안에 명상과 유산소 운동 습관을 만드는 것도 성공이다. 그 과정 속에서 따뜻한 행복을 느끼고, 자신감을 얻으며, 상쾌한 기분을 만끽하는 순간들 또한 당신의 성공이다. 아주 훌륭한, 당신만의 성공인 것이다. 크든 작든 목표는 그 자체로 모두 성공이다. 그러나 타인과 자신을 비교하는 순간, 행복은 쉽게 사라진다. 오히려 '어제보다 오늘 내가 더 나아졌는가'를 기준으로 삼을 때 비로소 진정한 만족을 느낄 수 있다.

성공은 목표다. 나만의 목표. 타인의 기준이 아닌 오직 내가 진정 만족할 목표가 바로, 나의 성공이다. 부모의 뜻대로 공직자가 된 것은,

부모가 자식농사에 성공한 것이지 진정한 나의 성공은 아니다. 또한 내가 스스로 세우고 이루겠다고 마음먹은 목표는, 크든 작든 그 순간부터 이미 성공이 시작된 것이다. 그 결심이 깃든 눈빛부터 달라지지 않았던가. 그러나 요즘 세상을 살다 보면, 남들의 성공이 더 선명하게 눈에 들어온다. SNS에는 수많은 자랑이 넘쳐난다. 넓고 좋은 집, 명품, 화려한 성과들이 끊임없이 펼쳐진다. 하지만 그것은 그 사람의 성공일 뿐이다. 그리고 그 성공을 정의하는 이는 내가 아니라, 바로 그 사람 자신이다.

배우 카메론 디아즈는 이런 말을 했다.

> "나는 배우로서 큰 성공을 거뒀지만 행복하지 않았다.
> 그래서 내 인생을 다시 선택했다."

월터 미셸(Walter Mischel)이 했던 유명한 '마시멜로 실험(Marshmallow Experiment)'에서도 잠깐의 유혹을 이기고 장기 목표를 선택한 아이들이, 시간이 지난 후 더 높은 성과를 거뒀다는 결과가 있다. 그 실험이 말하는 본질도 결국 남이 정해주는 기준이 아니라 내가 정한 장기 목표에 집중하는 게 더 큰 행복과 성공을 가져온다는 것이다.

또 미국의 개척정신과 독립정신의 초석인 랄프 왈도 에머슨(Ralph Waldo Emerson)은

> "성공이란 내가 아침에 일어날 때 어제를 후회하지 않는 것이다."

남들이 뭐라고 하든, 내가 어제(과거)를 후회하지 않고 오늘에 집중할 수 있다면 그게 바로 성공인 것이다.
성공의 기준은 언제나 나 자신이다!
남과 비교하지 않고 내가 진심으로 원하는 것을 찾아내고, 그 목표를 향해 한 걸음씩 나아가는 것. 그 과정이 결국 진짜 성공이다.

지금 내 삶은, 모두 나의 선택이었다

우리는 결국 보고 듣고 경험한 것 안에서만 꿈을 꿀 수 있다. 그렇다면 당신은 다음과 같은 직업들을 들어본 적이 있는가?
뱀의 독을 추출하는 사람, 거대한 폭풍을 쫓는 추적자, 연못 속에 빠진 공을 건져내는 골프공 다이버(미국에서만 매년 약 3억 개의 골프공이 물속에 빠진다. 흥미롭지 않은가? 다만 하루 평균 3천에서 5천 개를 주워야 한다).
또 호텔이나 침대 회사를 위해 잠을 자고 숙면의 질과 침대·베개의 편안함을 평가하는 '프로페셔널 슬리퍼'(Professional Sleeper, 주로 노르웨이와 핀란드 등 수면 연구소에서 활용되는 직업), 그리고 범죄 현장을 청소하는 사람까지.
이처럼 들어본 적조차 없는 직업들을 우리가 선택할 수 있겠는가? 결국 아는 만큼만 보이고, 아는 만큼만 선택할 수 있다. 바로 그렇기에 우리가 살아 있는 동안 책을 읽고, 더 많은 세상을 보고, 견문을 넓혀야 하는 이유다.
필자 또한 첫 직업을 선택할 때는 자라온 환경과 그 안에서 만난 사람들의 영향, 그리고 짧은 경험을 바탕으로 결정했다. '그 안에서만' 꿈을 키워왔던 것이다. 원하는 회사에 입사한 내 모습, 푸른 제복을 입은 내 모습. 부모님과 친척, 지인들의 박수와 응원, 그리고 그들의

조언들. 하지만 돌이켜보면 그것은 각자의 경험과 제한된 지식에서
비롯된 얕은 생각들이었다. 정작 내 삶에 대해 깊이 사유하지 않은 채,
흐름에 맡겨 살아가다 보니 결국 선택 또한 그렇게 이루어진 것이다.
 시간이 지나 깨닫는다. 가족들을 위해 누구보다 열심히 일했건만,
일에 치여 자녀의 생일, 연주회, 졸업식조차 함께하지 못하는 삶.
이것이 과연 가족을 위한 '위대한 희생'일까? 아니면 본인을 위로하기
위해 만들어낸 말일까?

"내 자녀의 지금은 다시 돌아오지 않는다."
이 문장은 필자의 집 냉장고에 붙어 있다. 나는 가족과 함께하는
시간을 누구보다 소중히 여기면서도, 동시에 승진과 명예를 간절히
원하고 있었다. 그러나 결국 인생은 무언가를 얻는 순간, 또 다른
무언가를 잃게 된다는 사실을 마주하게 된다. 깨달았을 때는 이미
늦었다고 생각했지만, 누군가는 이렇게 말했다. 너무 늦은 때란 없다.
영화 《바닐라 스카이》의 한 대사가 마음에 오래 남아 있다. "1초마다
기회는 오고 있어."
 필자는 30대 초반, 직업군인의 길을 내려놓았고 30대 후반에는
회사를 떠났다. 두 번의 퇴사 모두, 결국 같은 이유였다. 가족과
함께하는 시간을 더 충만하게 누리고, 나 자신을 위한 내면의 행복을
삶의 최우선 가치로 삼았기 때문이다.
 단 한 번뿐인 인생의 시계는 지금 이 순간에도 쉼 없이 흐르고 있다.
그래서 나는 오늘도 스스로에게 묻는다. 나는 어떤 삶을 진심으로
원하는가?

심리학의 쾌락 적응 이론(Hedonic Adaptation) 은 인생의 방향성과
만족을 탐구한 연구 중 하나다. 이 이론에 따르면 사람은 승진, 명예,
부와 같은 외적인 성공을 이룬다 해도 시간이 지나면 결국 원래의 행복
수준으로 되돌아가게 된다. 즉, 외적인 조건은 행복을 영속적으로
보장하지 못한다는 의미다. 순간적인 성취감은 분명 존재하지만,
궁극적으로 행복을 결정짓는 것은 내면의 기준이라는 사실을
보여준다.

결국 내가 원하는 삶도, 진정한 행복도, 외부가 아닌 내 안에서
시작되고 결정된다는 것이다.

"가장 위대한 발견은,
사람이 자신의 태도를 바꿈으로써
자신의 미래를 바꿀 수 있다는 것이다."

- 오프라 윈프리 -

12장.
가장 먼저 해야 할 일, 목표설정

12장. 가장 먼저 해야 할 일, 목표설정

 당신은 살아가면서 '죄'를 지어본 적이 있는가? 아마 없을 것이다.
영어로 '죄'는 sin 이다. sin의 어원은 '과녁을 벗어나다' 라는 그리스말
이다. 즉, 목표가 없거나 벗어나는 것을 sin 이라고 할 수 있다.
또한 죄(罪) 한자를 보면, '그물망 + 아닐 비' 가 결합되어있다.
그물망에서 벗어남을 뜻한다.

"당신의 오늘 하루는, 스스로에게 약속했던 삶의 가장 빛나는 목표에서
멀어지는 '죄(sin)'를 짓고 있지는 않습니까?"

 당신은 목표가 있는가? 바꾸고 싶은 자신의 어떤 점이 있는가?
지금 다시 선택을 한다면, 어떻게 살고 싶으며 세상에서 어떤 목표를
달성하고 싶은가? 올해 목표는 무엇인가?
5년 안에 확실히 달성하고 싶은 불타는 목표가 있는가?
가고자하는 목적지가 분명한가? 그 여정은 행복할 것 같은가?

"목표를 가지는 것, 이게 변화의 첫번째다." 성공은 목표라고 했다.
몇번이고 강조해도 좋다. 아니 이게 전부라 해도 과언이 아니다.
명확한 목표! 이것이 당신의 인생 방향을 정해 주고 삶의 길을 더욱
빛나게 해 줄 것이다.

"잘 정돈된 목표를 가진 사람의 시간은,
그 무엇보다 가치있고 아름답게 흐른다."

누군가 잠자고 있는 당신을 흔들어 깨우며 "당신 목표가 뭐야? 응? 목표가 뭐냐고?" 할 때 나도모르게 튀어나오는 말! 이것이 진정 당신의 목표라 말 할 수 있는 것이다.

나의 인생임에도 불구하고, 내가 진정으로 행복할 무엇을 깊이 고민하는 데 단 한 시간도 쓰지 않고, 그저 사회가 인정해주는 수준의 '지위와 재산'을 막연히 원하거나, 명예·지위·돈과 같은 외적 기준을 내 인생의 목표라고 착각하지는 않았는가? 좋다. 그것들을 왜 원하는가? 눈에 보여지는 외부적인 것에 목표를 가지게 되면, 그 욕망이 해소되면 더 좋은 무언가를 원하게 된다. 저 시계 멋지네 갖고싶다. 가지게 되면, 더 멋진 시계가 또 눈에 들어온다. 모두가 이러한 경험을 갖고 있다. 그렇다면 어떻게 해야 참 만족을 하게 될까?

한국철도공사에서 근무하며 기찻길로 사람들을 이어주다, 공군 전투기 조종사로 전역 후 지금은 하늘길로 사람들을 이어주는 친구 '박찬욱 기장'의 프로필에 적힌 말이다.

"중요한 것은 속도가 아니라 방향이다."
– 괴테 –

목표는 외부가 아니라 내부에서

가지고 싶고 하고 싶은 욕망이 있다는 것은 결핍이 있다는 말이다. 목이 마르기에 물을 마시고 싶고, 비가 오기에 옷과 머리가 젖는 불쾌감이 싫어 우산을 쓰고 싶은 것이다. 즉, 내 '내면'의 결핍이 욕망의 근원인 것이다. 내 내면의 결핍을 먼저 알아야 진정 만족을 할 수 있다.

성공의 씨앗을 품은 당신 또한, 그 열정은 자신의 내면에서 나오는 것이기에, 변화하고 싶다는 결핍을 느낀 것이다. 분명한 목표가 있는 당신이라도, 내면의 어떠한 결핍으로 인해 내가 이런 목표를 가진 것인지 생각해보는 시간은 충분히 가치 있을 것이다. '정말 이것만큼은 싫다'를 먼저 적어보면, 진정 내가 하고싶은 것이 이내 밝아지기 시작한다. 타인과 사회적 기준이 아닌, 내가 정말 만족하는 목표가 투명해진다.

함께 일한 후배, 구다정 대리가 있다. 그녀는 회사에서 원하는 직책이 있었지만 당시 공석이 아예 없었다. 그럼에도 간절히 원하던 목표가 하늘의 뜻과 맞닿았던 걸까, 몇 년 후 본인이 꿈꾸던 슈퍼바이저가 되었다. 어느날, 힘들어하는 후배에게 말했다. "힘내! 곧 여름휴가 잖아. 여행 다니기에도 삶이 짧아. 그치?" 그녀는 밝게 답했다. "여행 너무 좋죠! 일이 힘들고 종종 지치지만, 저는 지금 이 회사를 다니고 일하는 것에 너무 행복해요. 이 삶을, 할 수 있을 때까지 계속 하고 싶어요!"

그 말을 듣고 다소 충격을 받았다. 그녀는 진심으로 행복해하며 삶을 살아가고 있었다. 내면의 만족이 결국 삶의 큰 만족으로 드러나는 순간이었다. 이변이 없는 한, 아마도 그녀의 서랍 속에 사직서는 없을 것이다.

하기 싫은 일

삶을 살다 보면 우리는 흔히 '이래야 한다', '저래야 한다'는 생각에 사로잡혀, 하고 싶은 일보다 해야 하는 일, 즐거움보다 의무를 먼저 떠올리게 된다. 하지만 진정한 자기 삶을 발견하고 만족을 느끼기 위해서는, 먼저 '싫은 것'을 마주해보는 것이 필요하다.

하기 싫은 일을 적어보는 것은 단순한 불평이 아니다. 그것은 내 안의 감정과 욕구를 들여다보는 거울이자, 내가 진정으로 원하는 것을 확인하는 나침반이다. 막연히 좋아하는 것만 떠올리기보다, 싫어하는 것을 솔직히 기록하면서 우리는 자신에게 중요한 기준과 우선순위를 발견하게 된다.

이 과정을 통해 삶에서 무엇을 피하고 싶은지, 무엇을 반드시 지켜야 하는지 명확히 알 수 있으며, 나 자신을 이해하고 존중하는 힘도 생긴다. 하기 싫은 것을 적는 일은 결국, 더 행복하고 주체적인 삶을 만드는 첫걸음이 된다. 이렇게, 하기 싫은 것을 적어보면 몇 가지 좋은 점이 있다.

첫째, 자신이 진정으로 원하는 것이 무엇인지 선명해진다. 싫어하는 일을 알아야, 좋아하는 일과 목표가 자연스럽게 드러난다.
둘째, 내면의 우선순위를 확인할 수 있다. 삶에서 반드시 해야 할 것과 피하고 싶은 것을 구분하면, 시간을 효율적으로 쓰고 에너지를 집중할 수 있다.
셋째, 자기 이해와 자존감이 높아진다. 싫은 일을 솔직히 바라보면서 자신의 감정과 욕구를 인정하면, 자신을 더 존중하게 된다.
넷째, 삶의 선택이 더 명확해진다. 무엇을 할지, 무엇을 포기할지를 스스로 결정하는 기준이 생기며, 타인의 기대에 휘둘리지 않게 된다.

결국, 하기 싫은 것을 적어보는 행위는 단순히 부정적인 감정을 기록하는 것이 아니라, 자신을 이해하고 삶을 주도적으로 살아가는 중요한 출발점이 된다.

참고로, 필자가 적어본 것들은 이렇다.
- 내 시간, 내 감정을 가치없는 것에 낭비하는 것이 싫다.
- 돈이 필요해서, 내 시간과 수고를 바쳐야 하는게 싫다.
- 가식적인 예의가 싫다.
- 내가 원하지 않는 환경에 사는 것이 싫다.
- 식당, 백화점 등 가격에 맞추어 구매하는 것이 싫다.
- 수많은 지구의 아름다운 곳을 못 가보는 것이 싫다.
- 읽고 싶은 수많은 책들, 이런저런 이유로 마음껏 못보는 것이 싫다.
- 이것저것 먹은 음식에, 속이 더부룩하고 불쾌한 느낌이 싫다.
- 화를 내고나서 밀려오는 후회의 감정이 싫다.
- 삶의 의미를 충분히 사유하지 못하고 죽는 것이 싫다.

"진정 행복하고 싶다면, 사람이나 사물이 아닌, 당신 내면을 쫓아라."
- 알버트 아인슈타인 -

성공은 목표다.

당신의 목표는 무엇인가? "   "
직설적이지만, 2초안에 바로 대답이 안나온다면 없는거와 다름없다.
즉, 잠재의식에 각인이 안되어있다는 것이다.
 목표가 있다면 오늘 그 목표에 대해 얼마나 생각해보았는가?

내 마음과 의식의 초점을 통해 그 목표에 가있는 시간은 매우 중요하다. "Live from it!"

명상을 할 때, 목표를 적을 때, 스스로 다짐을 할 때만 내 목표를 떠올리는 것보다, (물론 안하는 것보단 낫지만) 나아가 '목표를 이룬 그 곳에서 살고 있다는 느낌'을 가져보라. 내 목표가 뇌의 RAS (Reticular Activation System)에 가장 중요한 정보로 입력되는 것이다. 이미 그 목표를 이뤄 살아가고 있다면, 나는 어떠한 느낌으로 살아가고 있을 것인가. 누구와 함께 어떤 이야기를 나누며 어디에 서 있을 것인가. 명확한 목표의 중요성! 몇 번을 강조해도 이게 전부이다.

"목표를 세우면, 목표가 나를 이끌게 된다."

조용히 홀로 앉아, '나는 정말 한번 뿐인 이 인생을 어떻게 살아가고 싶은지'를 깊게 생각해보자. 현재 내 주변의 환경과 내 능력을 생각하며, 과연 될까? 여유가 없는데? 라며 나만의 벽을 세우지 말자. 아무도 그렇게 말한적 없고, 하지마라, 안된다며 말린적도 없는 오로지 '나 스스로가 만든 벽'이다. 주변에 아직 그런 동료나 친구, 부모님이 있다면 성공 앞에선 '그들의 말과 생각들은 잠시 절교' 하자.

삶의 여정 끝에서 많은 사람이 이렇게 말한다.
더 못한 것이 후회스럽고 더 사랑하지 못한 것이 후회스럽지만, 무엇보다 '시도해보지 못한 것'이 가장 후회된다고.

세상에서 가장 부유한 곳

세상에서 가장 부유한 곳은 어디일까? 미국? 중국? 두바이?
다음은 미국의 랩퍼, Prince ea 의 말이다.

"우리는 꿈을 변명하고 꾸물거리고 미루어 왔다. 내 잠재력은 아직 내 안에 있는 걸 알고 있지만, 우린 현실에 맞춰서 그냥 살아가고 있다.
세상에서 가장 부유한 곳은 미국도, 중국도, 두바이도 아니다.
바로 묘지, 무덤이다.
무덤 아래에는 발명되지 못한 발명품들, 세워지지 못한 사업들, 불리지 못한 수많은 노래들, 쓰이지 못한 책들, 열매 맺지 못한 수많은 아이디어들로 가득하다.
그곳에는 깨달음을 얻지 못한 사람들이 누워있는 곳이다.
그들은 리스크를 껴안는 것이 두려웠다…당신처럼.
그러나! 당신은 아직 무덤에 묻히지 않았다! 아직까지는.

우리 인생은 한번 뿐이다. 지나간 시간들을 우리는 다시 가질 수 없다.
인생에는 되감기 버튼이 없다.
심호흡을 한번 해보라. 방금 당신이 내쉰 그 숨은 다시 되돌릴 수 없기에, 이 순간은 너무나도 소중한 것이다.
우리는 '지금' 여기에 있어야 한다. 그리고 그 안에서 살아야 한다.
바로 지금, 우리의 꿈 안에서 살아야 한다. 왜냐하면 그것들은 모두 가능하기에.
겨우 6천년전, 인류는 바퀴를 발명했고 첫 문자 언어도 창조되었다.
비행기가 만들어진지 고작 100여년 조금 넘었다. 심지어 50년 전에는 인터넷과 휴대폰도 없었다!

될 수 없다고 했던 모든 것들이 이뤄졌다. 우리가 지구에 태어난지 얼마 되지 않았는데도.

그 꿈들, 아이디어들, 음악과 책들 모두, 세상에 나타나길 기다리고 있다. 세상이 당신을 기다리고 있단 말이다.

헬렌 켈러가 질문을 받았다. "헬렌, 장님으로 태어난 것보다 나쁜일이 도대체 뭐가 있겠습니까?" 그녀는 답햇다.

"시력은 가진 채, 비전없이 살아가는 것이 더 불행한 겁니다."

어째서 우리는 알려진 모든 질병에 대한 치료법을 아직 모를까?

어째서 우리는 지구상에 모든 이들을 위한 깨끗한 물, 음식, 교육을 가질 수 없는 것일까?

어째서 우리는 아직 평화를 갖지 못하는 것일까?

어째서 우리는 천국을 가려면, 꼭 죽어야만 하는 것일까?

우리가 그 천국을, 바로 지금, 여기에 가져 올 수 있다.

생각만 바꾸면 된다.

Why not? 누군가 불가능하다 해서?

잘 들어라. 그 어디에도 부정적인 말을 하는 사람을 위해 세워진 동상은 없다. 그들은 해낸 것이 없기에 그런 말을 한다.

내 자신이 되자! 그리고 지금을 살자!

연예인을 따라하고 SNS를 쫓는 사이에, 내 꿈은 멀어지고 있다.

내 인생을 살라! 나의 위대함을 향한 첫 발을 내딛자!

이런 말이 있다.

'사람들은 25살에 이미 죽었고, 75살이 되어 땅에 묻힌다'

무슨 말인지 알겠는가? 부정적인 세상이 내게 닿도록 두지 말라.

길이 이끄는 곳이 아닌, 길이 없는 곳으로 가서 나의 발자취를 남기자.

"인생의 참맛은, 무덤까지 안전하고 단정하게 들어가는게 아니다.
완전히 기진맥진해서 잔뜩 흐트러진 몰골로,
" 꺅! 끝내준 인생이었어! "
라는 비명과 함께 먼지구름 속으로 슬라이딩하며 들어가야 제 맛이다.

- 헌터. s. 톰슨 -

새로운 결심은 가장 무의미 하다.

 일본의 경제학자이자 기업가인 난문쾌답의 저자, 오마에 겐이치는
이렇게 말했다.

"사람을 바꾸는 데는 3가지 방법이 있다.
시간을 달리 쓰는 것,
사는 곳을 바꾸는 것,
새로운 사람을 사귀는 것.
이 3가지 방법이 아니면 사람은 바뀌지 않는다.
새로운 결심은 가장 무의미한 행위이다."

그의 말은 냉정하지만 진실을 담고있다. 결심만으로 변화를 이끌 수
있다는 믿음은 대부분 오래가지 못한다. 처음엔 뜨겁지만, 금세
식는다. 강렬했던 감정도 결국 일상 속에 묻히고 흐려진다. 왜일까?
그것은 결심한 '나'는 여전히 이전의 삶을 살아가고 있기 때문이다.
똑같은 장소, 똑같은 시간의 구조, 똑같은 사람들 속에서, 어제와 같은
패턴을 반복하며 단지 마음만 달라지기를 바란다는 건, 뜨거운 물 한
컵으로 겨울을 버티겠다는 것과 다르지 않다.

잠재의식까지 깊이 새겨져 있는 내 생각을 바꾸기 위해서는, 생각이 머무는 배경이 바뀌어야 한다. 나를 둘러싼 환경과 리듬, 그리고 나에게 영향을 주는 사람들까지도 함께 달라져야 한다. 새로운 장소에서 새로운 시간을 보내고, 새로운 사람들과 대화하며 나의 기존 세계관이 흔들릴 때, 비로소 잠재의식이 변하고 '다른 나'가 가능해진다.

결국 '결심'은 변화의 시작점이 되는 아주 중요한 포인트 이지만, 스스로를 완전히 새롭게 덧입히지 않는다면 그 결심은 시간의 바람에 흩날리는 먼지처럼 사라질 수밖에 없다.

세상을 바라보는 '내 생각'은 환경과 시간, 평소 만나는 사람까지 모두 바뀔 정도가 되어야 한다.

즉, 새로운 자아상의 옷을 완전히 입지 않는 한, 잠깐의 결심과 그 감정은 금방 흐려진다는 것이다.

성공과 목표의 진리

우리는 스스로에게 상당히 관대하다. 왠지 나는 잘 될 것 같고, 혼란을 피할 것 같다. 긍정적인 마음가짐은 분명 중요하지만, 준비되지 않은 실패나 예상치 못한 혼란이 닥치면 불안감에 사로잡히거나 순식간에 흔들리기 쉽다. 이런 순간에는 현명한 판단이나 지혜로운 선택이 나오기 어렵다.

중요한 것을 결정할 때에는 조언을 구할 인물을 잘 선택해야한다. 보통은 결정직전에 들은 조언과 정보, 말에 상당히 의존하게 된다. 정말 중요한 일을 고민하다가 결국엔 거의 충동적인 마음의 상태에서 결정하는 오류를 범하기 쉽다.

심리학 연구에 따르면, 사람들은 자기의견을 지지하는 자를 무의식적으로 찾아가서 조언이나 듣고싶은 말을 듣는다. 따라서 의사결정 시, 평소 시간을 많이 보내는 사람들은 배제하는 것이 좋다. 그리고 의견이 서로 다른 사람의 말들을 함께 들어보고 객관적으로 생각해야한다. 전혀 다른 분야의 신뢰받는 사람의 의견도 상당히 도움이 된다. 그리고 나서 혼자있는 시간을 통해 감정을 배제한 내 가슴속의 목소리를 들어보자. 그 목소리는 한국어로 된 문장이 아니라, 영감 또는 느낌으로 온다. 빌게이츠도 '생각하는 시간을 갖는 날'을 의도적으로 정했다고 한다.

"인생에서 중요한 것은,
잡아야할 기회와 저항해야할 유혹의 지혜로운 분별력이다."

성공과 실패는 단 한번의 게임으로 정해지는 것이 아니다. 시간이 지날수록 나를 성장시켜주는 것이 좋은 게임이라고 조던 피터슨은 말했다.

'성공 = 성공 + 실패'

실패라 느껴져도 사실은, 성공안에서 작은 실패를 한 것 뿐이다. 우리의 인생도 이와 같다. 아니, 세상 모든 만물이 이와 같다. 자랑스런 대한민국의 태극문양을 잠깐 보자.

태극문양

태극문양의 기원은 우리나라 훨씬 이전, 인류가 말을 하기 전부터 바위나 바닥에 그림으로 그려졌다. 우리나라 태극기 뿐 아니라, 다른 나라에서도 그 비슷한 형상들을 찾을 수 있다. 멕시코 아즈텍 문명의

해태상, 몽골 및 티벳의 국기, 중국의 고대 전설상인 태호복희, 복희와
여와의 혼인도, 일본군의 깃발 및 그림들, 덴마크 지폐, 펩시콜라 등
태극의 휘도는 헤르메스의 지팡이로도 변형되어 유엔의 심볼 및
의무병과 마크, 의사협회에서도 사용하고 있다. 그렇다면 우주의
섭리와 역사를 담고있는 듯한 이 태극문양은 도대체 무엇을 뜻하는
것일까? 그 의미는 또 무엇일까?
 필자는 태극문양에 바로 '인생의 진리' 가 담겨있다고 생각한다.
백과 흑, 좋음과 나쁨, 밝음과 어두움, 선과 악, 낮과 밤, 해와 달,
하늘과 땅, 남자와 여자, 질서와 혼돈...

앨런와츠는 이렇게 설명했다.
1. 백 없이 흑이 홀로 존재할 수 있는가? 좋음이 없는데 나쁨이
존재할까? 낮이 없다면 밤의 개념도 없다. 질서만 있다면 혼돈은 없다.
2. 이들은 서로 싸우는 걸까? 악함이 계속 선함으로 가려하고, 혼돈은
질서로 가려하는 걸까?
이들은 모두, "서로가 서로를 필요로 하며, 함께 돌아가고 있다" 는
것을 깨달아야 한다.

 우리의 인생도 이와 다르지 않다. 삶을 살아가면서, 특히 목표를
이루기 위해서는 즐거운 순간과 힘든 순간이 함께 찾아온다는 사실을
이해해야 한다. 노력과 고난 없이는 값진 성공도 없다. 좋은 순간과
어려운 순간이 균형을 이루면서 우리는 성공, 즉 우리가 원하는 목표에
도달하게 된다. 삶은 좋은 일과 힘든 일이 함께 올 때 더 균형 잡히고
깊어진다.

우리는 쉬운 일 보다 힘든 일을 겪으며 더욱 단단해지고 선이 굵어진다. 눈앞의 고난을 그대로 받아들이는 것이 아니라, 흘러가는 과정임을 온전히 받아들이고 내가 세운 목표를 향해 묵묵히 나아갈 때, 내 삶은 더 의미 있고 깊어진다. 결국 성공은 단순히 목적지에 도착하는 것이 아니라, 그 여정을 통해 더 나은 나로 변화하는 과정이다.

캐롤 드웩(Carol Dweck)은 성장 마인드셋을 통해 어려움을 성장의 과정으로 받아들이는 사람만이 끝까지 목표를 이룬다고 설명했다. 어려움이 찾아올 때 좌절하는 것이 아니라 그 과정을 통해 스스로 단단해지는 것이 중요하다고 했다. 넘어지면, 반드시 무언가를 줍고 일어나자. 바로 그 배움을 위해 넘어진 것이리라.
 또한 앤절라 더크워스(Angela Duckworth)의 그릿(Grit)연구에서도 '꾸준함과 열정'이 장기 목표를 이루는 핵심 요소임이 확인했다. 재능이나 운도 중요하지만, 꾸준히 해나가는 힘이 진짜 성공의 열쇠라는 뜻이다.

우리는 진정한 행복과 즐거움은 언제 느낄까? 우리는 마음의 법칙을 알고 있다. 세상은 내 마음의 거울이라고 했다.
바로 '내 마음이, 몸이 있는 이 곳에 100% 함께 할 때' 이다. 몸은 지금 이 곳에 있는데, 내 마음은 과거의 어느 날에 있다면, 힘들고 슬펐던 날을 괴로워하거나 좋았던 날을 그리워하게 되고 욕망과 괴리감에 불행을 느끼게 된다.
 여름휴가 기간에 호텔 로비에 앉아있는데, 문득 미뤄둔 다음주 회사업무가 떠올라 괴롭기도 한다. 우리가 참 즐겁고 행복하다는 것은,

몸이 있는 곳에 마음이 온전히 함께 했을 때이다. 어떤 작업에 몰입할 때, 사랑하는 이와 함께 하는 시간들, 좋은 친구들과의 대화 등은 시간 가는 줄 모르고 흘러간다. 그리고 참 즐겁고 행복하다. 그렇지 않은가? 바로 몸이 있는 곳에 내 마음이 온전히 함께했기 때문이다.

 그렇다면, 해야만 하는 일을 과연 어떻게 즐길 수 있을까? 상식적으로 힘들다. 힘들고 하기 싫은 일을 마주했을 때, 억지로 마음을 다잡으려 하면 오히려 더 지치기 마련이다.

필자가 중학교 때, 하기싫은 일(공부)을 할 때마다 활용한 방법이 하나 있다. 이렇게 생각을 해보았다. '아, 이거 얼른 다 하고, 집에가서 초코우유랑 00드라마 한 편 봐야지!' 또 어떤 날은 '다음주에 친구랑 00월드 가기로 했지! 아싸' 라며, 내 현재의 마음을 가까운 미래의 즐거움으로 가져다 놓았다. 그리고 지금의 공부를 그저 실행했던 것이다.

 가까운 미래에 있을 즐거움을 한번 떠올려 보자. 내일 있을 점심 약속, 주말의 데이트, 다음 달의 여행처럼, 나를 설레게 하는 기대의 장면을 머릿속에 그려보는 것이다.

 곧 다가올 구체적인 즐거움을 상상하면, 뇌는 실제로 그 기쁨을 느끼고 지금의 스트레스를 줄여준다. 그렇게 현재의 감정이 정리되고, 해야 할 일을 실행할 수 있는 에너지가 생긴다. 고통을 참는 대신, 즐거움으로 끌고 가는 것이다.

> "성공은 얻는 것이 아니라 창조하는 과정인 것이다."
> — 그랜트 카돈 —

선승구전. 이겨놓고 이루다.

 전쟁영화를 보면, 출정 전에 장군이 부하들의 사기 진작을 돋우는 장면이 있다. 그 때 장군들이 하는 말을 유심히 관찰해보면, '우리는 좋은 무기가 있기에 적과 싸워 이길 수 있다! (=좋은 습관이 있기에, 목표를 달성할 수 있다), 이길 때까지 싸울 것이다! (=목표달성 할 때까지 애쓸 것이다)" 라고 말하지는 않는다. 목표달성을 할 수 있다는 독려나 반드시 이길 수 있다는 다짐 따위는 하지 않는다. 오직 부하들의 '내면'을 자극한다. 그들의 마음을 건드린다.

 다음은 영화 '브레이브하트'의 한 장면이다. 핍박받던 스코틀랜드가 잉글랜드군에 저항하기위해 모인 주민들이, 잉글랜드군의 기세에 눌려 집으로 돌아가려고 하는 상황에서 영화의 감독이자 주인공인 멜 깁슨은 이렇게 말한다.
 "스코틀랜드의 자손들이여, 난 윌리엄 월레스요. 내 눈 앞에는 지금 스코틀랜드 각지에서 모인 전사들이 있소! 여러분은 폭정에 저항하고자 여기 모였소. 자유인으로서 싸우러 온 거요. 여러분은 자유인이에요! 여러분은 그 자유로 무엇을 하고 싶소? (잠시 후) 자유를 위해 싸우겠소?
 (적들이 너무 많아요, 아마 죽을거요) 맞아요. 오늘 싸우다 죽을 수 도 있을거요. 도망가면 잠시는 살 수 있겠죠. 아마 세월이 지나 침대 위에서 죽을 것입니다. 그 때 만약, 여러분들에게 오직 단 한번의 기회, 바로 '오늘부터 자유를 찾을 수 있는 단 한번의 기회'가 다시 온다면! 어떤 선택을 하겠습니까?
 다시 이자리에 모여, 적들을 향해 싸우고 외칠 그 기회! 우리의 생명을 앗아갈 수는 있지만, 우리의 자유를 빼앗지는 못할 겁니다!!"

이처럼 꿈이 이루어진 내면의 깊은 상상을 충분히 느끼고 만끽하면, 그 감각은 현실 속 여정에서도 나를 지켜주는 힘이 된다. 마치 전쟁터에서 장군이 병사들의 마음속 깊은 용기와 사명을 깨우듯, 우리는 목표를 향해 나아가면서 마주할 수많은 어려움과 시련 속에서도 흔들리지 않는다.

눈앞의 장애물, 지치고 힘든 순간, 불확실한 선택 앞에서도 내 마음속 상상은 나를 단단하게 잡아준다. 실제 전투에서 병사들이 체력과 생명을 위협하는 위험 속에서도 내면의 신념과 승리의 감각을 떠올리며 집중하고 결단하듯, 우리 역시 마음속으로 미리 맛본 성공과 성취의 느낌이 행동과 선택을 이끌어, 차분하고 단단하게 꿈을 향해 나아가게 된다. 결국 내면에서 이미 경험한 승리와 자유의 감각이, 현실 속 도전을 맞이할 지혜와 힘이 되어 주는 것이다.

우리나라 해군과 공군의 경례구호는 '필승' 이다. 반드시 이긴다 라는 뜻이다. 목표달성을 위해 우리가 알아야 할 아주 중요한 것이 하나 있다. 반드시 달성하고 말겠다는 필승의 신념? 그렇다. 이것도 중요하지만, 이보다 한단계 더 큰 신념이 있다. '이미 승리했다는 전제' 이다.

'성공할 것이라는 생각'의 전제는 '아직 성공 전'이라는 것이다. 하지만 우리 뇌는 진실과 거짓을 구별 못하기에, 생각의 전제를 '이미 목표를 달성한 상태, 성공한 상태'로 두면 그 효과는 배가 된다.

이미 성공한 삶을 살고 있다는 전제, 바로 그 주파수에 맞는 결과를 우리는 계속 추구하고 뇌(RAS)는 찾게 된다. 여기서 혼동하지 말아야 할 점이 있다. 어떤 사람이 이렇게 물었다. "나는 매일 상상하며 꿈이 이루어진 것처럼 행동하는데, 왜 현실에서는 이루어지지 않나요?" 이는 방법이 잘못되어 역노력을 하고 있거나, 단지 시간이 더 필요하기 때문이다. 바로 이루어진다면 얼마나 좋겠는가. 그러나 머리카락이 한 달에 약 2cm 자라는 것처럼, 목표도 단번에 이루어지지 않는다.
 진정 중요한 것은, 목표가 이루어진 상태를 온전히 느끼는 '제대로 된 상상'은 한 번이면 충분하고, 나머지는 그 상태가 된 나를 전제로 거기에 맞는 행동과 노력을 꾸준히 하는 것이다. 단순히 목표를 이루는 상상만 하고 노력은 불편해서 미루게 된다면, 결핍과 불만이 쌓이게 되는 것이다.
 성공의 영광스러운 순간은 잠시뿐이다. 김연아, 장미란 같은 유명 스포츠 선수들을 보라. 그들뿐만 아니라, 실제로 해외 많은 선수들도 금메달을 목에 거는 순간을 상상하며 멘탈 트레이닝을 한다. 그러나 대부분의 시간은 연습과 노력으로 채워진다. 상상의 순간은 잠깐일 뿐, 빈 경기장에서 홀로 땀 흘리며 연습하고 자신을 다잡는 매일이야말로 진정한 그들의 삶인 것이다.
 역사상 가장 빠른 사나이이자, 100m 세계기록 보유자인 우사인볼트는 이렇게 말했다.

"사람들은 2년 안에 결과를 보지 못한다며 쉽게 포기를 한다.
 나는 오직 9초를 위해, 4년을 훈련했다. 나는 훈련하는 사람이다.
 내가 두려운 단 하나는, 상대가 나보다 더 많이 훈련하는 것뿐이다."
 또 어떤 이는 좋은 습관을 기르고 싶은데 행동으로 잘 안된다고 한다. '머리로는 알지만 나는 행동이 잘 안돼'라는 자아상, 즉 기존의 행동패턴이 더 편안한 내 잠재의식이 새 명령을 불편해하고 저항하는 것이다. 정말 하고 싶다면, 누가 아무리 말려도 한다. 그렇지 않은가?
바로 그 불타는 열망! 이것이 목표설정 다음으로 중요한 핵심이다.

 다시 한번 기억하자. 변화의 최종상태는
'나 원래 뛰는 사람인데? 왜 뛰냐니?'
'책 보는 것은 밥 먹는 것과 같은데, 책을 또 보냐고?'
원래 뛰던 사람은 없었고, 태어나면서부터 책을 좋아한 사람 또한
없다. 스스로 그렇게 된 것이다.
내가 원하는 습관의 옷을, 위와 같은 방법으로 서서히 입어가자. 이미
그렇게 되어있는 자신을 발견할 수 있을 것이다.

내 인생을 얼마나 믿고 있는가?

 혹시 길을 가다가, '아, 저건 내 것이야' 라는 확신. '저 건 딱 내꺼야!
이런 감정을 느낀 적이 있는가? 그것은 분명 당신 손에 들어왔을
것이다. 이 느낌을 다시 불러와 보자. 우리가 이것을 승리라고 한다면,
승리의 반복은 또다시 승리를 불러온다. 우리에겐 이 승리의 경험이
있으니, 나만의 이 경험, 이 승리의 느낌을 다시 기억해보자. 느낌을
다스리는 자가 삶을 다스린다고 했다. 승리의 목표가 크든 작든
본질적인 차이는 없다. 네빌 고다드 역시 "작은 목표와 큰 목표를
이루는 방법은 동일하다"고 말했다. 예를 들어, 내일 아침
누군가에게서 연락을 받는 일이나, 수년간 준비한 끝에 원하는 회사에
합격하는 일이나, 잠재의식의 작용 원리 안에서는 같은 과정으로
이루어진다. 중요한 것은 크기의 문제가 아니라, 내가 얼마나 분명하게
그것을 믿고 받아들이느냐에 달려 있는 것이다.

필자가 이민을 준비하고 돌아온 후 전세사기로 집을 잃고, 직장도 없었던 시기에 친한 동생이 이런 말을 해주었다.
"형님은, 반드시 성공할 겁니다.
형님같은 사람이 성공을 못한다면, 대한민국이 잘 못 된 것입니다!"
당시, 나보다 나를 더 믿어준 동생이었다. 이 전제가 얼마나 큰 힘이 되었는지, 이제는 필자의 대 전제가 되었다.
내 삶을 넘어, 나라와 인류에 조금이라도 도움이 되는 사람이 될 것이라고. 당신의 성공을 나 또한 이렇게 응원하겠다.
아니, 함께하겠다. 건전한 인격과 정직한 당신의 성공이, 그 삶은 물론 우리 대한민국이 거듭할 도약에 초석이 될 것이다.

〈우리가 영화를 보러 올라갔는데 안내직원도 없고 상영관 문이 열려 있었다. 내가 볼 영화의 마지막이 상영되고 있었다.
마침 짐도 무겁고 다리도 아파, 상영관으로 들어가버려서 뒷좌석에 앉았다. 스크린은 영화의 마지막을 비추었고, 행복한 결말을 미리 보게 되어 버렸다. 사람들이 나가고, 광고가 지나가고, 다시 영화가
시작되었다.
주인공은 의도치않게 일이 꼬이고 오해가 생겨 많은 이에게 비난받고, 너무 힘든 시기를 겪는다. 많은 관객들이 속상해하고 눈물을 흘린다. 하지만 나는 해피앤딩의 결말을 봤기에, 영화를 보는 내내 '**편안함**'을 유지 할 수 있다.〉

만약 위 글처럼 행복한 내 인생의 결말을 미리 보고 왔다면,
'아, 지금이 바로 성공의 계기가 되는 바로 그 시기 이구나' 라며
'편안함'을 전제하지 않겠는가? 바로 성공헤르츠가 가장 완벽히
맞춰진 상태인 것이다.
 내일도 태양이 뜰 것이라는 당연함을 깨닫고 살게 된다면, 당신의
오늘은 어떨 것 같은가? 당신의 올해는 어떨 것 같은가? 당신의 삶을
하늘에서 내려본다면 어떨 것 같은가?
 내가 나의 성공을 누구보다 확신한다면, 내 영화의 결말을 미리 보고
왔다면, 지금 그리고 앞으로 펼쳐질 모든 기쁨과 슬픔의 이벤트들을,
대양과 같은 마음으로 매순간을 음미하지 않겠는가?

 이 사실을 깨달으면, '역피해의식' 을 느끼며 살게 된다. 피해의식이 온
세상이 나를 미워하여 내가 피해를 받고있다는 생각이라면,
'역피해의식'은 내가 잘 되고 나의 성공을 위해 온 세상이 움직이는
것으로 받아들이는 생각이다.
내게 일어난 모든 일들과 우연히 만나는 사건들, 사람들, 눈에 보이는
것들, 들리는 것들..
 이 모든 것이 사실, 내 잠재의식이 불러들이고 그 의미를 깨닫도록
하는 것임을 알게 될 것이다.

" 모든 일은 **협력하여** 선을 이룬다.
All things work together for good."

– 로마서 8장 28절 –

Bin, 사유의 지혜

히브리어에는 지혜를 뜻하는 3가지의 단어가 있다.
- Yada : 경험을 통해 알게 된 지혜 (진혼을 부른 가수 이름이기도 하다.)
- Hokma : 공부를 통해 알게 된 지혜
- Bin : 사유를 통해 알게 된 지혜 (사유와 직관으로, 세상의 궁극적 진리를 탐구한다는 '형이상학'과 그 의미가 비슷)

 내가 잘 살 것이라는 대전제, 우리는 히브리어에서 말하는 바로 이 'Bin 이 의미하는 지혜'를 가져야 한다. 예를 들어, 다리가 불구로 태어난 아들은 부모를 원망하며 살아갔지만, 12살이 되던 해 전쟁이 발발해 아이들까지 모두 징집된다. 그러나 그는 불구의 다리 덕분에 징집되지 않고 부모를 곁에서 모실 수 있게 된다.
 또한 멜 깁슨은 영화 'Sign'을 감독하면서 'Bin' 의 지혜를 아주 멋진 반전과 연출로 녹여냈다. 당시 극장에서의 이 깨달음은 아직도 긴 여운을 준다.
 우리에게 일어난 모든 일들은 우연이 없으며, 세상을 바라보는 Bin의 지혜를 안다면 그 우연의 의미도 우리는 알게 될 것이다.
 아무리 나의 이성과 오감으로 애써가며 목표를 추구해도, 결국 그 일은 잠재의식이 하게 된다. 우리의 목표를 잠재의식에 새겨야 하는 이유이다. 수많은 멘토들은 이구동성으로 잠재의식의 중요성을 말한다.
 오늘 잠들기 전, 고요한 방안에 홀로 앉아 내 주변의 환경, 나의 직업과 습관, 자격증, 경험한 것들, 재산 잔고, 월급액수, 내 좋은 습관 / 버리고 싶은 습관, 내 생각까지 모두 벗어버리고,

오직 '나의 영혼' 만을 느껴보자. 위 대부분들은 살아가면서 정립된 것들의 결과물이니, 내 궁극적 의도와 다른 것들이다.
모든 것을 내가 다시 허락하자.

내가 정하는 목표

필자가 목표설정에 활용했던 '브라이언 트레이시' 가 알려준 방법으로 이 장을 마무리 하겠다.
올바른 목표 설정을 위해 우리가 반복해서 묻고 답을 해야 할 7가지 질문은 다음과 같다.
지금 펜을 준비하라. 그 전까지 다음 페이지로 절대 넘어가지 말라.

질문 1 : "자신의 삶에서 가장 중요한 가치를 지닌 다섯 가지는 무엇인가?"
자신의 삶에서 가장 중요한 것 다섯 가지를 찾았으면, 그것을 우선순위대로 가장 중요한 것을 1로 하여 5까지 순서를 매긴다.

질문 2 : "지금 나의 가장 중요한 인생 목표 3가지는 무엇인가?"
30초안에 이 질문에 대한 답을 쓴다.
이 방법을 속기법(quick list)이라고 한다.
우리의 잠재의식은 자신이 갖고 있는 많은 목표들을 재빨리 분류한다.

질문 3 : "앞으로 6개월밖에 살 수 없다는 것을 오늘 알게 되었다면, 어떤 일을 하고 또 어떻게 시간을 보내겠는가?
누군가 이렇게 말했다.

"자신이 살 수 있는 시간이 1시간밖에 없는데도 무엇을 할 지 모르는 사람은 아직 인생을 살아갈 준비가 되어 있지 않은 사람이다."

질문 4 : "복권에 당첨되어 갑자기 어마어마한 돈을 받았다면 어떻게 하겠는가?
이것은 자신이 무한정의 시간과 돈을 갖고 있고, 아무런 두려움이 없는 상태에서 무엇을 할 수 있는지 알아보기 위한 질문이다. 자신에게 선택권이 있다고 느낄 때 우리가 지금과 다르게 얼마나 많은 일을 하고 싶어 하는가를 깨닫게 되면, 우리는 마음속 깊은 곳을 들여다 볼 수 있다.

질문 5 : "오랫동안 해보고 싶었으면서도 두려움 때문에 시도해보지 못했던 것은 무엇인가?"
이 질문은 자신이 진정으로 하고 싶으면서도 두려움 때문에 하지 못했던 것을 분명히 알 수 있게 해준다.

질문 6 : "가장 좋아하는 일은 무엇인가? 자신에게 가장 커다란 자부심과 만족감을 주는 일은 무엇인가?"
자기가 가장 좋아하는 일을 할 때 우리는 가장 행복해진다. 가장 좋아하는 일은 우리에게 가장 큰 활력과 충족감을 준다.

질문 7 : 아마도 이 질문이 7가지 질문 중에서도 가장 중요한 질문일 것이다.
"절대로 실패하지 않는다면, 꼭 하고 싶은 일 한가지는 무엇인가?"

만일 요정이 나타나서 딱 한가지 소원을 들어준다고 상상해보자.
크거나 작거나, 단기간이거나 장기간이거나, 우리가 시도하는 한 가지
일에 대해 절대적인 성공을 보장해주겠다고 요정이 말했다고 치자.
어떤 일이든 꼭 성공한다는 보장이 있다면 어떤 멋진 목표를
세우겠는가?

질문 2 에서 적은 '목표 3가지'는, 매일 아침에 눈뜨면 볼 수 있고,
잠들기 전에 볼 수 있는 곳에 붙여두자. 한가지 목표가 달성되면 그
자리에 또다른 목표를 적어 놓는 것이다.
Just do it! 빈 칸으로라도 번호를 매겨, 벽에 붙여놓으라.
일단 자신이 원하는 것이 무엇인지 찾았다면 이제 대답할 유일한
질문은 다음과 같다.

"나는 그것을 정말 간절히 원하는가?
나는 그 노력의 대가를 치를 준비가 되어 있는가?"

잠시 시간을 내서 위 7가지 질문에 대한 답을 꼭 적어보자. 답을 적은
다음에는 천천히 살펴보면서 그 중 하나를 자신의 '주된 절대적
목표(Major definite purpose)'로 선정하라.
자신이 진정으로 원하는 것이 무엇인지를 결정해서 적는 이 간단한
활동으로 인해 우리는, 상위 3퍼센트 그룹으로 진입하게 된다.
97%의 사람들이 평생동안 하지 못하는 일을 우리는 하게 된다.
당신은 이제, 당신 삶에서의 성공과 행복으로 향하는 위대한 한 걸음을
내디딜 준비가 되었다!

"나를 가두고 나를 지배할 수 있는 것은 아무것도 없네.
오직 나 자신만이 그렇게 할 수 있지.
나 자신을 더 잘 알아야한다.
그래야 진정한 나를 알 수 있고
진정한 내가 나를 지배 할 수 있을 것이다.

자네는 자네인가? 아니면 갑옷인가?
그대의 가슴속으로 들어가 보라.

가서 문을 두드리고
마음이 무엇을 알고 있는지 물어보라.

- 윌리엄 셰익스피어 -

13장.
변화, 애쓰지 말라

13장. 변화, 애쓰지 말라

진짜 변화는 나도 모르게 서서히

다음은 공자의 손자, 자사가 지은 사서오경 '예기'에 나오는 중용 23장이다. 영화, '역린'에서 정재영 배우가 대사하기도 했다.

> "작은 일에도 무시하지 않고 최선을 다해야 한다.
> 작은 일에도 최선을 다하면 정성스럽게 된다.
> 정성스럽게 되면 겉에 배어 나오게 되고,
> 겉에 배어 나오면 겉으로 드러나고,
> 겉으로 드러나면 이내 밝아지고,
> 밝아지면 남을 감동시키고,
> 남을 감동시키면 이내 변하게 되고,
> 변하면 생육(교화)된다.
> 그러니 오직, 세상에서 지극히 정성을 다하는 사람만이
> 나와 세상을 변하게 할 수 있는 것이다."

우리는 천천히 변한다. 아니, 변화하고 있다는 것조차 모른 채 변한다. 마음에서의 변화는 우리의 외형도 변화시킨다. 그래서 40대 이후의 얼굴과 미소는, 그가 살아온 마음의 투영이라고 했던가.

변화의 시작은 아주 작은 것에서 시작된다. 작은 마음, 작은 습관, 아주 사소한 태도에서 시작되어 결국 인생 전체가 달라진다.

지금까지 우리의 생각과 모습은, 대부분 스스로 선택해서 한 것이 아니라 주변 환경 및 가장 가까운 사람들의 영향으로 '자연스럽게'

이루어졌다. 어릴 적 부모님, 큰 영향을 주었던 선생님과 친구들,
왜곡된 정보를 주는 SNS에 이르기까지.

 자연스럽게 형성되어 굳어진 우리의 사고처럼, 변화하기로 결심한
우리는 애쓰는 것이 아니라 '자연스럽게' 바뀌어야 한다.
사람이 갑자기 변하면 뭔가 불안하거나 어딘가 무너진 느낌을 준다.
억지로 흉내 내고 연기하면 잠시 다른 사람을 속일 수 있을지는
모르지만, 결국 본래 모습으로 돌아가게 된다.
억지로 주입하지 말고, 결국 변화된 자신을 믿고 애쓰지 말라.
자연스럽게 변화하라.

 사과나무 씨앗을 땅에 심는 것을 생각해보자. 땅을 파고 씨앗을 심은
후에는 일정한 햇빛과 물을 준다. 지속적인 사랑과 재배로 충분한
시간이 흐른 후, 싹이 트고 나무가 되며 열매가 맺힌다.
씨앗을 심을 때에도, 햇빛이 잘 드는 것을 확인 할 때에도, 물을 줄
때에도, 우리는 '머릿속에 울창하게 자란 사과나무'를 떠올린다. 그렇지
않은가? 설마 재배의 순간마다, 작은 씨앗만을 떠올리거나, 썩은
열매를 생각하겠는가? 빨리 자라도록 무리하게 애쓰지 않을 것이며,
정성과 시간을 들여 기다릴 것이다. 멋진 열매를 상상하며.
내가 바라는 내 모습과 좋은 습관을 형성하는 노력들, 그리고 목표한
바를 향해 나가가는 모든 순간들도 바로 이와 같아야 한다.

 우리가 지구에서 살아가는 한, 기다림조치 양분이다. 그 기다림
속에서, 심은 씨앗이 잘 자라고 있는지 궁금하다고 매번 땅을
파보겠는가? 절대 그럴리 없다.

즉, 내 안에 심은 목표(씨앗)를 의심하거나, 다른 사람의 위로나
응원을 받기 위해 굳이 꺼내서 확인 할 필요가 없다.
그저 사랑과 기대, 그리고 울창한 나무와 풍성한 열매에 대한 확신을
전제로, 꾸준한 재배만이 필요할 뿐이다.

> "고요함을 유지하라. 스스로 믿는 바를 위해 싸우라.
> 그 누구에게도 과시하려 하지마라.
> 스스로 사명을 선택한 자의 고요함을 유지하라."
> – 부동신묘록, 일본 병법서 –

나는 내 감정의 주인이다.

내가 어떤 생각을 하느냐에 따라 나의 미래가 결정되고, 그 미래는 곧
다가온다. 당신은 목표에 대해 하루에 몇 번이나 생각하는가? 그
목표를 떠올릴 때, 당신의 '직관적 느낌'은 어떤가?
아마 처음에는 목표를 그저 떠올리고, 계획을 세우거나, 말하거나
생각하는 것에 그칠 것이다. 그러다 보면 그 목표를 생각할 때 '그
목표를 이루면 얼마나 좋을까', '이 현실에서 벗어나 저 차를 타고,
내가 원하는 집에 살고, 자유로운 삶을 살면 얼마나 행복할까'라는
다양한 상상을 하게 된다. 그 때 드는 느낌이 어떤가? 직관적으로
편안함을 느끼는가? 아니면 오히려 불행과 슬픔이 느껴지는가?
가장 중요한 것은, '내가 어떤 감정을 느끼는가' 이다.
그 목표를 생각하거나 그 장면을 떠올릴 때, '마치 이미 내 것인 듯
편안함'을 느낀다면, 이는 이미 당신의 내면이 자연스럽게 변화하고
있다는 증거다. 계속 나아가자.

처음 새 휴대폰을 사면, 괜히 자주 꺼내서 만지작거린다. 처음 원하던 자동차를 사면, 너무 좋고 괜히 차 주변을 맴돌며 자꾸 타고 싶어진다. 하지만 시간이 지나면 무심히 꺼내 쓰고, 자연스럽게 타게 된다.

 목표도 마찬가지다. 목표를 의식적으로 자주 떠올려라. '이미 목표를 달성한 내 모습'을 느끼는 것이다. 목표를 달성한 내 모습이 자연스러워 질 때까지.
언제나 내 느낌과 감정이 '어디를 향하는지' 자각해야 한다. 다시 강조하지만, 느낌을 다스리는 자가 삶을 다스린다.
필자가 활용한 방법 중 하나는 '작은 알람'을 맞추는 것이다.
스마트워치에 '매시 정각에 작은 진동'을 활용했다. 그 때 마다 '내 생각과 행동의 방향'을 재정돈 한다. 이것이 습관이 되면, 또다른 좋은 생각의 습관을 세팅해 나가면 된다.

 이 연습을 꾸준히 하다 보면, 감정이 변하는 순간을 알아차리는 새로운 '나'를 발견하게 된다.
전처럼 그냥 기분에 휩쓸리는 내가 아니라, '지금 내가 불쾌함을 느끼고 있구나', '갑자기 짜증이 올라왔구나', '지금 기분이 좋아졌네' 하고 스스로를 메타인지하게 된다.
 이 순간부터 이미 게임의 승리는 내 것이다. 나와 결이 맞지 않는 이 감정은 그저 흘려보내면 된다. 내가 꼭 쥐고 있지만, 지나가는 바람이니 그저 호흡을 하라.
나는 감정의 주인이고, 나는 '진짜 나(I am)'이며, 오감과 이성이 만들어내는 감정(긍정이든 부정이든)은 그저 스쳐 지나가는 것이다.

감정을 컨트롤할 수 있는 유용한 방법 중 하나로
'확언(Affirmation)'이 있다. 산스크리트어로 '만트라'라고도 하며,
불교 용어로 '진언' 이라고 한다. 즉, 굳게 믿는 믿음이나 자주 읊는
구호 또는 주문을 일컫는 말이다. 확언은 '나는 이미 깨달음을
얻었다'는 선언이다. 필자는 종종 내 감정이 무감각하거나 생각이
흐려질 때 이 방법을 쓴다. 따라서 생각이 명료할 때, 스스로에게 힘을
실어주는 몇가지 확언을 정리 해놓으면 아주 좋다
"하늘에 울려퍼지고, 대지가 흔들리는 큰 포효로, 내 확언을 되뇌이며
가슴을 주먹으로 두드린 후, 어깨 위로 검지손가락을 힘차게 올린다."
이것이 필자의 '파워포즈(Power Pose)'이다.

에이미 커디(Amy Cuddy)는 자세와 심리적 변화의 관계를 연구하며,
'파워 포즈(Power Pose)'라는 개념을 제시했다. 두 팔을 허리에 올리고
가슴을 펴는 등 당당한 자세를 2분만 취해도 우리 몸에서는 스트레스
호르몬인 코르티솔 수치가 줄어들고, 자신감을 높이는 테스토스테론
수치가 증가한다는 것이다. 마치 바닷가재처럼 말이다.

이처럼 확언과 당당한 자세가 결합될 때, 우리는 내면과 외면
모두에서 성공을 위한 준비를 갖추게 된다. 내가 원하는 성공한 삶의
하루를 상상하는 것은 바로 이 '파워 포즈'를 내면에서 취하는 것과
같다. 이 행동은 나의 깊은 자아를 다시 일깨우고 내 안의 최고 영혼, 내
세계의 넘버원인 '나'를 다시 일깨우는 하나의 의식이다.

"Walk like a King!
Or like you don't give a fuck who's the king."

부정적인 감정이 들 때 필자는 이렇게 말한다. "후~잘 가라."
감정을 억지로 눌러 참거나, 목표만을 떠올리며 감정을 무시하지
않는다. 그저 다시 한 번 내 감정을 느낀다. 이럴 때, 심호흡을 들이키며
가슴 깊이 확언을 활용해 감정을 환기시킨다.
 내 감정을 안정시키고 명상 상태로 들어가는 데 매우 유용하며,
우리처럼 초심자에게는 필수적인 방법인 이 확언에 대해 다음 장에서
자세히 알아보고, 내 것으로 만들어 볼 것이다.

체로키 인디언의 지혜

 위대한 자연을 찬양하고 사랑하며 살아온 미국 원주민들의 삶에는
깊은 지혜가 담겨 있다. 체로키 인디언들은 지혜의 신을 숭배하며
자연과 더불어 살아갔고, 그들의 이야기는 오늘날까지도 큰 울림을
준다. 많은 인디언 부족 중에서도 체로키 인디언의 '두 마리 늑대
이야기'는 널리 알려진 우화다. 인디언 할아버지가 손자에게 들려주는
이 이야기 속에는 인간의 내면과 삶의 균형에 대한 중요한 교훈이 담겨
있다. 나는 이 유명한 이야기에서 마지막 대답을, 조금 보완하고 내
생각을 덧붙였다. 천천히 음미하며 읽어보길 권한다.

할아버지: 우리 마음속에는 항상 두 마리 늑대가 살고 있단다. 네
마음속에도 두 마리가 있고, 그 둘은 항상 서로 싸우고 있지.

손자: 왜 둘이서 싸우는 거예요?

할아버지: 그 둘은 아주 다르단다. 검은 늑대는 분노, 질투, 슬픔, 후회, 탐욕, 오만, 열등감, 죄책감, 잘못된 자존심을 좋아하고, 반대로 하얀 늑대는 기쁨, 평화, 겸손, 희망, 친절, 진실, 연민, 정직을 좋아하지.

손자: 그러면 둘이 싸우면 누가 이기나요?

할아버지: 네가 먹이를 주는 늑대가 이긴단다.
(아래부터는 필자의 덧붙임이다)
하지만 여기서 중요한 것이 있다. 한 마리를 무시해서는 안 된다.
우리 모두와 우리가 살아가는 자연은 '음(陰)과 양(陽)'의 조화 속에서 균형을 이룰 때 가장 자연스럽단다.
 검은 늑대가 존재하기에 하얀 늑대의 가치가 더 빛나는 것이다. 믿기 어려울 수도 있지만, 검은 늑대에게도 끈기와 용기, 결단력 같은 강점이 있다. 그래서 두마리 늑대 모두를 이해하는 것이 중요하단다.

 할아버지는 '마음의 깊은 울림'을 가르쳤다. 어떤 늑대에게 더 많은 먹이를 줄지, 자연 속에서 스스로 답을 찾으라고 했다.
"대지의 어머니, 가이아(Gaia)의 숨소리에 귀 기울이렴."
대지의 소리, 지구의 주파수, 우리를 품어주는 자연의 목소리를 느껴보라고 말이다.

 사람은 본능과 이성, 부정성과 긍정성, 다양한 감정과 사고의 갈등 속에서 살아간다. 하지만 중요한 것은 그 갈등을 억누르는 것이 아니라 인식하고 균형 있게 다루는 것이다.

칼 융도 이를 '자기 통합(self-integration)'이라고 설명하며, 내면의 어두움도 인정하고 수용하는 것이 진정한 성장의 길이라고 말했다.

" 당신의 마음을 가장 먼저 알아야 한다.

당신이 생각하고자 하는 것을 생각할 수 있게,
당신이 원하고자 하는 존재가 될 수 있게,
당신이 느끼고자 하는 것을 느낄 수 있게 자신을 훈련하라.
어떠한 한계도 두지 마라.

만일 당신의 말이 강력한 힘을 갖고 있다는 것을 안다면,
실제 그런 힘을 행사 할 수 있을 것이다."

- 어니스트 홈즈 -

14장.
물방울이 바위를 뚫는다

14장. 물방울이 바위를 뚫는다

'Habit(습관)'이라는 단어는 고대 프랑스어에서 '옷'을 의미했고, 어원은 라틴어 'Habitus'에서 왔다. 흥미롭게도 Habitus는 수도사들이 매일 같은 시간에 같은 옷을 입고 기도했던 일상에서 유래되었다. 수도사들의 일과처럼 반복적인 습관이 곧 삶이 된다는 뜻이다. 습관은 그 어원이 말해주는 것 처럼, 충분히 바꿔 입을 수 있다. 즉, 바꾸고 싶은 습관이 있다면 낡은 옷을 갈아입듯 그 습관도 벗어 던지는 것이다. 당신에게도 바꾸고 싶은 습관이 있는가?
"이 습관을 버리거나 바꾼다면, 내가 얻게 될 가장 큰 이익은 무엇일까?"
"이 습관이 계속된다면, 앞으로 1년 혹은 5년 뒤 내 삶은 어떤 모습일까?"

1. 버리거나 바꾸고 싶은 습관 :
2. 새로 갖추어 입고 싶은 습관 :

사실, 변화는 결코 쉽지 않다. 그리고 생각처럼 순조롭게 흘러가지도 않는다. 새로운 습관을 만들거나 삶의 방향을 바꾸려는 시도는 언제나 불편함과 저항을 동반한다. 그래서 많은 사람들이 조금 해보다가 포기하고는 이렇게 말한다. "나도 그거 해봤는데 효과 없더라."
변화는 거대한 폭풍처럼 한순간에 모든 것을 뒤바꾸는 것이 아니다. 오히려 변화는 마치 씨앗이 땅속에서 조용히 뿌리를 내리고, 서서히 싹을 틔우며, 마침내 아름다운 꽃을 피워내는 과정과 같다. 눈에 띄지 않는 작은 시작들이 모여 비로소 의미 있는 결과를 만들어낸다. 사실,

나 자신만큼 내 말을 잘 안듣는 사람도 드물것이다. 우리는 나 자신을 메타인지하여, 스스로를 객관적으로 바라보고 섬세히 돌보아주어야 할 대상으로 볼 줄 알아야한다.
 마찬가지로, 삶을 바꾸는 변화 또한 잘 가꾸어 나갈 열매이다. '내 목표는 이거야' 라는 강렬한 열망이 씨앗이라면, 그 씨앗에 매일 물을 주고 햇볕을 쬐어주는 행위가 끈기다. 끈기는 하루아침에 이루어지지 않는 목표를 향해 매일 조금씩 나아가는 힘이다. 그 과정은 때때로 지루하고 더디게 느껴질 수 있다. 하지만 그 더딘 시간들이 쌓여 단단한 뿌리가 되고, 흔들리지 않는 줄기가 된다.

 이러한 변화의 본질을 잘 보여주는 개념으로 점진적 둔감화, 즉 서서히 끓어오르는 물의 온도에 둔감해지는 개구리와 같다. 이는 두려움이나 불안을 극복하기 위해 작은 단계부터 점차적으로 노출을 늘려가는 기법이다.
 예를 들어, 대중 연설을 두려워하는 사람이 있다고 가정해보자. 그에게 처음부터 수백 명 앞에서 연설하라고 요구하는 것은 무리다. 하지만 작은 변화를 통해 경험을 쌓는다면 이야기는 달라진다. 먼저 거울 앞에서 혼자 말하는 연습부터 시작하고, 다음에는 가족 앞에서, 그다음에는 친구들 앞에서 발표한다. 이처럼 작은 성공 경험을 점진적으로 늘려가면, 마침내 큰 무대에서도 자신감 있게 연설할 수 있게 된다. 끈기는 이처럼 거대한 두려움조차도 무너뜨릴 수 있는 강력한 무기인 셈이다.

 끈기가 위대한 결과를 만들어낸 역사적 사례는 무수히 많다. 토마스 에디슨은 전구를 발명하기 위해 수천 번의 실패를 경험했다. 하지만 그는 실패를 포기할 이유로 삼지 않았다. 오히려 "나는 실패한 것이 아니다. 나는 단지 작동하지 않는 1만 가지 방법을 발견했을 뿐이다"라고 말했다. 에디슨의 끈기는 한순간의 천재성이 아니라, 수많은 시행착오를 기꺼이 감당하는 인내의 산물이었다.

진정한 변화는 한 번의 거창한 결심이 아니라, 매일의 작은 실천들이 쌓여 만들어진다. '미래를 바꾸는 것은 지금을 바꾸는 것과 같다'는 말처럼, 오늘 심은 작은 씨앗에 꾸준히 물을 주는 끈기야말로 우리가 원하는 미래를 활짝 피워낼 가장 확실한 방법이다.

Feel from it!

내가 더 멋있어지고 더 건강해지는 습관을 만들어 가는 것인데, 도대체 왜 힘겹고 버거워야만 할까?
지금부터 습관을 변화시키는 효과적인 방법을 소개하겠다. 위에서 독자가 직접 적은 두가지의 습관을 다시 한번 읽어보자.
먼저, 버리고 싶은 습관.
그것이 애초에 나와 전혀 관계없는 것처럼 생각하고 행동하는 것이다. 반대로 새롭게 얻고 싶은 습관은 이미 그 습관이 내 일상 속에 자연스럽게 자리 잡은 나를 떠올리고, 그 모습대로 살아가는 것이다. 마치 '이미 그 습관의 옷을 입은 나'를 전제하는 것, 바로 이것이 핵심이다. Feel from it! 이미 그러한 나를 느껴라!

단순히 노력만으로는 오래가기 어렵다. 아무리 끈기 있게 해보려 해도, 심리적 저항이 커지면 지속성은 쉽게 무너진다. 이미 그러한 나를 느끼는 것, Feel from it. 바로 이 심리적 저항감을 줄이고 없애는 방법이다. 노아 세인트 존은 그의 책, 〈어포메이션〉에서 '믿음의 간격'을 줄여야 한다고 말했다. 즉, 현재 인지하는 현실과 새롭게 원하는 현실 사이의 간격을 말한다.

이미 새로운 옷을 입고 그 삶에 익숙해진 나 자신을 전제로 삼는 것. 즉, 잠재의식 속에 그 전제를 심는 것이다. 잠자리에 들기 전, 새로운 습관이 완전히 몸에 배어 자연스럽게 살아가는 내 모습을 마음속에 선명히 그리며 잠들어 보라.
 모든 것은 내면에서 시작되어 외부로 흘러나온다. 외적인 행동을 억지로 바꾸려는 노력보다, 이미 그렇게 되어 있다고 믿고 행동할 때 마음과 습관은 자연스럽게 연결된다. 다음에 소개할 실험 및 사례들은 바로 이 원리를 뒷받침해주는 훌륭한 내용이 될 것이다.

바닷가재의 뇌

 조던 피터슨의 베스트셀러 '12가지 인생의 법칙'에는 바닷가재와 신경전달물질인 세로토닌에 관한 흥미로운 이야기가 등장한다. 이 이야기는 인간 사회의 복잡한 계층 구조와 개인의 자세 / 태도가 어떻게 연결되어 있는지를 명확하게 보여준다.

 바닷가재는 아주 원시적인 신경계를 가졌지만, 이들의 뇌는 '사회적 계급'에 따라 물리적으로 변화한다. 수컷 바닷가재들이 만나 싸울 때, 승리한 바닷가재는 몸을 곧추세우고 더 크게 보이려 하다. 이때, 승리자의 뇌에서는 행복 호르몬인 세로토닌 분비가 급격히 늘어난다. 세로토닌은 자신감과 안정감을 높여주는 역할을 하는데, 바닷가재는 이 세로토닌의 영향으로 더욱 활기차고 당당하게 행동한다. 반면,

싸움에서 패배한 바닷가재는 몸을 웅크리고 작아진다. 패배자의 뇌에서는 세로토닌 분비가 줄어들고, 대신 스트레스 호르몬인 옥토파민이 증가한다. 이 호르몬은 바닷가재를 위축되고 소심하게 만들어, 다음 싸움에서는 더 쉽게 포기하게 만든다.

 이러한 바닷가재의 행동 양식은 우리 인간의 모습과 놀랍도록 닮아 있다. 조던 피터슨은 여기서 중요한 메시지를 던진다. 자세를 바꾸는 것만으로도 우리의 뇌를 바꿀 수 있다는 것이다. '똑바로 서라'는 이 책의 첫 번째 법칙은 단순히 겉모습을 바꾸는 행위가 아니다. 이는 내면의 변화를 시작하고, 외부의 기회에 자신감 있게 대응할 수 있는 준비된 마음을 만드는 첫걸음이다. 몸을 펴고 당당한 자세를 취하는 것만으로도 우리 뇌의 화학적 반응을 긍정적으로 바꿔, 세로토닌 수치를 높일 수 있다.
 또한 자세의 당당함이 지속적인 노력과 결합될 때 비로소 진정한 힘을 발휘한다는 점이다. 당당한 자세는 자신감을 불러일으키지만, 그 자신감을 뒷받침할 만한 노력이 없다면 일시적인 효과에 그칠 수 있다. 바닷가재가 다음 싸움에서 승리하기 위해 힘을 키우듯, 우리 또한 매일의 작은 목표를 달성하며 자신감을 쌓아나가야 한다.

 변화는 한 번의 거창한 결심이나 행동으로 완성되지 않는다. 마치 씨앗에 매일 물을 주듯, 당당한 자세를 유지하고 작은 성공을 꾸준히 쌓아가는 끈기가 필요하다. 꾸준히 떨어지는 한방울의 물방울이 결국 바위에 구멍을 뚫어내듯, 꾸준함은 우리의 잠재의식을 서서히 변화시켜 우리의 습관과 삶의 방향을 완전히 바꾸어 놓는다. 이러한 지속적인 노력을 통해 우리는 우리의 뇌를 긍정적으로 재배선하고,

결국 삶 전체를 변화시키는 거대한 시작을 만들어낼 수 있다. 당당한 자세와 끈기 있는 노력이 합쳐질 때, 우리는 자신에게 주어진 기회를 놓치지 않고 현실로 만들어낼 수 있는 진정한 힘을 얻게 될 것이다.

유니폼 효과(uniform effect)

특정한 옷이나 특정한 자세 및 동작이 우리의 사고방식과 태도, 행동까지 변화시킨다는 말이다.
내가 입은 옷이 외부의 시선 뿐 아니라, 내면의 인식과 자아상 자체가 변화하는 것이다. 츄리닝을 입고 슬리퍼를 신고 집 앞에 나갈 때와 깔끔한 수트 또는 우아한 원피스를 입고 나갈 때, 우리의 걸음걸이나 마음은 그 옷 만큼이나 서로 다르다. 내가 바뀌고 싶다면, 우선 외적인 행동과 자세부터 새롭게 '입어'보자. 그렇게 반복하면 나의 정체성이 바뀌고, 인생의 흐름도 자연스럽게 변화하기 시작한다. 이 개념을 증명하는 가장 유명한 실험이 있다.
 2012년, 미국 노스웨스턴 대학교의 하조 아담(Hajo Adam)과 애덤 갈린스키(Adam Galinsky) 교수는 흰 가운, 즉 의사의 가운을 활용한 흥미로운 실험을 진행했다.
연구팀은 참가자들을 세 그룹으로 나누었다. 첫 번째 그룹은 '의사의 흰 가운'을 입혔고, 두 번째 그룹은 동일한 가운을 입히면서 그것이 '화가의 작업복'이라고 설명했다. 세 번째 그룹은 가운을 입지 않고 실험에 참여했다. 모든 참가자들은 세밀한 주의력이 필요한 과제를 수행했다. 결과는 놀라웠다. 자신이 의사의 가운을 입었다고 생각한 그룹은 다른 두 그룹보다 월등히 높은 집중력과 주의력을 보였다. 반면 같은 가운을 입고도 그것이 화가의 작업복이라고 인식한 그룹은 집중력 향상 효과가 거의 나타나지 않았다. 이 실험은 단순히 의복의 디자인이 아니라, 그 옷이 가지는 '의미'가 우리의 인식, 집중력, 행동에 큰 영향을 미친다는 것을 입증했다.

또 다른 유명한 사례는 1971년 필립 짐바르도(Philip Zimbardo) 박사의 스탠포드 감옥 실험이다.
이 실험은 영화로도 제작될 만큼 상징적이다. 가상의 감옥에서 교도관 역할을 맡은 참가자들은 교도관 복장을 하고 권한이 주어지자 실제로 권위적인 말투와 행동을 보였고, 공격성도 증가했다. 반면 죄수 역할을 맡은 참가자들은 시간이 지날수록 소극적이고 위축된 모습을 보였다. 이는 역할 때문만이 아니라, 시각적으로 '입는 것'만으로도 사고방식과 행동이 바뀔 수 있음을 상징적으로 보여준다. 이처럼 우리가 입는 옷은 단순히 체온을 유지하거나 미적 표현을 넘어, 잠재의식과 자아, 행동에 지대한 영향을 준다. 한 벌의 옷은 우리 뇌와 잠재의식에 보내는 메시지다. 그리고 그 메시지에 따라 우리의 태도와 행동이 무의식적으로 바뀐다.

결국, "나는 어떤 사람이다"라는 자아상(self-image)은 단순히 머릿속에서 그리는 이미지가 아니다. 자아상은 매일 입는 옷, 반복하는 말투, 몸짓과 습관 속에서 구체적으로 형성되고 점점 더 강화된다. 필자가 중학교 때 본 어떤 영화에서, 감옥에 수감 중이던 장군이 '곧 석방될 것'이라는 믿음을 가지고 있었다. 마침내 그 날이 왔고, 그 장군은 정복을 멋지게 입고서 옥상에 대기중인 헬기를 향해 아주 당당하고도 품위있게 한걸음 한걸음 걸어갔다. 저렇게 멋있는 걸음을 처음 느껴보았다. 그래서 따라 걷기 시작했다. 걸을 때마다 장군의 당당함과 품위가 내 몸에 스며드는 것을 느끼면서. 어깨를 펴고,

당당한 걸음걸이 하나만 바꿔도 내 표정, 생각, 눈빛이 달라진다.
승리한 바닷가재처럼!
유니폼을 입는다는 것 또한 단순히 특정 복장을 착용하는 것이 아니라
그 역할의 정체성을 수용하는 하나의 의식인것 처럼, 마음의 옷도
마찬가지다. 우리가 매일 입는 옷처럼 마음도 바꿀 수 있고,
지속적이고 자연스러운 느낌을 통해 얼마든지 변화시킬 수 있다. 이제
그 마음과 결심을 손에 꼭 쥐고, 꾸준함으로 완성시킬 차례이다.

하인리히 슐리만 이야기

 하인리히 슐리만은 1822년 독일에서 태어났다. 다른 사람들이 그리스
신화 속 도시 '트로이'의 존재를 단순한 허구로 치부하던 19세기, 어린
슐리만은 호메로스의 서사시 〈일리아스〉를 읽으며 언젠가 그 도시를
직접 발굴하겠다는 평생의 꿈을 품었다. 주변의 모든이가 소설 속
허황된 꿈이라며 그를 말렸지만, 그는 자신의 꿈을 꾸준히 열망했다.
 이 꿈을 이루기 위해 슐리만은 먼저 사업으로 막대한 부를 쌓았다.
정규 교육을 제대로 받지 못했지만, 그는 언어에 대한 천부적인 재능을
활용해, 16개 국어를 유창하게 구사하며 러시아와 미국에서
무역업으로 성공을 거두었다. 그의 성공은 1860년대를 지나며 절정에
달했고, 마침내 1868년 모든 사업에서 손을 떼고 고고학자의 길을
걷기로 결심한다.

 슐리만의 발굴 과정은 현대 고고학의 기준에서는 비판받을 여지가
많기는 했다. 그는 호메로스의 서사시를 기반으로 트로이가 있을
것으로 추정되는 터키 서북부 차낙칼레 주에 위치한
히사를리크(Hisarlık) 언덕을 무자비하게 파헤쳤다. 섬세한 발굴 도구

대신 대규모 인력을 동원해 언덕을 깎아내리는 방식으로 진행했기 때문에, 중요한 유적층이 파괴되기도 했다.

하지만 포기를 모르는 그의 꾸준함과 열정은 놀라운 결과를 낳았다. 1873년, 슐리만은 자신이 '프리아모스의 보물'이라고 명명한 엄청난 양의 금과 유물들을 발견했다. 이 발견은 당시 학계에 큰 충격을 주었고, 모두가 허구라고 믿었던 트로이 전쟁이 실제 역사적 사건일 가능성을 제기하며 고고학계에 새로운 지평을 열었다.

비록 그가 발견한 보물이 트로이 전쟁 시대의 것이 아니라 그보다 1,000년이나 앞선 시대의 유물이었다는 점, 그리고 트로이의 진짜 유적층을 파헤치며 지나쳤다는 점 등 여러 한계가 있었지만, 슐리만은 '트로이 문화'라는 실체를 세상에 처음으로 알린 인물로 평가받는다.

슐리만의 이야기는 우리에게 중요한 교훈을 준다. 다른 사람들이 불가능하다고 여길 때에도 자신의 내면의 목소리에 귀 기울이고, 그 열망을 현실로 만들기 위해 끈질기게 노력하는 태도가 기회를 포착하는 핵심임을 보여준다. 슐리만에게는 호메로스의 서사시가 단순한 이야기가 아니라 삶의 방향을 제시하는 나침반이었고, 그 확고한 믿음이 없었다면 트로이는 여전히 신화 속에 머물렀을 것이다.

'노력'이란 단순히 열심히 하는 것을 뜻하지 않는다. 본래 노력(努力)이란 목적을 이루기 위해 몸과 마음을 다해 시도하는 것이다. 사전적 정의로도 '최선을 다해 목적 달성을 추구하는 것'이다. 그러나 여기서 중요한 것은, 그저 시도하고 최선을 다했다고 해서 모두 정당화되는 것은 아니라는 것이다. 주위를 둘러보면 남들보다 훨씬 더 열심히,

치열하게, 성실하게 사는 사람들이 많다. 그런데 그 사람들 모두가 원하는 목적지에 도달하는 것은 아니다.

 결국, 하인리히 슐리만 처럼 끈기로 그것을 이루어내는 사람만이 기억되고, 진정한 승리자인 것이다. 그리고 이 책을 읽는 우리는 슐리만처럼, 반드시 이뤄질 것이라는 믿음과 그 과정의 즐거움을 느끼면서 목적지에 도착하게 될 것이다.
 우리가 매일 옷을 입는 것과 같이, 원하는 삶의 모습 또한 마치 이미 입고 있는 옷처럼 생각하고 행동할 수 있다면, 우리의 잠재의식은 그 이미지를 현실로 받아들인다.
 '노력'은 억지로 애쓰는 행위가 아니라, 내가 되고 싶은 모습을 이미 살아내는 과정 속에서 자연스럽게 이어지는 것이다. 원하는 습관의 옷을 먼저 입는 마음가짐으로 하루를 시작한다면, 잠재의식의 변화와 행동이 동시에 이루어지고, 결국 목적지에 도달하는 길은 한층 더 가볍고 즐거운 여정이 될 것이다

"우리의 인생은 우리의 생각이 만드는 것이다.
당신이 있는 자리에서,
당신이 가지고 있는 것으로,
당신이 할 수 있는 최선을 다하라."

— 마르쿠스 아우렐리우스 —

15장.
나를 변화시키는 주문

15장. 나를 변화시키는 주문

확언 (Affirmation)

 우리는 학교에서 수학, 과학, 언어 등 많은 학문을 배웠지만, 정작 '감정을 다스리는 법'은 배우지 못했다. 그래서 누군가는 작은 말 한마디에도 쉽게 상처받고, 또 누군가는 사소한 일에도 화를 주체하지 못한다. 나의 감정을 다스리는 말, 즉 확언은 그런 우리에게 단순한 위로가 아니라, 감정을 조율하는 실제적인 도구가 된다.
예를 들어, 사소한 일에도 화를 잘 내는 어떤 이는 출근길마다 스스로에게 "나는 오늘, 내 마음의 평화를 지킨다"라고 말하며 하루를 시작했다. 이전에는 교통 체증이나 작은 일에도 짜증이 올라왔지만, 확언을 반복하면서 점점 마음이 쉽게 흔들리지 않는 자신을 발견하게 된다. 확언은 단순히 좋은 말을 되뇌는 것이 아니라, 마음을 훈련하는 연습이다. 매일의 작은 확언이 결국 내 감정을 다스리는 큰 힘이 된다. 그것은 내면의 질서를 세우는 명령이다. 이제 우리도 확언을 통해 감정의 주인이 되어보자. 이 장의 끝에서는 당신만의 멋진 확언이 생길 것이다.

- 확언 (Affirmation) : 확고하게 하다.
  　　　　　　　또는 그런 말을 통해 원하는 바를 이루어가는 것

 확언은 누구에게나 듣기 좋은 멋진 말이 아니라, 내게 유용한 문장이 최고의 확언이다. 그 누구에게도 말할 필요없는, 오직 나만의 만트라 이다. 또한 유용한 확언은 내 상황과 목표에 따라 매번 달라진다.

중요한 것은, 스스로 어색하지않으며 '편안한 느낌'을 느끼는가 이다.
(잠재의식과 마음의 일치)

 당신 자신에게 이렇게 말해보자. "내 목표를 이룬 그 곳에서 나는 어떤 감정을 느끼고 있을까?"
바로 이것이 '나만의 확언' 을 만드는 첫 출발이다. 느낌, 감정. 그렇다.
'느낌이 바로, 잠재의식의 언어'이다. 잠재의식은 한국어, 영어, 중국어로 소통하지 않는다. 오직 '느낌'으로만 반응한다. 필자가 지속해서 느낌을 강조하는 이유이다.

 좋은 말을 들으면 기분이 좋아진다. 칭찬을 들으면 기분이 좋아진다. 잊혀지지가 않으며, 그 칭찬의 느낌은 더욱 배가 되어 나를 매력적으로 만들어준다. 따라서, 내가 나에게 좋은 말을 해도 기분(Feel)이 좋아진다. 거울 앞에 서서 이렇게 말해보라.
"오호, 오늘 피부가 꽤 좋아 보이는데? 살도 좀 빠진 것 같군!"
"눈빛이 살아 있고, 얼굴에 생기가 있군."
"오늘 헤어스타일도 괜찮은데?"
 어떤가? 진짜 그렇게 느껴지지 않는가? …

 필자는 지금, 당신이 해보지 않았다는 것을 잘 안다. 그래서 이 책을 들고있는 지금 이순간, 바로 할 수 있는 것을 같이 해보겠다.
필자가 당신의 감정을, '좋은 느낌으로 바꿔보는 마법'을 부려보겠다.
자, 따라해보라.
"입꼬리를 살짝 올려보라" 미소짓는 것 처럼 딱 3초간.

기분이 어떤가? 이제 거울을 보고 위의 기분 좋은 말들까지 함께 한다면, 효과는 배가 되지않겠는가?

 지하철을 타고 갈 때, 마주 앉아있는 사람들의 표정을 본 적있는가? 무표정의 얼굴이 서로 마주치면 같이 피한다. 어떻게 보면, 기분이 안좋아 보이기도 한다.

 바로 내 표정과 같았다. 무표정으로 있으면 화나거나 무섭다는 이야기를 종종 들었다. 지금은 베트남에서 사업을 하는 한 형님은, 필자에게 동그란 안경을 써보란 말까지 했으니 말이다. (이 글을 쓰는 지금, 필자는 김구선생의 안경을 쓰고 있다.)

 수 년전, JFK공항에서 뉴욕으로 향하던 전철. 한 흑인이 앉아있던 나를 한번 내려보고 지나갔다. 그는 다시 내게 돌아오더니 속사포 랩처럼 "그렇게 쳐다보지마! 기분나쁘니까! 알겠어?" 라고 했다. 당시에는 '저 녀석, 열등감이 심하군' 하며 넘겼다.
 (아, 그 땐 김구선생의 안경을 안쓰고 있었다.)
 다음 날, 브루클린에서 지하철을 타고 가는데 마주 앉아있는 사람과 눈이 마주쳤다. 그는 내게 살짝 미소를 지었고, 나도 미소로 화답했다. 어떤가? 입꼬리를 올리는 마법! 우리에게 좋은 습관이 될 것같지 않은가?

 내가 변화시키고 싶은 부분의 확언문을 메모장에 작성해 두거나 녹음해 두는 것도 좋다.
 명상할 때나 잠자리에 들기 전에 틀어놓고 반복적으로 듣는다. 들리지 않을 정도로 잔잔히 틀어놓아도 좋다. 24시간 깨어 있는 내 잠재의식이 내가 녹음한 확언문을 계속 듣게 하는 것이다.

이러한 작은 변화들은 우리의 삶을 조금씩 바꿔줄 것이다.
'자기확언'은, 요즘따라 잘생기고 예쁜 청년들이 더욱 많아지고,
시니어 세대는 더욱 젊어지는 이유 중 하나일지도 모른다.

 자, 당신은 분명히 원하는 것을 이루게 될 것이다. 왜냐하면 당신은
계속 성장하기를 꿈꾸고, 더 나은 나를 원하고, 그 누구보다 뜨거운
열정과 분명한 목표의식을 가지고 있기 때문이다.
당신만큼 간절하게 목표를 품은 사람이 있다면 누가 성공하지
못하겠는가? 당신은 당신의 삶과 다음세대의 희망이다.

"이봐, 해봤어?"
- 정주영 회장 -

마음가짐이 내 현실이 된다.

 필자는 집에 티비가 없다. 첫째 딸이 태어날 때 시골에 가져다 놓았다.
휴대폰으로도 뉴스는 거의 안보고, 나쁜소식이나 안좋은 사건들은
듣는 것을 싫어한다. 특히 '한ㅇㅇ의 역대급 블랙박스 영상' 등
이런거는 질색이다. 설사 듣게 되더라도 상당히 빨리 잊어버린다.
누구는 조심해서 나쁠 거 없다고 말하지만, 평생 조심만 하다 살건가?
운전할 때 갑자기 툭 튀어나올 이 사람, 저사람을 의식 하느라
신호등은 제대로 보겠는가?
 저렇게 수많은 경우의 수를 고려하며 운전 스트레스를 받을 바에는,
택시타고 편안히 다니는 것을 택하겠다. 조심해야하고 나쁜 것을 굳이
왜 생각해야 하는가? 이렇다 보니, 나는 좋지않았던 과거의 기억들도
쉽게 그 기억의 색이 바래지는 듯하다. 예전에 누구를 미워했었는데,

당시엔 나를 정말 힘들게 해서 싫었는데, 구체적으로 무엇때문에 왜 싫었는지 잘 기억이 안난다. (나이들어서 그런가..) 그 때의 감정과 경험 덕분에 결국 내가 성장했으니, 다시 만나면 그 사람에게 고마워해야 하는 것이다.

필자가 육군 중위 근무시절, 대대(Battalion : 육군에서 통상 중령급 지휘관이 장으로 있는 편제) 교육장교를 할 때다. 야전에서 대대 교육장교는 '위관장교의 꽃' 이라 할 정도로 요직 중 요직이다.(사실 임무가 너무 많아, 듣기 좋은 말의 위로 인듯) 그 임무는, 대대의 핵심참모인 작전과장(소령)을 보좌하고, 주업무인 대대병력의 교육훈련을 계획/실행/평가를 한다. 게다가 작전항공장교 / 화생방 통제장교 / 정훈장교 등의 역할을 겸직한다. 상급 및 인접부대 에서 우리 대대에 업무차 걸려오는 전화의 대부분은, 교육장교의 내선번호로 온다. 이유는 부대의 모든 사안을 꽤 차고 있고, 늘(?) 사무실에 있기 때문이기도 하다.

이렇다 보니 오전 6~7시 출근 후, 새벽 1,2시 퇴근이 일상인 가운데, 당직근무를 주 2-3회 정도 했고, 밤을 샌 오전부터 휴식없이 그날 저녁까지 자발적 근무를 했다. 일보다 사람이 힘들다고 했던가. 교육장교의 직속상관인, 작전과장이 나를 가장 힘들게 했다. 부하들 앞에서조차 그에게 온갖 폭언은 다 들어본 듯하다. 필자 옆으로 의자도 날아왔다. 푸른 장군의 꿈을 손에 꼭 쥐고 가슴속으로 눈물을 훔치면서도, 뛰어난 그의 대대 운영능력을 그림자 처럼 따라 배웠다.

어느 날, 국군의 날 행사 지원으로 대대장을 포함한 거의 모든 병력이 계룡대로 파견을 나갔다. 이로 인해 부여단장(대령)이 대대장 직무대행으로 왔고, 약 두달동안 내가 부여단장을 모시며 작전과정의 역할을 하게 되었다. 행사가 끝나고 부여단장에게 큰 칭찬을 받았다. 필자는 작전과장에게 배운 대로 했을 뿐이다.
 호랑이 같던 작전과장이 타 부대로 전출 갈 때, 나는 그의 책상에 편지를 올려두웠다.
 '가서 승승장구하시고 방법이 어떻든 잘 가르쳐준 덕을 감사히 생각한다' 라고. 그는 대답없이 갔다. 이 때의 1년 덕분에, 이후의 군 업무와 전역 후 회사의 많은 업무 및 생활들은 상대적으로 가벼웠다. 지금도 여전히 그에게 감사한 마음이다. 시원하게 한판 붙었으면 하는 재미있는 생각도 종종하지만, 이제는 구체적인 내용이 잘 기억나지 않는다. 좋은 것만 기억하니 좋은 것만 남더라.

 이 글을 쓰고 있는 지금, 카페 맞은편 테이블에서 새댁으로 보이는 젊은 엄마들의 모임이 있나보다. 본인의 남편과 선생님등의 험담을 하며 서로의 공감대를 만들어 스스로를 위로하고 있다. 저 대화와 낮은 주파수의 기운이 내 가슴안에서 뭔가 답답하면서 좋지않은 기분을 만들었고, 그들의 부정적인 감정들이 내게도 흐르기 시작한다. 이럴 때, 이어폰의 노이즈캔슬링이 참 고맙다.
 우리는 왜 굳이 타인의 사건 / 사고를 통해 지금의 내 기분, 세상에서 가장 소중한 내 감정을 소모해야하는가? 좋은 생각, 좋은 것만 보며 살아가기에도 짧은 인생이다.
 필자는 언젠가 좋은 내용만 내보내는 방송국을 만들고 싶다. 세상에 좋은 소식과 미담 및 멋진 성공스토리, 아름다운 지구에서 사람들의 따뜻함을 전하는 방송. 그로 인해 시청자들의 마음에 따뜻함과 아름다움이 고무되는 그러한 방송국.

미운 사람을 자주 입에 오르내리게 되면 그 사람이 오래전에 한 행동을 아직도 생생히 기억하며, 또 욕을 하게된다. 또다시 내 감정만 낮아지는 것이다. 나아가 그 사람의 미움과 잘못은 더 커져, 그런 행동도 했었던가? 에서 그런 행동도 한 거 같네, 아니 했네! 로 내 안에서 사실로 굳어진다. 그것은 거짓도 아니며, 내 세상에서 사실이 된다. 정작 당사자는 완전히 다른 사람이 되어 정말 멋있게 살아가고 있을지도 모르지만.

같은 시간 및 공간에 있던 서로가, 각자 다르게 느끼는 것이다. 각자의 색안경(자아)으로 세상을 보고 느끼고 있는 것이다. 과거를 내가 내 세상에서 바꾸었듯이, 내 세상의 미래 또한 바꿀 수 있다. 나만의 색안경으로.

덴젤 워싱턴과 클로이 모레츠 주연의 영화 〈더 이퀄라이저〉 에 나오는 대사를 한번 보자.
시궁창 인생을 살고 있지만, 가수지망생인 클레이 모레츠. 그녀의 데모 녹음CD 를 보며, 덴젤 워싱턴이 감탄하며 말한다.
- 덴젤 : 와우, 가수 알리나!
- 클로이 : 제 꼴에 가수는 무슨…
- 덴젤 : 원한다면 그게 무엇이든, 도전할 수 있는 법이지.
- 클로이 : 아저씨 세상은 몰라도, 제 세상은 안그래요.
- 덴젤 : …그럼 세상을 바꿔!

클로이가 세상을 바꿀 수는 없다. 그러나, 그 세상을 바라보는 클로이의 생각은 바꿀 수 있다. 외부 세상이 아닌, 그 세상을 바라보는 내 생각을 바꾸라는 말이다.

"늘 흔들리는 건 당신의 눈이다.
활시위를 당기는 손이다.
명중할 수 있을까 의심하는 마음이다.
과녁은 늘 그 자리에 있다."

확언을 통한 잠재의식의 변화

확언은 내 의식(이성,오감)을 통해서 잠재의식에 각인 시키는 행위이다. 우리의 뇌에 새로운 뉴런을 형성시켜 새로운 나를 만드는 행위이며 나쁜 습관의 옷(Habit)을 벗고, 새로운 습관의 옷을 입는 것이다. 나쁜 감정을 흘려보내고, 좋은 감정을 취하는 것이다.
듣기에도 좋은 아래 확언들은 분명 도움된다.
- 나는 좋은 사람이다.
- 나는 활력이 넘치고 건강하다.
- 나는 내 주변사람들과 늘 웃음이 넘친다.
- 나는 차분하고 꼼꼼히 업무를 잘 처리한다.
- 나는 천천히 안전운전을 한다.
- 나는 경청을 잘 하고 공감을 잘 한다.

 이 확언들이 내 것으로 자연스러워지면, 저 문장자체가 더이상 의미없고 아무 감정이 안느껴질 때가 온다. 바로 다음과 같은 느낌이다. '나는 사람이다. 나는 눈이 2개 이다. 나는 두발로 걸어다닐 수 있다.' 우리가 할 확언도 앞으로 이렇게 자연스러워 질 것이다. 저 하나하나에 의미를 둘 필요도 없다. 저런 사람의 전반적인 느낌! 느낌이 핵심이다. 바로 그것이 나인 것이다.

모든 면에서 아주 품위있어 진다는 말이다. 그래서 에밀 쿠에의 **'나는 모든 면에서 날마다 점점 더 좋아진다'** 는 확언은 아주 유용하다. 분명 에밀은, 잠재의식을 아주 잘 이해하고 있는 의사이다. 실제로 위의 확언으로 치료한 수많은 환자들이, 그의 책을 통해 증명하고 있다. 더 자세한 내용이 궁금하다면, 에밀 쿠에의 책, '나는 모든면에서 날마다 점점 더 좋아진다.'를 읽어보라.
 확언에는 다음 3가지 규칙이 있다.

1. **1인칭** (나는~ 으로 시작)
2. **현재시제** (할 것이다 X, 한다 O)
3. **긍정문** (과식하지 않는다 X, 가벼운 포만감을 즐긴다 O)

습관은 옷이라고 했다.
* Habit : 고대 프랑스어로 의복을 뜻함 (cf.승마복 = Riding habit)
* 습관(habit) : 잠재의식이 입은 옷

 확언의 목적은 느낌을 불러오는 것이다. 확언이 좋은 습관으로 자리잡게 되면, 이제 확언의 문장 대신 작은 신호나 노래 등으로 감정의 변화를 쉽게 불러 올 수 있다.
 필자는 내게 지금 좋은 느낌이 흐르지 않고 아무 감정도 없음을 알아차리게 되면 심호흡을 해서 '품위있고 편안한 느낌'을 불러오기도 하며, 종종 좋아하는 노래 한소절을 통해 그 느낌을 불러오기도 한다.
"두 팔 벌려 있을게. 넌 그대로와~"
조성모의 이 노래가사처럼, 난 두팔벌려 있을 테니 '나를 위해 준비된 그 모든 좋은 것들아, 넌 그대로 와 내게 안겨' (=역피해의식)

좋아하는 노래라서 더욱 자연스레 감정은 솟아 오른다. 이 구절 하나로 좋은 느낌이 흐르기 시작한다. 이 노래 한 소절은 필자에게 좋은 어퍼메이션 중 하나이다. 이처럼, 본인에게 좋은 느낌을 주는 그 어떤 것이라도 좋다. 누구에게 보여줄 것도 아니다.

확언은, 우리의 명령을 그대로 수행 할 '램프의 요정, 잠재의식'을 변화시키는 훌륭한 도구이다. 확언의 3가지 규칙을 잠재의식과 함께 알아보자.

> "성공이란 마술도 눈속임도 아니다.
> 그것은 집중하는 법을 배우는 것이다."
> - 잭 캔필드 -

잠재의식의 특징

첫째, 잠재의식은 오직 나에게만 반응한다.
나에게 내가 명령을 내리는 것이다. 다른 사람의 바람을 내게 주입시키는 것도 아니고 보기 좋고 듣기 좋아 보이는 확언을 말하는 것도 아니고, 오직 내가 바라는 내가 되기 위해 내가 바라는 삶을 위해 오직 나만을 위한 확언 이어야 한다.
따라서 주어는 무조건 '나는~' 으로 시작한다.
('I AM'은 형이상학에서도 아주 강력한 힘이 있는 말이다.)

둘째, 잠재의식은 '현재시제'만을 받아들인다.
잠재의식은 '사실' 만 받아들인다. 예를 들면, 우리가 아무리 노를 저어(의지/노력) 헬스장에 가려고 하지만, 내 몸은 지금 쇼파로 향하는 큰 바다의 파도에 휩쓸려가고 있다. 내 잠재의식은 지금 헬스장에서 열심히 운동하는 내 모습이 사실이 아니라 평소에 쇼파에서 티비보는 나를 '자연스러운 사실' 받아들이고 있기 때문이다. 이처럼 우리의 의지와 잠재의식이 싸우면, 늘 잠재의식이 이긴다.

한가지 간단한 실험을 해보자. 오른 팔을 들어올린다고 생각해보자. 따라해보라. "나는 지금 오른 팔을 들어올릴 의지와 노력을 할거야! 오른팔을 머리 위로 번쩍 들어올릴 거야!"
어떤가? 생각을 아무리 강력하게 하고 또 해보라. 오른팔이 들어올려지는가?

이제는 그냥 아무생각없이 오른 팔을 슬쩍 머리위로 올려보자. 휙! 아무 생각없이 그냥 휙 올린 것이다.

책 〈트랜서핑의 비밀〉에서는 이를 '내부의도' 라고 정의한다. 나의 노력과 의지는 바다의 풍랑 앞에선 아무런 힘이 없다. 따라서, 내가 바꾸길 원하는 확언을 잠재의식이 자연스럽게 사실로 받아들이도록 '현재 시제를 사용해야 한다.

셋째, 확언을 긍정문으로 하라.
잠재의식은 내 감정도, 의지도, 부정문도 신경 안쓴다. 잠재의식은 한글이든 아랍어든, 긍정이든 부정이든 그런 것들을 모른다. 앞서 말했듯, 잠재의식은 '사실' 만을 받아들인다. '자연스러운 사실'. 긍정문을 쓰더라도 사실 만을 받아들이고, 부정문을 쓰더라도 사실만을 받아들인다. 그래서 긍정문을 사용하라는 말이다.
예를 들면, '코끼리를 절대 생각 안한다.' 딱 3번만 중얼거리자.
나는 코끼리를 절대 생각 안한다. 나는 코끼리를 절대 생각 안한다. 나는 코끼리를 절대 생각 안한다.

말한 것 처럼 코끼리 생각이 안났는가? 코끼리만 떠오르게 된다.
따라서 다음 확언은 도움이 안된다. '나는 담배를 끊는다', '나는 급한 성격을 고친다', '나는 화를 안낸다. 과속 하지 않는다' 이러한 확언은 담배만 생각나고, 급한 성격을 더욱 각인시키고, 과속을 생각하게 된다.

 위 내용을 올바른 확언으로 바꾸어 보면, '나는 금연가이다', '나는 늘 차분하고 침착하다', '나는 3번 심호흡을 하고 말한다. 나는 늘 안전운전 한다'

이제, 내가 변하고 싶은 것들을 몇가지 작성해보자. 내 직감이 알려주는 그것을 바로 적으면 된다.
1.
2.
3.

"확언은 우리의 잠재의식을 바꾸어, 새로운 습관의 옷을 입는 것이다."

잠재의식 다루기

그럼 어떻게 확언을 내 잠재의식이 자연스럽게 사실로 받아들이게 할까? '확언을 잠재의식에 새기는 2가지 비결'은 다음과 같다.

1. '전제'가 무엇인가

 운전이 다소 난폭하고 과속을 자주하는 사람이 확언을 통해 변화를 시험해보기로 했다. 이사람은 '나는 천천히 안전하게 운전을 한다!'라는 확언으로 새로운 습관을 만들기로 했다. '나는 난폭운전을 하지 않아, 나는 과속을 하지 않아' 와 같이 부정문이 아니라 긍정문이니 위 확언은 아주 좋다.
여기서 한가지 생각해보자. 이 확언의 '전제'는 무엇인가? 바로 '나는 과속을 해. 난폭운전을 잘 해. 그래서 바꾸고 싶어' 이다. 이런 생각을 바탕으로 "나는 천천히 운전을 한다." 라고 외치면, 사실만을 받아들이는 잠재의식은 어떻게 생각할까?
'웃기지마. 너 원래 난폭운전, 과속 즐기잖아. 왜이래 아마추어같이. 야, 길 좋다! 2번국도 아우토반이야. 달려보자구!'

 우리 인생의 키를 쥐고 있는 잠재의식은 여전히 과속운전을 하고 싶어한다. 따라서 내 생각, 내 전제를 아래처럼 살짝 뒤집어 보자.
'나는 원래 천천히 운전했어. 초보운전때 기억나지? 좌우 잘 살피고 천천히 운전해도, 차가 움직이는 그 신기한 즐거움에 얼마나 설레었는지..그래 나 원래 안전운전을 했어. 근데 나도 모르게 '과속을 하는 잘못된 습관의 옷'을 살짝 입어버린거군. 이제 그 옷을 벗겠어.' 잠재의식을 변화시키는 생각의 출발점이다. 전제의 차이가 느껴지는가? 이 생각은 아주 효과적으로 잠재의식을 변화시켜서 과속하는 습관이 서서히 바뀌기 시작할 것이다.

 꽤 많은 사람들이 "나는 10억을 번다.", "나는 월 5,000만원을 번다." 로 확언 또는 필사 하는 것을 보았다.

잠재의식의 변화와 내 삶에 정말 효과가 있는지 필자가 몇가지 선정하여 직접 해보았다. (23년 7.28-11.23까지 약 3개월간 매일 적어보았다. 적으면 적을수록, 그렇지않은 현실의 답답함도 솔직히 함께 느껴졌다) 사실만을 받아들이는 내 잠재의식에게 '결핍의 감정'만 더 단단하게 만드는 역효과가 난 것이다. 막연한 큰 돈 또는 두루뭉술한 목표보다, 스스로 희열과 행복을 느낄 구체적인 상황과 내용으로 전제 및 확언을 하는 것이 더욱 효과적이다.

2. 느낌을 섞어라.
 잠재의식의 언어는 한국어도 영어도 아니다. '느낌' 이다. '느낌'은 우리의 잠재의식을 작동하게 하는 유일한 재료이다.
한가지 실험을 같이 해보자. 따라해 보라. "나는 레몬을 먹는다." 침이 고였는가? 아닐 것이다.
"내 손에 지금 샛노랗고도 선명한 레몬을 하나 쥐고 있다. 껍질을 까지도 않았는데 상큼한 향이 코 끝을 찌르며 강하게 났다. 부드러운 껍질을 손톱으로 누르고 벗겨내니, 알맹이가 터져 새콤한 레몬향이 확 올라왔다. 손가락으로 레몬을 꽉 쥐었더니, 레몬즙이 내 손가락들을 타고 흐르며 손바닥과 손목으로 줄줄 흘려내렸다. 그 상큼하고 새콤한 향이 코 끝까지 훅 찔렀고, 그 순간 나는 레몬을 한 입 와락 베어 먹었다. 레몬즙이 내 입안에 가득했고 입술과 턱까지 흘러내렸다 온 방안에 상큼하고 달콤한 레몬향이 퍼졌다."
 어떤가? 침이 고였는가? 방금 우리의 뇌는, '상상'한 레몬을 사실로 받아들여, 침을 내보냈다.
즉, '감정과 느낌'을 섞어 사실처럼 묘사하니, 우리의 뇌는 사실로 받아들였다. 그냥 생각만 했을 때는 침이 안 고였지만, 구체적인 상상으로 느낌을 섞으니 침이 고였다. 이것이 핵심이고, 제대로 된 상상이다.

* 상상(想像) : 생각 상, 모양 상
 : 실제로 경험하지 않은 현상이나 사물에 대하여 마음속으로 그려 봄.
 정리해보면, 우리의 잠재의식은 사실만을 받아들이고 우리의 뇌는 사실을 구분 못한다. 생각을 주관하는 대뇌피질에서 레몬을 먹는 나를 생각했고, 감정과 느낌을 주관하는 대뇌변연계에서 사실적 묘사를 통해 감정을 느꼈다. 그리고 그 감정과 느낌이, 잠재의식의 뇌인 '뇌간' 까지 흘러가 침샘에서 침을 분비 시켰다.
 즉, 생각에 '감정과 느낌'을 첨가하여 제대로된 상상은 우리의 뇌를 사실처럼 속이고, 잠재의식은 그 사실을 사실로 받아들여 침을 분비 시킨 것이다.
 이처럼 강한 감정과 생생한 느낌을 동반하여 이미 이루어진 내 모습을 마음속에 그려보는 것은, 마치 결말을 미리 알고 있는 영화를 다시 보는 것과 같다. 결과를 알고 있기에 과정 속의 모든 장면을 더 편안하게 받아들이고, 그 흐름 자체를 행복하게 즐길 수 있다. 또한 이러한 감정 몰입형 상상은 잠재의식이 목표를 이미 달성한 상태로 인식하게 만들어, 스스로를 그 방향으로 자연스럽게 이끌어 간다. 결국 내가 바라는 내 모습으로 나아가기 위한 실천과 행동이 더욱 효과적이고 효율적으로 이루어지게 되는 것이다.

 이제 우리는 확언이 우리의 마음, 즉 잠재의식에 어떻게 작용하는지 이해하게 되었고, 그것을 삶 속에서 어떻게 활용할 수 있는지도 알게 되었다. 이제 나는 고치고 싶거나 새로 만들고 싶은 습관을 통해,

잠재의식을 변화시켜 나 자신을 내가 생각하고 바라는 모습으로 충분히 성장시킬 수 있다.

우리는 어떤 생각이든 반복할수록 그것에 더 큰 의미와 무게를 부여하게 된다. 그러니 이제는 머뭇거리지 말고 행동하자. 아는 것만 늘어 머리만 큰 기형아로 남을 것인가? 지식만 쌓고 실행하지 않는 것은 결국 모르는 것과 다르지 않다. 지금 이 순간, 내가 진정으로 바라는 멋진 내 모습과 삶을 마음속에 느낌을 반영하여 그려보자. Feel from it!   * NOWHERE : No Where? Now Here!

16장.
기회는 어떻게 오는가?

16장. 기회는 어떻게 오는가?

 다음은 영화 '행복을 찾아서' 에 나오는 내용이다. 6살 아들이 아버지인 윌스미스와 거리를 걸으며 아버지에게 한 이야기를 들려준다.

"어느 날 한 남자가 물에 빠졌어요. 깊은 물속에서 허우적대며 '하나님 살려주세요! 제발 저를 살려주세요!' 라고 기도하고 있었어요.
그때 한 보트가 다가왔어요. "당신은 도움이 필요하군요." 남자는 이렇게 대답했어요. "아니요, 하나님이 날 구해줄거요!" 보트는 지나갔어요.
잠시 후, 다른 보트가 또 다가와 말했어요. "당신, 도움이 필요한 것 같은데요?" 남자는 또 대답했어요.
"아니요, 전 괜찮습니다. 하나님이 날 구해줄거요!" 그 남자는 결국, 익사했고 하늘나라에서 하나님을 만났데요.
"하나님! 제가 물에 빠졌을 때, 그토록 기도했는데 왜 날 구해주지 않으셨소?" 그러자 하나님이 이렇게 말했데요.
"내가 보트를 2대나 보내줬잖아, 이 멍청아!"

영화에서 윌스미스는, 아들의 이 이야기를 잘 듣지 않고 걷기만 한다.
아니, 귀에 전혀 들어오지 않았다.
영업이 잘 되지않아 아들과 길거리에 나와서 화장실에서 잠을자는 신세라 마음의 여유가 전혀 없었기에, 그는 그에게 영감이 될 이 이야기를 놓치게 된다. 아이와의 소중한 순간까지도..

불확실성 이라는 선물 : 카이로스의 순간

 우리는 종종 삶에서 찾아오는 '기회'라는 단어를 막연하게 기다리고 있을지 모른다. 마치 하늘에서 떨어지는 행운처럼, 예상치 못한 순간에 우리 앞에 나타나 인생을 극적으로 변화시켜 줄 무언가라고 생각할 수도 있다. 정말 기회는 예상치 못한 순간에 우리를 스쳐지나갈지도 모른다.

고대 그리스에는 '시간'을 상징하는 두 신이 있다. 바로 크로노스와 카이로스다. 크로노스는 우리가 익히 알고 있는 물리적 시간, 즉 흘러가는 시간을 의미한다. 반면 카이로스는 제우스의 막내아들로, '기회' 혹은 '결정적 순간'을 뜻한다. 그의 외모는 매우 독특하다. 앞머리는 길게 늘어져 있고, 뒷머리는 대머리이며, 등에 두 날개가 달려 있으며 양 발 뒤꿈치에도 작은 날개가 있다. 한 손에는 저울을, 다른 한 손에는 칼을 들고 있다. 그의 외형은 모두 '기회'의 속성을 상징한다.

 기회, 즉 카이로스는 우리 앞에 다가와도 쉽게 알아차리기 어렵다. 그의 얼굴을 가리는 긴 앞머리 때문이다. 우리가 그것을 알아채는 순간에는 이미 두 날개와 발뒤꿈치의 날개를 이용해 재빨리 날아가 버린다. 뒤늦게 붙잡으려 해도, 민머리의 뒤통수는 손에 잘 잡히지 않는다. 따라서 기회를 잡기 위해서는, 카이로스가 들고 있는 저울로 먼저 신중히 판단해야 한다. 그리고 결단의 순간이 왔다면, 그의 다른 손에 쥔 칼처럼 단호하게 행동해야 한다. 기회는 다시 오지 않을 수도 있으며, 놓친다면 평생 후회할지도 모른다.

'기회의 문은 예고 없이 열리며, 판단의 시간은 언제나 짧다.'

우리는 다가오는 기회를 알아볼 수 있는 혜안을 갖추어야 한다. 그
준비의 출발점은 언제나 분명한 목표에서 비롯된다. 어디에서 무엇을
할지 명확히 정해야만, 그에 맞는 준비 또한 가능하다. 내가 바라는
것을 구체적으로 설정하지 않는다면, 흘러가는 크로노스의 시간
속에서 스쳐 지나가는 카이로스를 알아보지 못한 채 놓쳐버릴 것이다.
따라서 내가 원하는 열매를 분명히 하는 것이 무엇보다 중요하다.
 왜 그 열매를 원하고, 그것이 내 삶에 어떤 의미를 가지는지, 그리고 그
열매가 맺혔을 때 나는 어떤 모습으로 서 있을지를 구체적으로
마음속에 그려보아야 한다.
그렇게 할 때 비로소 기회를 볼 수 있는 눈이 열리고, 그 순간을 붙잡을
용기가 생긴다.
 군대에 가기 전에는 거리에 그렇게 많은 휴가 나온 군인들이 있는지
몰랐던 것처럼, 신발을 사기로 마음먹기 전에는 다른 사람의 신발이
눈에 들어오지 않았던 것처럼, 우리의 인식은 마음에 무엇을 품느냐에
따라 달라진다.

 씨앗이 땅속 깊은 곳에서 뿌리를 내리고, 줄기를 뻗어 마침내
아름다운 꽃을 피워내듯이, 우리 또한 마음속에 불타는 열망의 목표를
심고 꾸준히 물을 주어야 한다. 그 열망은 이루어졌을 때의 기쁨이라는
물을 마시고, 노력이라는 햇살을 받으며, 인내라는 바람을 견디는 과정
속에서 어느새 자라난다.

오르막길도 내리막길도, 모두 성장의 기회

기회는 종종 예상치 못한 어려움과 시련 속에 숨어 있다. 목적지로 향하는 길이 언제나 곧고 평탄할 수 없듯, 인생의 여정 또한 굽이치고, 오르막과 내리막을 거쳐야만 도달할 수 있다. 그러나 그 모든 과정은 결코 헛되지 않다. 바로 그 시간들이 우리 마음속의 씨앗을 단단히 뿌리내리게 하고, 더 깊고 강한 존재로 성장하게 만드는 토양이 되기 때문이다.
'오르막 길이라면 내리막길도 있는 법' - 지디, '소년이여' 중에서

불확실성으로 가득한 길 위에서 우리는 때로 속도를 늦추고, 때로는 전속력으로 달려가며 삶이라는 여정을 이어간다. 결국 목적지에 도달할 것을 알기에, 크고 작은 어려움들을 그저 지나가는 길의 일부로 여기는 지혜가 필요하다. 하지만 중요한 것은 지금, 이 순간을 어떻게 살아가는가이다. 목적지 자체도 또 다른 여정의 시작일 뿐이다.

지금 이 길을 음미하고 즐기는 지혜는 바로 '기회가 오는 방식'과 맞닿아 있다. 만약 '분명히 그곳에 갈 거야!'라는 불타는 열망을 가슴에 품고 있다면, RAS는 그 목표와 관련된 정보들을 마치 자석처럼 끌어당긴다. 주변의 수많은 자극 속에서 꿈과 관련된 기회, 사람들, 정보들이 눈에 띄기 시작하는 것이다. 보트를 보내준 하나님 이야기처럼, 기회는 우연히 들은 누군가의 한 마디, 서점에서 우연히 집어든 책 한 권, 예상치 못한 만남을 통해 나타날 수 있다. RAS가 성공헤르츠로 주파수를 맞추는 역할을 함으로써, 우리는 이러한 기회들을 놓치지 않고 포착할 수 있게 된다.

결국, 기회는 하늘에서 뚝 떨어지는 것이 아니라, 불타는 열망이라는 씨앗을 심고 끊임없이 물을 주며 긍정의 햇볕을 쬐는 과정 속에서 싹튼다. 이러한 태도는 곧 우리가 방출하는 성공 주파수가 되어, 우리가 만나는 모든 인간관계를 소중한 기회의 통로로 만들어준다. 내 생각과 열정의 주파수를 나누고, 다른 이들의 지혜에 귀 기울이는 열린 마음은, 서로에게 영감을 주고 공명하며 예상치 못한 협력의 가능성을 열어주는 핵심이다.

기회를 만드는 성공헤르츠

미국의 기업가이자 작가인 짐 론(Jim Rohn)은 "당신이 만나는 다섯 사람의 평균이, 바로 당신이다"라고 말했다. 이는 주변 환경과 관계가 우리의 사고와 삶의 주파수에 얼마나 큰 영향을 미치는지 보여주는 명언이다. 긍정적이고 열정적인 사람들과 함께할 때, 우리는 자연스럽게 그들의 높은 에너지와 주파수를 공유하게 된다.

기회가 단순히 우연이 아님을 깨닫는 것이 중요하다. 성공한 사람들은 종종 '운이 좋았다'고 말하지만, 그 운 뒤에는 보이지 않는 끈질긴 노력과 준비된 마음이 있었다. 이 준비된 마음이 바로 성공헤르츠이다. 즉, 자신의 목표를 마음에 담아 세상이 공명하도록 만드는 마음의 주파수이다.

"우연은, 준비된 마음에만 미소 짓는다."

- 파스퇴르 -

즉, 운명적인 기회는 성공헤르츠라는 주파수에 맞춰 준비된 마음에만 공명하며 찾아오는 것이다. 준비된 마음은 단순히 지식이나 기술을 쌓는 것을 넘어선다. 이는 불확실한 상황 속에서도 새로운 가능성을 탐색하고, 예상치 못한 만남과 사건들을 기회로 인식하는 성공헤르츠로 조율된 개방적인 태도를 의미한다.

평소에 꾸준히 관련 분야의 책을 읽고, 다양한 사람들과 교류하며 자신의 생각의 주파수를 다듬어 온 사람이 있다고 가정해보자. 어느 날, 우연히 참가한 모임에서 평소 존경하던 전문가를 만났다. 준비되지 않은 사람이라면 단순히 '운이 좋았다'고 생각하고 기념사진을 찍고 지나칠 수 있지만, 이미 성공헤르츠로 주파수를 맞춘 마음을 가진 사람은 다르다. 그들은 전문가의 이야기에 귀 기울이고, 그 내용을 깊이 이해하며, 자신의 생각과 열정을 적극적으로 공유한다. 이러한 의미 있는 대화가 결국 새로운 프로젝트의 시작이나 멘토십의 기회로 이어질 수 있다.

그러므로 우리는 기회를 기다리는 대신, 기회를 만들 줄 알아야 한다. '난 분명히 그곳에 갈 거야!'라는 강한 열망은 내면의 RAS를 활성화시켜 주변의 모든 정보를 성공헤르츠와 공명하는 기회로 인식하게 하고, 자기 효능감을 높여 그 기회를 현실로 만들 용기를 준다. 또한, 긍정적인 관계 형성을 통해 예상치 못한 협력과 영감을 얻을 수 있다.

좋은 흐름은 내가 가져온다

결정적인 순간 또는 특별한 기회는 우리가 만들어내는 것이다. 미래를 바꾸는 것은 결국 지금 이 순간의 작은 행동, 즉 **'오늘을 바꾸는 것'**과 같다. 어제의 미래는 오늘이었고, 우리는 평생 '오늘'만을 살아갈 수밖에 없기 때문이다. 지금 우리 안에 심은 열망의 씨앗에 꾸준히 물을 주고, 긍정적인 태도로 관계의 폭을 넓혀가자. **성공헤르츠**에 맞춰 길을 걸으면, 어느새 그 길이 다이아몬드로 빛나고, 놀라운 기회들로 가득 차게 될 것이다.

멘토나 동기부여 영상, 책, 모임을 통해 신선한 자극과 좋은 기운을 받았다면, 이제 스스로 나만의 느낌과 주파수를 만들어야 한다. 나에게 좋은 멘토가 있고, 통찰력 있는 지식을 습득하며, 훌륭한 모임에 참여하는 것도 중요하지만, 결국 이 꿈은 나만의 것이며 스스로 일궈내야 하는 여정이다. 그들에게 받은 좋은 기운을 초석으로, 내 삶의 좋은 흐름(Flow)은 스스로 만들어 내야 한다.

"Be the Flow!"

그리고 그 길에서 '내가 얼마나 행복을 느끼는가'를 음미하자. 앤서니 로빈스는 이렇게 말했다. "나의 위대하고 소중한 목표를 향해 나아가는 여정 그 자체가 성공이다." 이러한 좋은 감정과 에너지는 단순히 일시적인 것이 아니라, **성공헤르츠**를 통해 자연스럽게 내 안에 스며들어야 한다. 삶의 길에서 느끼는 자연스러운 행복감 또한 하나의 습관이며, 좋은 흐름은 결국 내가 만드는 것이다.

지금 이 순간, 불타는 열망의 씨앗을 심고, 매일 꾸준히 물을 주며 긍정의 햇볕을 맞이하자. 그렇게 성공헤르츠로 만들어진 우리의 오늘은 결국 미래를 바꾸는 가장 확실한 열쇠가 될 것이다. '난 분명히 그곳에 갈 거야! 난 꼭 이것을 이뤄낼 거'라는 열망, 적극적이고 섬세한 태도, 그리고 긍정적인 사고를 통한 관계 형성이 바로 카이로스(기회)가 오는 방식이다. 지금 바로 내 안의 씨앗을 심고, 꾸준한 열망의 물을 주고 긍정의 햇볕을 맞이하자.

"나는 잘 되겠다고 노력하는 그 이상으로 잘 사는 방법은 없고,
실제로 잘 되어 간다고 느끼는 그 이상으로
큰 만족은 없다고 생각한다.

이것은 내가 오늘날까지 살아오며 경험하고 있는 행복이다.
그리고 그것이 행복인 것을, 내 양심이 증명해주고 있다."

- 소크라테스 -

17장.
즐거움으로 목표를 지속하는 마법

17장. 즐거움으로 목표를 지속하는 마법

우리는 누구나 한 번쯤 굳은 결심을 한다. 새해가 밝을 때, 새로운 달이 시작될 때, 혹은 어떤 강렬한 영감의 순간에 다짐을 세운다. 매일 해는 뜨지만, 우리는 유독 새해 첫 일출을 보기 위해 먼 길을 나선다. 마음속의 새로운 시작을 향한 갈망 때문이다. 운동, 공부, 저축, 금연… 그 다짐들은 늘 의욕적으로 시작되지만, 며칠이 지나지 않아 모래성처럼 무너지고 만다.

왜 이렇게 쉽게 포기하게 될까? 아니, 처음부터 불가능한 일이었던 걸까? 그렇게 몇 해를 반복하다 보면, 어느새 우리는 새해 목표조차 세우지 않게 된다. "어차피 안 될 거야."라는 체념이 마음속 깊이 자리 잡고, 이것은 우리의 자아이미지에 부정적인 그림자를 드리운다. 스스로를 신뢰하지 못하게 되고, 목표를 향한 행동이 점점 더 어려워진다.

우리는 수없이 많은 목표를 세운다. 다이어트, 바디프로필, 자격증 취득, 영어 점수 향상, 독서 목표, 달리기, 명상, 심지어 개인의 커리어와 사업 비전까지. 그러나 정작 그중 얼마나 이루었는가? 우리는 목표를 세우는 법은 익숙하지만, 목표를 실제로 달성하는 방법은 배워본 적이 없다. 학교에서도, 사회에서도, 누구도 그것을 체계적으로 알려주지 않았다. 결국 대부분의 목표는 '지금 내가 아는 한도' 안에서만 설정되고, 그래서 쉽게 한계에 부딪히는 것이다.

결심이 무너지는 이유

우리의 굳은 결심이 무너지는 몇가지 이유들이 있다. 마치 숨겨진 함정처럼 우리 의지를 약하게 만들고 포기를 부른다. 그러나, 나로 인해 만들어진 것이니, 나로 인해 없앨 수 있다.

- 완벽주의: 목표는 높아야 좋지만, 처음부터 너무 크고 완벽하게 잡으면 작은 실수나 예상치 못한 어려움에 '나는 안 돼'라며 쉽게 좌절한다.

- 즉각적 보상: 우리 뇌는 즉각적인 만족에 강하게 반응한다. 장기 목표는 현재의 쾌락을 포기해야 한다. 다이어트 중에 케이크는 더 맛있어 보인다.

- 진심 부재: 외부 압박이나 보여주기 식으로 세운 목표는 동기부여가 안 된다. 진심이 없는 목표는 남의 옷처럼 불편하고 어색하다.

- 변화 저항: 익숙함에서 벗어나는 것은 본능이 거부하게 된다. '내가 할 수 있을까?' 불안이 시작되고 결국 현재 상태를 더 편안히 느끼며, 이내 포기하게 된다.

- 자신감 부족: 자신을 믿는 마음, 목표를 이룰수있다는 자신의 믿음이 없으면 작은 어려움에도 쉽게 포기하게 된다. 특히, 과거의 실패 경험과 주변의 부정적 반응이 자신감을 무너뜨린다.

만약 당신에게 진정으로 효과적인 목표 달성의 비밀이 있다면, 필자도 그 지혜를 나누어 받고 싶다. 대부분의 사람들은 '의지력' 하나로 버티려 한다. 그러다 지치고, 포기한다. 억지로 하는 다짐은 오래가지 못한다.

 진정한 변화는 억지로가 아니라, 즐거움 속에서 지속된다.
억지 엔진이 아닌, 즐거움의 하이브리드 엔진이 필요하다. 목표를 향해 나아가는 과정이 힘겹고 고통스러운 인내의 시간이 아니라, 행복하고 몰입되는 여정이라면 얼마나 좋을까?
 결심과 행동이 억지로 짜내는 에너지가 아니라, 흐르는 강물처럼 자연스럽게 이어진다면 얼마나 멋질까? '작심삼일은 당연하다'고 말하는 사람도 있다. 그러나 중요한 것은 삼일마다 다시 시작하는 용기다. 다짐이 무너졌다고 해서 실패한 것이 아니다. 스스로를 다시 일으켜 세우는 반복이 곧 성장이다.
 결국 진짜 문제는 '의지력'이 부족해서가 아니라, '마음의 변화'가 없기 때문이다. 내 잠재의식이 그 목표를 진정으로 원하지 않거나 감정적으로 연결되지 않으면, 마음은 금세 피로를 느낀다. 그래서 목표는 '해야 한다'가 아니라 '하고 싶다'로 바뀌어야 한다. 그것이 가능해질 때, 작심삼일은 더 이상 실패의 상징이 아니라, 성장을 위한 작은 순환 과정이 된다.

 그러니 이제는 스스로에게 물어야 한다. 나는 진정 이 목표를 즐기고 있는가? 그 과정에서 기쁨을 느끼고 있는가? 목표는 끝에 있는 결승점이 아니라, 나를 변화시키는 여정이어야 한다. 목표 달성의 비밀은 바로 그 여정 자체의 즐거움과 사랑하는 마음속에 있다.

우리는 목표를 세울 때마다 결심하지만, 현실에서 한 걸음 내딛는 것은 언제나 쉽지 않다. 결심은 미루기로 이어지고, 이내 무너진다. 그 근본적인 이유는 '노력은 고통스럽다'는 인식 때문이다.
고통과 인내로 목표를 이루어야 한다는 무의식적인 믿음은, 시작조차 두렵게 만든다. 노력은 지루함과 좌절감을 동반하고, 이는 지속성을 무너뜨리는 가장 큰 요인이다.

 만약 여름휴가에 하와이를 간다고 상상해보자. 그 준비 과정은 고통스러운가? 아니다. 기대와 설렘으로 가득하다. 우리는 준비하는 내내 '하와이에서 즐겁게 놀고 있는 나'를 떠올린다.
그러나 아침 달리기나 어학성적을 목표로 할 때, 머릿속에는 '지금의 귀찮음'이 먼저 떠오른다.
즉, 같은 목표라도 상상하는 지점이 다르다.
하와이 여행은 이미 마음속에서 "즐거운 경험"으로 각인되어 있지만, 성장 목표는 "해야 하는 일"로 인식된다.
따라서 목표를 떠올릴 때 즉각적인 즐거움이 떠오르도록 상상하는 것, 그것이 성공의 첫걸음이다.

"Think from it."
 단순히 생각하는 것이 아니라, 이미 이뤄진 그 안에서 생각하라.

1. 행동의 족쇄

우리가 행동을 미루는 가장 큰 이유는, 목표 달성의 과정을 '고통'으로 인식하기 때문이다.

'해야 한다'는 의무감은 우리를 짓누르고, '힘들 것이다'라는 예상은
시작하기도 전에 지치게 만든다.
이러한 부정적 프레임(사회적 고정관념)은 회피 심리를 불러일으켜,
당장의 편안함을 택하게 만든다.
결국 우리는 행동을 늦추고, 자기합리화의 습관에 빠지며, 변화의
기회를 잃는다.

"당신의 가장 큰 적은 편안함이다."
- 덴젤 워싱턴 -

이제 그 프레임을 바꿔야 한다. 행동은 '해야 하는 일'이 아니라
'즐겁게 하고 싶은 일'이어야 한다. 고통에서 즐거움으로 인식이 바뀔
때, 우리는 자연스럽게 행동한다.

2. 지속 가능한 행동의 비밀

꾸준한 행동의 핵심은 의지력이 아니라, 과정 속의 즐거움과
몰입이다. 좋아하는 게임을 할 때, 시간 가는 줄 모르고 집중한다. 보고
싶은 사람을 만나러 갈 때, 멀고 긴 거리조차 즐겁다. 길은 같지만,
마음의 상태가 결과를 바꾼다. 최적경험의 몰입을 미하이
칙센트미하이는 이렇게 정의한다 "몰입(Flow)이란, 한 가지 행위에
깊이 빠져들어 시간의 흐름이나, 공간, 더 나아가서는 자기 자신에
대한 생각까지도 잊어버리게 되는 심리적 상태이다."
또한 그는 "행복은 외부에서 오는 것이 아니라, 우리가 의식적으로
경험하는 질(質)을 얼마나 통제하느냐에 달려 있다." 라고 말한다.

목표 또한 마찬가지다. 결과보다, 그 여정을 즐거운 경험으로 재설계해야 한다. 목표를 달성한 나의 모습을 상상하며, 그 속에서 느낄 감정과 대화를 떠올려보자. 이 감정적 몰입이 우리의 뇌를 '행동하고 싶게' 만든다. 의지가 아니라 '끌림'으로 움직이게 되는 것이다.

> "우표를 생각해 보라.
> 그것의 유용성은 어딘가에 도달 할 때까지
> 어떤 한가지에 들러붙어 있는데 있다."
> – 조시 빌링스 –

3. 진심의 부재

우리가 미루는 이유는 단순히 게으름이 아니라, 진심이 부족하기 때문이다.
진정으로 원하지 않는 목표는, 외부 보상이 사라지면 금세 멈춘다.
진심이 있다면, 누가 막아도 행동하게 된다.
그것은 '해야만 하는 일'이 아니라 '하지 않으면 견딜 수 없는 일'이 된다. 다음은 소크라테스의 일화이다.

한 젊은이가 소크라테스를 찾아가 물었다.
"어떻게 하면 원하는 것을 얻을 수 있습니까?"
그러자 소크라테스는 젊은이를 가까운 강가로 데려가 함께 물속으로 들어갔다. 소크라테스는 물이 가슴까지 차 오르는 곳에 당도하자 갑자기 젊은이를 잡더니, 그의 머리를 물속으로 집어넣어 밖으로 나오지 못하게 했다.

젊은이는 소크라테스가 뭔가 깨우침을 주려는 것으로 생각하고
처음에는 크게 저항하지 않았으나, 점점 숨이 차 오르고 참을 수 없게
된 젊은이는 힘껏 발버둥을 치기 시작했다.
하지만 소크라테스는 그의 머리를 꽉 쥐고 놔주지 않았다.
시간이 지나 그 젊은이의 숨이 거의 넘어가기 직전,
소크라테스는 그의 머리를 놓아주고는 이렇게 말했다.
"자네가 지금 공기를 원했던 것만큼 무언가를 원한다면,
이 세상 그 어떤 것도 자네를 막을 수는 없을 걸세"

숨이 막혀 공기를 갈망하듯, 간절히 원한다면 세상 그 어떤 것도 나를
막지 못한다. 목표에 대한 이 간절함이 생길 때, 행동은 '노력'이
아니라 '필연'이 된다. 어떤 사람들은 그들이 하고 싶은 일에 대해,
할 수 없는 이유를 수천가지 둘러댈 수 있다.

　　　그들에게 필요한 것은, 그 일을 할 수 있는 단 한가지 이유뿐이다."
　　　　　　　- 윌리스 휘트니, 미국 과학자 -

 진심은 머리에서 행동으로 가는 시간을 단축한다. 그 목표를 이룬
나의 모습을 매일 밤 구체적으로 그려보자. 그곳에서 느낄 감정, 입을
옷, 들을 말, 함께 있을 사람을 상상하라.
이 구체적 이미지가 당신의 잠재의식을 재프로그래밍할 것이다.

4. 즐거움으로 행동을 이끄는 실질적인 방법

- 작은 성취감 쌓기 : 처음부터 큰 성취를 바라지 말고, 작은 성공을
반복하라. 성공의 감정은 무의식에 '할 수 있다'는 믿음을 새긴다.

- 보상 시스템 만들기 : 목표를 작은 단계로 나누고, 달성할 때마다 스스로를 칭찬하라. 커피 한 잔, 산책, 좋아하는 음악 한 곡으로도 충분하다.
- 좋아하는 활동과 연결하기 : 달리기가 지루하다면 좋아하는 음악을 듣거나, 친구와 함께하라. 공부가 힘들다면 좋아하는 카페나 스터디 그룹을 만들어보라.
- 과정에 의미 부여하기 : 인생의 가장 아름다운 순간은 결과보다 '과정 속에서' 일어난다. 지금 이 여정 또한 훗날 그리워할 추억임을 기억하라.

 하와이 여행처럼, 목표 달성의 과정도 즐거워질 수 있다. 그 길을 향해 걸어가는 지금의 당신이 이미 목적지의 일부다.
결국 거룩한 행동은 억지로 하는 노력이 아니라, 즐거움이 이끄는 자연스러운 흐름이다. '힘들다'는 프레임을 벗고, '즐겁다'는 감정으로 다시 정의하라. 그 순간, 행동은 더 이상 부담이 아니라 삶의 리듬이 될 것이다. 목표 자체가 나에게 주는 의미를 충분히 생각해보고 느껴보자. 그것을 내것으로 만들었을 때의 상황을 상상해보자.
그 때 나는 어떤 옷을 입고 있는가? 부모 및 친한 친구는 내게 어떤 칭찬을 해주는가? 나는 어디에 서서 이 이야기들을 나누고 있는가? 매일 밤 자기전, 이 시나리오를 구체적으로 그려나가보자.

"누구나 꿈을 꾼다. 그러나 이룬 사람이 적은 이유는,
끝까지 믿는 사람이 적기 때문이다."

-알렉산더 그레이엄 벨 -

〈끝까지 가라 - 찰스 부코스키〉

무엇인가를 시도할 계획이라면 끝까지 가라.
그렇지 않으면 시작도 하지 마라.
만약 시도할 것이라면 끝까지 가라.
이것은 여자친구와 아내와 친척과 일자리를 잃을 수도 있음을
의미한다. 어쩌면 너의 마음까지도.
끝까지 가라.
이것은 3일이나 4일 동안 먹지 못할 수도 있음을 의미한다.
공원 벤치에 앉아 추위에 떨 수도 있고 감옥에 갇힐 수도 있음을
의미한다.
웃음거리가 되고 조롱당하고 고립될 수 있음을 의미한다.
고립은 선물이다.
다른 모든 것들은 네가 얼마나 진정으로 그것을 하길 원하는가에 대한
인내력 시험일 뿐.
너는 그것을 할 것이다. 거절과 최악의 상황에서도.
그리고 그것은 네가 상상할 수 있는 어떤 것보다 좋을 것이다.
만약 시도할 것이라면 끝까지 가라.
그것만한 기분은 없다.
너는 혼자이지만 신들과 함께할 것이고, 밤은 불처럼 타오를 것이다.
하고, 하고, 하라. 또 하라.
끝까지, 끝까지 하라.
너는 마침내 너의 인생에 올라타 완벽한 웃음을 웃게 될 것이니
그것이 세상에 존재하는 가장 멋진 싸움이다.

18장.
지금 이순간, 행복을 느끼는 현존

18장. 지금 이순간, 행복을 느끼는 현존

 이제 우리는 마지막 장에 도달했다. 지금까지 우리는 자신을 메타인지하는 방법, 책임감, 돈의 의미, 생각과 마음의 과학적 원리, 목표설정과 상상, 그리고 즐거움으로 목표를 달성하는 방법 등을 살펴보았다. 그러나 결국, 이 모든 것들은 우리가 매순간, 하루하루, 그리고 한 해를 살아가는 삶의 일부일 뿐이다.

 우리가 이 모든 지식과 지혜를 배우는 궁극적인 이유는 단 하나다. 바로 행복하기 위해서이다. 필자는 지금 이 장에서 이야기할 내용을 가장 소중하게 생각한다. 이것이 우리의 삶의 이유이자, 아름다운 지구에 태어난 목적이기 때문이다. 바로 '행복한 삶'이다.

 그러나 우리는, 종종 미래의 행복을 좇거나 과거의 후회에 갇혀 현재의 소중한 순간들을 놓치곤 한다.
회사에서 일을 하고 있을 때는, 집에서 아내 / 아이들과 함께 식사하고 캠핑가는 것을 머릿속으로 그리고 있지만, 정작 집에서는 회사일을 걱정하고 있다.
여름휴가 때 갈 해외여행을 꿈꾸며 지금 힘든 시간을 버티고 견뎠지만, 해외에서는 여전히 내 어깨에 회사와 삶의 스트레스가 짊어져 있다.

행복, 삶의 목적

 우리는 자주 지금 이순간에 존재하지 못하고, 몸과 마음은 서로 다른 곳에 있다.
 행복이 무엇일까? 당신은 행복을 어떻게 정의하고 있는가? 국어사전에는 행복을 '생활에서 충분한 만족과 기쁨을 느끼어, 흐뭇한 상태' 로 정의한다. 행복을 정의한 다양한 책들을 찾아보았다. 그 중, 필자에게 가장 와닿은 행복의 정의는 다음과 같다.
* 행복 : 꽤 긴 시간동안, 유쾌하게 느끼는 정신적 상태.

행복은 과거도, 미래도 아닌 '지금 이 순간에만' 느낄 수 있다. 예전 사진을 보며 그때의 감정을 그리워하는 것도, 미래에 행복할 나를 상상하며 기대감을 느끼는 것 모두, '지금' 느끼는 감정이다. 그렇기에 우리는 '지금'을 살아야 한다. 현재를 살 줄 아는 사람이야말로, 진정으로 자유롭고 행복한 삶을 사는 사람이다.

필자가 마음이 중심을 못잡을 때, 늘 손에 펼쳐드는 '명상록'의 저자이자, 고대 로마의 최전성기를 이끈 5명의 현명한 황제 즉, 오현제 중 한명인 마르쿠스 아우렐리우스는 이렇게 말했다.

> "과거에 머물지 말고, 미래를 걱정하지 마라.
> 단지 지금 이 순간에 충실하라."

불교에서는 이를 '현존'이라 부른다. 현존은 단순히 눈앞의 일을 보는 것이 아니라, 마음이 현재 순간에 완전히 머무르는 상태를 뜻한다. 우리가 호흡을 느끼고, 발걸음을 느끼며, 지금 이 순간의 숨결을 온전히 느낄 때, 삶은 비로소 살아 움직인다. 행복한 삶은 거창한 조건이나 외부 환경에 달려 있지 않다. 행복은 기다리는 것이 아니라, 지금 이 순간에 마음을 열고 느끼는 것이다. 지금, 내가 웃고 있는지, 내가 감사하고 있는지, 내가 살아 있음에 얼마나 놀랍고 소중한 경험을 하고 있는지 깨닫는 순간, 삶은 자연스레 충만해진다.

 행복은 저 멀리 있는 것이 아니라, 바로 지금 이 순간에만 존재한다. 오늘의 꽃 향기는 내일이 되면 다시 느끼지 못한다. 과거사진을 넘겨보며 당시의 행복을 지금 느끼려 해보아도, 잘 되지 않고 좋았던 그리움만 남는다. 미래의 어느 시점에 행복을 느끼리라 주문하고 싶지만 그것도 그때 가봐야 아는 것이다.
 행복은 '지금 이순간'만 느낄 수 있는 하나의 감정이다. 과거를 생각하며 행복을 느끼는 것도, 멋진 미래를 상상하며 즐거움을 느끼는 것도, '현재' 내가 느끼는 행복이다. 온전히 현재의 존재(현존)하며 현재를 경험하는 것은 복잡한 철학이 아닌, 삶의 질을 극적으로 향상시키는 실질적인 기술이다.

 지금 이 순간의 감각과 경험에 집중함으로써, 우리는 불행과 불안에서 벗어나, 행복감을 느끼며 의미 있는 삶을 매 순간 살아갈 수 있다. 내 감정을 먼저 알아차리자. 아, 내가 또 걱정을 하고 있구나 라며 알아차리고 심호흡을 통해 내 생각의 좌표를 현재로 가져오는 것부터 시작이다. 여전히 고민의 무게는 남아있겠지만 하루 온 종일 그 고민을 느끼며 살진 않기에, 그 시간을 짧게 가져가는 기술로 삶의 질을 높일 수 있다.

어니 젤린스키(Ernie J. Zelinski)의 연구가 많은 도움이 될 것이다. 그는, 우리가 하는 걱정의 대부분은 비생산적이며, 그 비율은 다음과 같다고 했다.
 - 40%는 절대 현실로 일어나지 않을 일에 대한 걱정이다.
 - 30%는 이미 지나간 과거에 대한 걱정이다.
 - 22%는 사소하고 중요하지 않은 일에 대한 걱정이다.
 - 4%는 우리 힘으로 도저히 바꿀 수 없는 일에 대한 걱정이다.

결론적으로, 우리가 실제로 해결하고 변화시킬 수 있는 걱정은 전체의 단 4%에 불과하다. 위에 적힌 96%의 걱정은 우리의 귀한 정신적 에너지를 낭비하며, 현재를 온전히 살지 못하게 만드는 덫이다.

이처럼 우리는 대부분 쓸모없는 걱정에 막대한 에너지를 쏟고 있다. 인지 부하(Cognitive Load)의 관점에서 보면, 걱정은 마치 컴퓨터가 불필요한 프로그램을 여러 개 동시에 실행하는 것과 같다. 한정된 CPU 자원이 분산되면서 정작 중요한 작업을 처리할 힘이 부족해진다.
즉, 걱정이 많아질수록 뇌는 현재 하는 일에 집중할 여력이 줄어들고, 결국 생산성과 효율성이 떨어진다.
 96%의 허상에 갇혀 현재를 놓칠 것인가, 아니면 단 4%의 현실적인 문제에 집중하며 삶의 주도권을 되찾을 것인가?
불필요한 걱정이라는 컵을 내려놓고, 일을 할 때도 쉼을 할 때도, 온전히 지금 하고 있는 일에 몰입하는 연습이 필요한 이유가 바로 여기에 있다.

티베트 속담에 이런 말이있다.
"걱정해서 걱정이 없어진다면, 걱정이 없겠네!"
지금 하고있는 내 생각이 '나에게 좋은 생각인지', 메타인지를 통해 내가 바라는 방향대로 주파수를 맞추어 나가자.
과거를 걱정하면, 지금나는 과거에 존재한다.
미래를 생각하면 나는 미래에 존재하는 것이다.
현재에 오감을 집중하고 느낀다면, 바로 '지금 이순간, 나는 존재하는 것'이다.

> "과거에 사는 사람은 불행하고,
> 미래에 사는 사람은 불안하며,
> 현재에 사는 사람은 행복하다."
> – 노자 –

용서, 편안함의 다른 이름

 우리는 매순간 행복하고 싶다. 이 아름다운 지구에 우리가 태어난 이유를 묻는 것이, 지구상에서 우리만 할 수 있는 사유인 것처럼, 우리는 행복하고 싶다.
사람은 한번에 한가지 밖에 못보는 것처럼, 감정도 한가지 감정만을 느낄 수 있다. 울면서 기쁠 수 없으며, 기쁘게 웃으면서 울지도 못한다. 감사함을 느끼는데 배신감을 가질 수도 없으며, 화를 품고 동정을 베풀수도 없다.

 우리는 환경에 따라 감정이 쉽게 움직이는 자신을 발견한다. 합격 소식, 승진 명단 속 내 이름, 주식 상승, 갑작스러운 소나기, 상사의 꾸지람, 길에서 부딪힌 사람에게서 느끼는 분노까지, 우리의 감정은 외부 사건에 좌우된다.
하지만 삶의 모든 것이 나의 주체적 선택과 생각으로 결정된다는 주인의식은, 책을 읽고 경험을 쌓으며 시간을 깊이 사유할수록 점점 허망하게 느껴진다. 진정한 깨달음은, 감정과 생각의 주도권이 환경이 아니라 나 자신에게 있음을 아는 순간 찾아온다.
 환경은 단지 촉발점일 뿐, 그에 반응하는 방식은 내가 선택할 수 있다. 우리가 할 일은 외부 상황에 휘둘리지 않고 내 마음의 중심을 잡는 것, 그리고 내가 의도하는 감정을 능동적으로 선택하는 것이다.
 우리가 편안하고 잔잔한 시간의 흐름에 온전한 내 감정을 맡기기 전에, 한가지 내어놓아야 할 마음이 있다.

 바로 '용서'이다. 누군가에게 남아있는 감정의 응어리나 과거 어떠한 상황에 대한 후회의 사건들, 특히 현명하지 못했던 선택에 따른 자신에 대한 불신 및 자괴감 등. 내 무의식에 자리잡힌 이 무거움들은 나의 평온을 늘 불편하게 만들 것이다. 이 마음들은 내려놓는 것이 아니라, '내어'놓아 내 마음을 가볍게 해야한다. 나를 내어 놓아야 한다. 부족했던 나를 용서해야 한다.
 영어의 forgive는 표면적으로 '용서하다'라는 뜻을 가지고 있다. 그러나 그 어원을 따라가면, 그 속에는 훨씬 깊고 섬세한 의미가 숨어 있다. 고대 영어 forgiefan에서 비롯된 이 단어는 for-(완전히, 철저히)와 give(주다)라는 두 요소가 합쳐져 만들어졌다. 말 그대로 직역하면 '완전히 주다'라는 뜻이 된다.
 여기서 '주는 것'은 물질이 아니다. 상대의 잘못에 대한 책임, 나를 아프게 한 행동에 대한 원망, 그리고 그것을 붙잡고 있을 '내 권리'까지 내려놓아 건네주는 것을 말한다. 마치 채권자가 상대의 빚을 전부 탕감해 주듯, 내 마음속에서 상대를 향한 부채 기록을 완전히 지우는 일이다.

 그렇기에 용서는 단순히 잊는 행위가 아니다. 그것은 내가 쥐고 있던 감정의 무게를 내어놓는(give) 결단이다. 분노와 상처를 붙잡고 있을 권리를 스스로 포기하는 순간, 상대는 그 감정의 족쇄에서 풀려나고, 동시에 나 또한 자유로워진다. 누군가를 용서한다는 것은 결국 그 사람만을 위한 것이 아니라, 나 자신을 위해 하는 일이기도 하다.

마아트와 심판의 저울

 고대 이집트신화에는 다양한 신들이 있다. 태양신 라(Ra)의 딸이자 지혜와 달의 신 토트(Thoth)의 아내인 마아트(Ma'at)는, 이집트인들에게는 단순한 신 그 이상이었다. 그녀는 우주를 지탱하는 보이지 않는 법칙, 곧 진리·정의·조화를 상징했고, 머리에 흰 타조 깃털을 꽂은 여신으로 묘사되었으며, 이 깃털은 절대적인 진리와 올바름의 척도였다.
 창조 신 프타(Ptah)가 세상을 창조할 때, 마아트의 원칙에 따라 질서와 균형을 부여했다는 관념이 있다. 또한 이집트의 왕 파라오는 단순한 통치자가 아니라, 마아트를 지키고 유지하는 '질서의 수호자'로 여겨졌다.
 이집트 〈사자의 서〉를 보면, 망자가 죽으면 그의 영혼은 심판의 방으로 인도된다. 저승세계(두아트)를 여행하며 여러 신, 괴물, 문지기들과 마주치며 '심장무게 달기 의식'을 행한다. 이 의식은 '진리의 심판'이라 불렸으며, 저승의 신 아누비스가 주관했다. 심판에서

아누비스는 망자의 심장을 저울 한쪽에 올리고, 다른 한쪽에는
마아트의 깃털을 놓는다. 망자는 '마아트의 42개의 부정 고백'을 통해
자신이 저지르지 않은 악행을 선언하며, 자신은 죄가 없음을 증명한다.
이때 저울에 올려지는 것은 단순히 '선행'과 '악행'의 무게가 아니다.
심장의 무게는 한 사람이 평생 지니고 살아온 모든 감정과 마음의
상태를 나타낸다. 거짓과 기만, 분노, 원망, 용서하지 못한 마음은
심장을 무겁게 한다.
반대로, 진실함과 겸손, 그리고 타인과 자신을 용서하는 마음은 심장을
깃털처럼 가볍게 한다.
심장이 깃털보다 가벼우면 영혼은 낙원(아루루의 들판)에 들어갈 수
있다. 하지만 무겁다면, 괴물 암무트(Ammut, 악어 머리, 사자 몸, 하마
뒷다리)가 심장을 삼켜 영혼은 소멸한다.

따라서 '심장이 깃털보다 가볍다'는 것은 단순히 죄가 없음을 뜻하는
것이 아니라, 원망과 미움, 자기 비난을 내려놓아 마음을 온전히
가볍게 한 상태를 의미한다.
이집트인들은 살아 있는 동안 마아트의 질서를 지키기 위해 '42개의
부정고백'을 마음속 규범으로 삼았다. 이 고백들은 사후 심판대에서
망자가 신들에게 선언하는 결백의 증언이었다.
다음은'마아트의 42개 부정고백' 이다.

〈 마아트의 42개 부정고백 〉
- 나는 죄를 짓지 않았다.
- 나는 강탈하지 않았다.
- 나는 도둑질하지 않았다.

- 나는 살인을 저지르지 않았다.
- 나는 곡식을 훔치지 않았다.
- 나는 제물을 빼앗지 않았다.
- 나는 거짓말을 하지 않았다.
- 나는 속이지 않았다.
- 나는 금지된 음식을 먹지 않았다.
- 나는 불결한 행동을 하지 않았다.
- 나는 간음하지 않았다.
- 나는 사람들을 울리지 않았다.
- 나는 불의하게 행동하지 않았다.
- 나는 신전 제물을 훔치지 않았다.
- 나는 거짓 증언을 하지 않았다.
- 나는 욕심을 부리지 않았다.
- 나는 이웃의 토지를 훔치지 않았다.
- 나는 불의한 재판을 하지 않았다.
- 나는 신들을 모독하지 않았다.
- 나는 타인의 음식을 빼앗지 않았다.
- 나는 부당한 분노를 표출하지 않았다.
- 나는 부르짖는 이를 외면하지 않았다.
- 나는 동물을 함부로 죽이지 않았다.
- 나는 물을 막아 쓰지 못하게 하지 않았다.
- 나는 헛된 말을 하지 않았다.
- 나는 타인을 위협하지 않았다.
- 나는 경솔하게 행동하지 않았다.
- 나는 부정한 이익을 취하지 않았다.

- 나는 부당한 세금을 거두지 않았다.
- 나는 신전의 재산을 파괴하지 않았다.
- 나는 어부의 그물을 훔치지 않았다.
- 나는 타인의 불행을 기뻐하지 않았다.
- 나는 가축을 훔치지 않았다.
- 나는 불법적인 사냥을 하지 않았다.
- 나는 거짓으로 아첨하지 않았다.
- 나는 귀한 물건을 훼손하지 않았다.
- 나는 이웃에게 해를 끼치지 않았다.
- 나는 남을 속여 부를 늘리지 않았다.
- 나는 진실을 숨기지 않았다.
- 나는 폭력을 즐기지 않았다.
- 나는 타인의 집에 불법으로 들어가지 않았다.
- 나는 마아트의 질서를 훼손하지 않았다.

우리를 짓누르는 것은 법으로 단죄되는 죄만이 아니다. 미움이나 원망, 질투, 그리고 스스로를 탓하는 마음처럼 보이지 않는 감정의 찌꺼기들이 마음과 심장을 서서히 무겁게 만든다. 마아트의 깃털보다 심장을 가볍게 한다는 것은, 타인을 용서하고 스스로를 품으며 내면의 짐을 내려놓는 일이다. 그때 비로소 우리는 편안히 숨 쉬며, 자연과 어우러져 조화롭게 살아갈 수 있다.

 고대 이집트인들이 믿었던 것처럼, 우리의 삶 또한 매 순간 저울 위에 올려진다. 그 저울이 사후 세계의 심판일 수도, 혹은 오늘의 선택을 비추는 마음의 거울일 수도 있다. 중요한 것은 저울이 어디에 있느냐가 아니라, 그 위에 올려지는 내 마음이 얼마나 평온하고 맑은가이다.
마음을 가볍게 한 사람만이 오늘을 온전히 살아가며, 삶의 흐름 속에서
조화를 이룰 수 있다.

 용서는 종종 오해된다. 많은 사람들은 용서를 상대방의 잘못을
이해하거나 넘어가는 행위로 생각한다. 그러나 진정한 용서는, 잘못을
있는 그대로 바라본 후, 그것에 묶여 있던 내 마음을 해방시키는
것이다. 즉, 용서는 나를 위한 행위이며, 그 순간 나는 더 이상 피해자가
아니라 선택의 주체가 된다.
영어 단어 forgive의 본래 의미처럼, 용서는 "완전히 주는 일"이다.
내가 붙잡고 있던 원망할 권리를 내려놓는 순간, 대신 자유와 평온이
내게 돌아온다.

 마아트의 원리와 용서의 의미는 서로 닮아 있다. 마음의 무게를
내려놓고, 진리와 조화 속에서 살아가는 삶은 단순한 도덕적 목표가
아니라, 내면의 자유와 평온을 얻는 길이다. 오늘 우리가 선택하는
마음가짐과 행동이 곧 내일의 나를 만든다. 그래서 마아트의 깃털보다
가벼운 마음, 진정으로 자유로운 마음을 지닌 사람만이 삶 속에서
조화와 행복을 경험할 수 있는 것이다.

> "인생은 사소해지기에는 너무 짧다."
>
> - 벤자민 디즈레일리 -

온전한 행복을 느끼는 현존의 기술

"지금, 내 주변을 둘러보고 심호흡을 하며 작은 것들을 느껴보자."
인간이 만든 경이로운 수많은 물건들과 음식들, 저 멋진 모습을
바라볼 수 있는 내 눈과, 커피 향을 맡을 수 있는 코, 맛있는 음식을
음미하는 나의 입과 혀…

이 작은 하나의 생각으로 우리가 느낄 수 있는 감사와 경이로움은
정말 말 그대로 무궁무진 하다. 이런 이유로 사람들은 낯선 곳을 향해
떠나기도 한다. 새로운 환경 속에서 낯선 공기를 마시고, 다른 문화와
풍경을 마주하며, 이전에는 느껴보지 못한 감정과 시선을 발견한다.
익숙함을 벗어난 그 순간, 우리는 다시금 세상을 새롭게 바라보고,
감각의 문이 활짝 열린다. 결국 여행은 단순한 이동이 아니라, 감사와
경이로움을 다시 배우는 과정이다. 새로운 사람을 만나고, 다른 언어와
풍습을 경험하면서 우리는 세상이 얼마나 넓고, 또 우리의 마음이
얼마나 유연해질 수 있는지를 깨닫는다.

우리가 꼭 여행을 떠나야만 새로움을 발견할 수 있는 것은 아니다.
우리가 마음의 시선을 조금만 달리하면, 매일 반복되는 일상 속에서도
수많은 '처음'을 만날 수 있다. 익숙함 속에 숨어 있던 변화와
아름다움은 언제나 거기에 있었다. 다만, 우리가 그것을 볼 준비가
되어 있지 않았을 뿐이다.
조금 더 천천히 걷고, 주변의 소리에 귀 기울이며, 지금 이 순간을
온전히 느껴보려 할 때 비로소 평범한 하루도 여행처럼 새롭게
다가온다. 매일 같은 길을 오가는 출퇴근 길. 음악을 듣거나, 강의를
들으며 운전할 때에는 잘 보이지 않던 것들이 이제 보이기 시작한다.

가로수 길에 자라나 있는 기나긴 이름모를 풀들이, 바람에 흔들거리며 나를 향해 반가운 손짓과 인사를 한다.

기시감(Déjà vu)이 미시감(vujà Dé)으로 변화되는 순간이다. 우리는 그저, 자연과 세상과 교감을 하지 못하고 나만의 생각과 욕망에 가려져 보지 못한 것일 뿐이다.

이제 우리의 RAS에게 새로운 지시를 내려보자. 세상의 아름다움과 감사의 순간들을 스스로 포착해, 마치 보물처럼 내 앞에 펼쳐지게 할 것이다.

지금 이 순간, 눈앞의 삶에서 행복을 발견하고 온전히 느낄 수 있는 7가지 방법을 소개한다.

7가지 현존의 기술

1. 호흡에 집중 : 현재라는 닻 내리기

명상을 처음 시작할 때, 가장 먼저 호흡명상을 배운다. 호흡으로 현재를 느끼는 것은 아주 당연할지도 모른다. 호흡은, 언제나 현재에 있기 때문이다. 의식적으로 호흡에 집중하는 것은 마음을 과거와 미래의 잡념에서 벗어나 현재로 부드럽게 이끄는 효과적인 방법이다. 편안하게 앉거나 누운 자세에서 온 몸에 힘을 빼고. 눈을 감고, 코를 통해 들어오고 나가는 숨의 감각에 집중해보라. 숨이 들어올 때 배가 부풀어 오르고, 숨이 나갈 때 배가 꺼지는 움직임을 느껴보라. 숨의 온도, 속도, 깊이를 있는 그대로 관찰하며, 판단하거나 평가하려 하지 말고. 생각이 떠오르면 그냥 흘려 보내라. 마치 이 모든 것을 창조한 창조자의 마음으로 잔잔한 파도를 바라보듯. 호흡의 자연스러운 리듬을 따라가다 보면 마음은 점차 고요해진다. 그 고요함속에 모든 것을 멈추어보라.

2. 오감을 활용하여 현재 경험 : 감각의 깨어남

 깨어있을 때, 우리의 오감은 단 1초도 쉬지않고 정보를 받아들인다. 초당 약 1,100만 비트, 약 1.31 MB. 1분이면 약 80MB, 1시간이면 4.6 기가바이트의 정보를 받아들이고 있다.
하지만 대부분 우리는 이러한 감각들을 무의식적으로 흘려보낸다. 지금 이 순간의 행복을 느끼기 위해서, 이제 의도적으로 오감을 활성화하여 현재의 순간에 온전히 집중해보자.

- 시각: 주변을 천천히 둘러보자. 내가 좋아하는 물건의 색깔, 형태, 질감, 빛과 그림자의 조화 등을 주의 깊게 관찰해보자. 나뭇잎의 섬세한 결, 햇살에 반짝이는 먼지 입자, 컵의 곡선 등, 보이는 모든 것에 새로운 시선으로 느껴보라.

- 청각: 지금 들리는 주변의 소리에 귀기울여 보자. 시계 초침 소리, 새 소리, 바람 소리, 사람들의 웃음소리 등, 평소에 들리지 않았던 다양한 소리들이 들려온다. 모든 소리를 판단 없이, 있는 그대로 들어보자. 마치 당신이 만든 자연의 교향곡을 감상하듯…

- 후각: 주변의 냄새를 맡아보자. 지금 어떤 향이 나는가? 은은한 꽃 향기, 진한 에스프레소의 향기, 음식 냄새, 심지어 공기 중의 미세한 냄새까지, 코를 통해 들어오는 모든 냄새에 주의를 기울여보자. 냄새는

강력하게 과거의 기억과 감정을 불러일으키기도 한다. 지금 이 순간의 향기를 온전히 느껴보자.

- 미각: 지금 음식을 먹고 있다면, 음식의 맛과 질감을 조금 더 느껴보자. 혀끝에서 느껴지는 단맛, 짠맛, 신맛, 쓴맛, 감칠맛, 그리고 음식의 부드러움, 쫄깃함, 바삭함 등 다양한 감각을 섬세하게 느껴보자. 마치 미식가가 음식을 음미하듯, 맛과 질감을 음미하며 현재의 경험을 풍성하게 해보자.

커피 맛을 평가하는 국제 커피 심사기준(SCA, Specialty Coffee Association)을 보면, 한 잔의 커피에도 얼마나 정교한 감각과 집중이 필요한지를 새삼 깨닫게 된다. 단순히 '쓴맛'이나 '진하다'는 수준을 넘어, 커피 한 모금 속에는 향, 맛, 질감, 그리고 감정까지 세밀하게 녹아 있다.

심사기준에는 향(Aroma), 맛의 조화(Flavor), 산미(Acidity), 바디(Body), 후미(Aftertaste), 단맛(Sweetness), 균형감(Balance), 청결감(Clean Cup), 일관성(Uniformity), 종합평가(Overall) 등의 항목이 포함되어 있다. 바리스타들은 커피를 코로 맡고, 혀로 느끼며, 입안에 남는 여운까지 세심하게 관찰한다. 그들이 마주하는 것은 단순한 음료가 아니라, 향과 맛이 어우러진 하나의 세계이며, 그 안에는 수많은 감각의 층위가 존재한다.

이처럼 커피를 평가하는 과정은 단순한 미각 테스트가 아니다. 그것은 감각을 깨우는 훈련이자, 순간에 몰입하는 예술이다. 향의 깊이를 탐색하고, 맛의 조화를 느끼며, 여운의 길이를 음미하는 동안 우리는 비로소 '지금 이 한 모금'에 집중하게 된다.
한 잔의 커피에도 이렇게 다양한 감각이 깃들어 있듯, 우리의 삶 또한 그만큼 섬세한 인식으로 바라볼 때 더욱 풍요로워진다.
조금만 멈춰서 코끝의 향을 맡고, 입안의 온기를 느끼며, 여운을 음미하는 순간 — 그것은 단순한 커피 시음이 아니라, 삶을 맛보는 연습이 된다.

- 촉각: 당신의 몸에 닿는 모든 감각에 주의를 기울이세요. 옷의 질감, 의자의 단단함, 손에 닿는 물건의 온도와 촉감 등을 느껴보십시오. 바람이 피부를 스치는 감각, 햇볕의 따뜻함 등, 몸을 통해 느껴지는 모든 감각에 집중하며 현재를 온전히 경험해 보자.

3. 몸의 움직임에 집중 : 깨어있는 신체 의식

걷기, 스트레칭, 요가 등 몸을 움직이는 동안 느껴지는 감각에 집중하는 것은 현재에 머무르는 또 다른 효과적인 방법이다.
발이 땅에 닿는 느낌, 근육의 수축과 이완, 몸의 균형 이동 등, 신체의 움직임 하나하나에 주의를 기울여보자. 걸어갈 때도, 버스안에서도, 책을 읽는 지금 이순간도 마음으로 느껴볼 수 있다.
눈, 얼굴근육의 긴장감, 책을 든 손의 촉감, 커피의 향기, 쇼파의 포근함, 편안한 호흡 등, 마치 숙련된 댄서가 자신의 몸의 움직임에 온전히 집중하듯, 내 몸의 신체 감각을 깨우고 현재의 움직임을 느껴보자.

4. 판단 없이 생각과 감정 관찰하기

 현재 순간의 생각, 감정, 감각을 판단하거나 평가하지 않고 있는 그대로 느끼고 알아차려보자. 떠오르는 생각이나 감정에 휩쓸리지 않고, 마치 흘러가는 구름을 바라보듯 거리를 두고 관찰해보자. 그 생각들과 감정들을 그저 내 것이 아닌 것처럼, 타인처럼 바라보자. 긍정적인 감정이든 부정적인 감정이든, 그저 '일어났다가 사라지는 마음의 현상'으로 인식해보라.
이러한 관찰을 통해 우리는 생각과 감정에 휩쓸리지 않고, 현재의 경험을 있는 그대로 받아들일 수 있게되는 연습이 되는 것이다. 마치 강가에 앉아 흐르는 물을 바라보듯, 내 마음의 흐름을 조용히 관찰해보자.

5. 주변 환경과 연결 : 자연과의 교감

 자연은, 현존의 스승이라는 말이 있다. 잠시 주변을 둘러보자. 공원이나 숲을 걷거나, 하늘을 바라보고, 바람 소리를 들어보라. 자연의 아름다움과 고요함은 우리를 현재의 순간으로 늘 부드럽게 이끌어 준다. 땅의 촉감, 풀잎의 푸르름과 꽃내음 등 자연이 주는 다채로운 감각에 집중하며, 당신 또한 이 거대한 우주의 일부임을 느껴보라.

 마치 대지의 어머니, 가이아의 품에 안긴 아이처럼 자연과의 연결은 깊은 평화와 안정을 가져다줄 것이다. 페루에는 세계에서 가장 높은 열대 산악지대가 있는데 그곳에는 남미의 스위스라 불리우는 우아스카란 국립공원 (Huascrán, 해발 6,768m)이 있다. 만년설로 뒤덮인 산들의 품속에 홀로 서 있을 때, 가슴 깊은 곳에서 벅찬 감정이 밀려온다. 그 장엄한 풍경 앞에서 나는 그저 거대한 자연의 품에 안긴 작은 아이에 불과하다. 지구의 숨결이 느껴지는 그 순간, 압도적인 경외심이 마음을 감싸며, 나도 모르게 고개가 숙여진다.

세계 3대 폭포중 하나인, 이과수 폭포는 초당 6만톤의 물이 떨어진다. 영화 아바타의 배경인 그 너비는 2.7km로 세계에서 가장 길다. 폭포는 저만치 있지만, 이미 온몸은 어마어마한 물안개로 젖어있고 대부분 우의를 입어야 한다. (필자는 몸으로 느껴보고자, 우의를 입지 않았다.) 장대한 풍경 속에서 마주한 이과수 폭포는, '악마의 목구멍'이라는 이름처럼, 마치 나를 아래로 끌어당기는 듯한 압도적인 힘을 품고 있었다.

그 거대한 물의 흐름 앞에서 인간의 존재는 한없이 작게 느껴졌고, 동시에 우리가 살아가는 이 지구가 베풀어주는 생명의 물에 깊은 감사가 밀려왔다.

꽤 많은 어른들의 프로필 사진에는 자연이 많다. 마음의 깊이가 있고 경험의 나이테가 늘어날수록, 그들의 시간은 천천히 흘러 주변의 자연과 아름다움과 공존한다. 젊은 시절에는 빠르게 달리며 세상의 중심에 서 있으려 애쓰지만, 세월이 쌓일수록 그 중심이 자신 안으로 옮겨온다. 그들은 이제 더 이상 누군가에게 보이기 위한 사진을 올리지 않는다. 대신 나무 한 그루, 노을 진 하늘, 홀로 핀 꽃 한송이, 고요히 흐르는 강물 속에서 자신의 마음을 비추고, 그 안의 평화를 담는다. 그들에게 자연은 단순한 배경이 아니라, 삶의 속도를 조율해주는 친구이자 거울이다. 꽃이 피고 지는 것처럼, 인생의 순간도 모두 의미 있음을 알기에 그들은 오늘의 햇살 하나에도 감사하고, 구름 한 조각에도 이야기를 건네는 것 같다.

어쩌면 나이 든다는 것은, 세상에서 나를 찾는 일이 아니라 세상 속에서 나를 내려놓고 자연과 하나 되는 일인지도 모르겠다.

6. 디지털 디톡스 : 주변 소음 줄이기

 현재를 사는 우리는, 주변 어디를 둘러보아도 스크린을 마주 한다. 디지털 광고판, 지하철 및 버스 광고,스마트폰, 컴퓨터, 소셜 미디어, 심지어 학교에서 사용하는 테블릿 PC 등 디지털 기기는 우리의 주의를 끊임없이 분산시키고 현재에 집중하는 것을 방해하는 주요 요인 중 하나이다.

무엇보다 우리 생각의 회로를 끊어버린다. 텔레비전이나 컴퓨터, 스마트폰을 보고 있을 때 우리 뇌는 활동불균형 현상, 즉 자율신경 조절능력이 저하된다. 이는 '뇌가 잠긴다' 라고도 표현할 정도로 우리에게 미치는 영향이 크다.

 중독은 결핍으로 부터 시작되는데, 우리가 삶에서 느끼는 부족함과 갈망이 스마트폰 중독으로 이어지기도 한다. 화장실에서 조차도 스마트폰을 열지는 않았는가? 잠시 시간을 정해 디지털 기기 사용을 줄이거나 완전히 멈추는 디지털 디톡스를 실천해보자. 이를 도와주는 어플도 있으니 참고하기 바란다.

 알림음을 끄고, 화면에서 눈을 떼고, 주변 사람들과의 대화나 현재의 경험에 온전히 집중하는 시간을 가져보라. 책을 보거나 가죽공예를 하는 등 무언가에 집중할 때, 스마트폰을 덮고 지금부터 딱 50분간 몰입해서 그 일을 해보자.

7. 감사하는 마음 : 현재의 긍정을 발견

 발견한다는 것은 없는 것이 생겨나는 것이 아니라, 있는 것을 찾아내는 것이다. 우리가 보지못했고, 찾아내지 못한 보물들을 발견해보자. 그 보물들은 늘 그자리에 있었다. 다만 우리가 인지하지 못했을 뿐이다. 내가 가지고 있는 것들에 대해 감사하는 마음을 갖기 시작해보자. 건강한 신체, 사랑하는 사람들, 따뜻한 보금자리, 맛있는 음식 등, 당연하게 여겼던 것들의 소중함을 깨닫는 순간, 현재는 감사와 행복으로 가득차게 된다.

 감사일기를 기록하는 것도 아주 좋은 방법이다. 굳이 적지 않고, 매일 잠자리에 들기 전 오늘 감사했던 한 가지를 떠올리는 것으로도 충분하며, 우리의 시선을 긍정적인 현재로 향하게 하는 강력한 힘을 발휘하게 된다. 꼬르륵 거리며 제 할 일을 잘 해내는, 나의 내장기관들에게 조차도 감사함을 느끼며 배를 어루만지게 된다.

 지금 이 순간 행복을 느끼고 온전히 현존하는 것은 특별한 능력이 아니라, 꾸준한 연습을 통해 키울 수 있는 기술이다.

위의 실천적인 방법들을 일상생활 속에서 조금씩 적용해보라. 작은 변화가 쌓여 결국 습관이되어, 당신은 과거의 후회와 미래의 불안에서 벗어나, 현재의 충만함과 행복을 온전히 누릴 수 있게 된다. 현재를 행복해 할 줄 모르는 이가, 원하는 미래가 되었을 때 과연 행복을 느낄 수 있을까?

> "가장 중요한 일은 항상 현재의 일이며,
> 가장 중요한 사람은 지금 당신과 함께 있는 사람이며,
> 가장 중요한 행동은 감사이다."
> – Meister Eckhart –

대한민국의 농구선수이자 21년 SBS 연예대상을 수상한 서장훈. 450억 이상의 부동산을 갖고 있는 그가, 최근 한 방송에서 행복하지 않다고 했다. 아니, 행복에 대한 개념이 없어 스스로 안타깝다고 말했다. 농구선수 시절, 그가 여러 팀을 옮겨 다닌 것도 경제적인 이유였고, 은퇴 후 행복하고 정말 멋지게 살고 싶어서 돈을 많이 벌고 싶다는 욕망으로 농구를 했다고 한다. 그때는 오로지 성적과 연봉, 그리고 물질적인 성취만이 성공의 기준이었다. 하지만 시간이 지나 뒤를 돌아보니, 자신보다 연봉이 낮았던 후배들이 결혼도 하고 아이를 낳아 가족과 함께 웃으며 선수 생활을 이어가는 모습이 무척 행복해 보였다고 한다. 목표 그 이상을 이룬 그는, 자신보다 당시 후배들이 더 행복하게 살았다는 것을 이제서야 깨달았다고 한다.

목표가 중요하지 않다는 말이 아니다. 우리의 삶에서 아주 중요한 하나의 기둥 중 하나임이 분명하다. 하지만 목표를 향해 달리는 동안, 순간순간 자신이 '현존'하고 있는지를 잊는다면, 그 행복은 결코 온전히 누릴 수 없다. 목표와 성취가 삶을 풍요롭게 할 수는 있지만, 지금 이 순간, 눈앞의 바람과 햇살, 주변 사람들의 미소를 느끼는, 바로 현존할 줄 아는 사람만이 그 풍요 속에서 진정한 행복과 평화를 느낀다. 그렇다. 오늘 이 순간을 살아가는 능력. 행복의 핵심이다.

"한 알의 모래에서 세상을 보며
한 송이 들꽃에서 천국을 보라

그대 손바닥 안에 무한을 쥐고
찰나 속에서 영원을 붙잡아라"

- 블레이크, '순수의 전조' 중에서 -

에필로그

에필로그

여정의 끝이 아닌, 성공헤르츠의 시작

 여기까지 이 책과 함께 걸어온 당신을 진심으로 축복합니다. 당신은 지금, 수많은 방해와 유혹 속에서도 멈추지 않고 끝까지 이 여정을 마무리한 사람입니다. 그리고 그것은 곧 당신이 스스로를 변화시키려는 '진심'을 품고 있다는 가장 강력한 증거입니다.

 이 책의 첫 장을 펼쳤을 때, 당신은 분명 어떤 목마름을 안고 있었을 것입니다. "지금처럼 살아도 괜찮은가?"라는 물음 속에 담긴 진실된 마음의 주파수가 이 여정을 시작하게 했습니다. 그리고 이제, 마지막 장을 덮는 이 순간, 그 물음의 답은 어느새 당신 안에서 조용히 피어오르고 있을 것입니다. 억지로 무언가를 바꾸려고 애쓰는 것이 아니라, 이미 '자연스럽게 변화하고 있는 중'임을 느끼고 있을 것입니다. 억지로 만들어진 습관이나 성취가 아니라, 내면의 성공헤르츠에서 우러나온 변화야말로 가장 오래가고 가장 깊은 의미를 남긴다는 것을 우리는 이 여정을 통해 함께 깨달았습니다.

 인생은 결코 단순하지 않습니다. 예기치 못한 방향으로 흘러가기도 하고, 계획하지 않았던 곳에서 새로움을 만나기도 합니다. 하지만 그 모든 흐름 속에서도 우리가 잊지 말아야 할 단 하나는, 변화는 '노력'이 아니라 '자연스러운 주파수 맞춤'이라는 사실입니다. 목적지를 향해 자연스럽게 나아가는 흐름 속에서, 우리는 비로소 진짜 나를 만나게 됩니다. 지금까지의 삶에서 상처받고 지친 날들이 있었다면, 이제는 그 모든 순간을 끌어안아줄 수 있는 따뜻한 시선이 필요합니다. 비교와 조급함 대신, 느림과 용서(Forgive)가 당신 안에 자리 잡을 수 있다면, 그것이 바로 '성공헤르츠로 내면의 빛을 찾아가는 여정'입니다.

> "사람은 자신을 있는 그대로 받아들일 때,
> 비로소 변하기 시작한다." - 칼 로저스

이제는 '있는 그대로의 나'를 받아들이는 곳에서 출발하세요. 억지로 바꾸려 애쓰지 않아도 됩니다. 억지로 노력하지 않아도 됩니다. 당신의 올바른 생각대로 성공헤르츠를 맞추기만 하면, 당신이 원하는 삶으로 자연스럽게 흘러가게 될 것입니다. 당신의 작은 변화는, 마치 물결처럼 당신 삶 전체를 그곳으로 흘러가게 할 것입니다. 당신의 주파수가 바뀌고, 감정이 따뜻해지고, 행동이 조금씩 달라지면서, 어느새 새로운 삶의 중심에 서 있는 자신을 발견하게 될 것입니다.

이 책을 덮는다고 해서 여정이 끝나는 것은 아닙니다. 오히려 지금부터가 진짜 시작입니다. 지금, 가슴 깊이 느껴지는 이 따뜻한 변화의 기운을 기억하세요. 모든 것은 이미 당신 안에 있습니다. 이제, 그 안의 빛을 따라 걸어가세요.

그곳은 이미 당신의 여정 위에 펼쳐져 있습니다.

"As within, So without"

집필에 도움을 받은 음악들

- Parijat - Reiki
- Una Mattina - Ludovico Einaudi
- Fly - Ludovico Einaudi
- Lokah Samastah Sukhino Bhavantu
- Passion - Joy jin
- Bach - Air on the G String (G선상의 아리아)
- Any other name - Thomas Newman
- Kenny G - Going Home
- Benjamin Clementine - Winston Churchill's Boy
- Richard Strauss - Also Sprach Zarathustra (차라투스트라는 이렇게 말했다)
- Meditation - Monoman
- Kanye West - Through the Wire
- Mozart - Lacrimosa in Requiem
- 가을밤 - Busker Busker
- My way - Seth MacFarlane

활기(活氣) : 활동력이 있거나 활발한 기운

저자를 생각하면 떠오르는 단어다.
저자로부터 추천사를 부탁받고 프롤로그를 접했을때, 나는 역시 그(저자) 답다는 생각이 가장 먼저 들었다. 추천사를 계기로 오랜만에 소식을 주고 받았던 그 날 저녁 역시 저자는 언제나처럼 활기 가득했다.
 저자를 처음 만난 날도 그랬다. 15년 전 나는 중대장 취임을 앞두고 며칠 앞서 부대를 방문했었다. 그날은 주말 오후였고 저자는 그날의 당직사관으로써, 부대에 출근한 유일한 간부이자 앞으로 나와 함께할 동료 중대장이었다. 내가 부대 위병소를 통과하여 본청에 들어서기도 전에 그는 본청 앞으로 나와서 나를 맞이해주었다. 아마도 위병소 초병으로부터 신임 중대장이 왔다는 보고를 받았으리라.
 모든 것이 어색한 신임 중대장인 나는, 부대원들에게 보여질 내 첫인상이 여간 신경쓰이는 것이 아니었다. 적잖이 긴장하며 부대 안으로 첫 발을 들여 놓은 나를 보자마자, 환하게 웃으며 맞이해주던 저자의 모습. 나를 붙들고 부대 간부 사진이 포함된 조직도 앞에서 한참 부대 사정을 소개해준 그였다. 정말이지 그 다정함은 내게는 신선한 반가움이었고, 줄곧 내내 긴장하며 부대에 처음 방문했던 나에게 이내 안도로 다가왔다. 이것이 그의 활기를 처음 느낀 날이었다.
 그는 언제나 활기 넘쳤다. 세상사가 항상 순탄할 수 없을진대 중대장으로서 그는 한결같았다. 곱씹어보니 그는 시련도 참 많았다. 그럼에도 활기 넘치던 그였다. 꿈과 열정의 크기만큼 여건이 허락되지 않던 갓 서른의 나이에, 당시 세 식구의 가장이자 지휘관으로서 고충이 왜 없었으랴. 아마도 내가 보아왔던 그의 활기는 저자가 스스로 오만

근심과 역경을 다 태워내고 난 결과물이었으리라 생각하니, 문득 저자의 청년 시절이 참 대견했고 그 아름다운 청년의 모습을 줄곧 지켜봐온 나는 감동한다.
"명진아, 홍수가 나면 가장 필요한지 뭔지 알아? 생수야 생수. 온 천지가 물인데, 물(생수)이 제일 필요해. 나는 그런 생수가 될거야."
저자가 군문(軍門)을 떠나 제2의 직업을 찾아 나서면서 내게 했던 말이다. 정확히는 청운의 꿈을 품고 군(軍)에 매진했던 청년 장교가 상처입고 군문을 떠나 제2의 직업을 찾기 전, 스스로를 탐구하던 시기에 했던 말이다. 이제 곧 군에서 받던 봉급(수입)이 사라질텐데, 처자식을 건사할 가장으로서 닥치는대로 일거리를 찾아 헤매도 부족할 시기에 도서관에 박혀 책을 읽으며 스스로를 탐구하고 있다는 것은 아마도 이해되지 않을 테지만, 생수가 되고 싶다 말하던 그의 눈빛에서는 언제나처럼 활기가 넘쳤기에 나는 안심하였다.
그러고는 정진하던 그를 응원했고, 또다시 맞이한 그의 이민 준비 과정에서 들려온 시련의 소식에도 가슴 아팠지만, 나는 언제나처럼 기대했다. 그렇게 정진 또 정진하여 어느덧 그와 나는 마흔을 넘어서며, 오늘 그는 이내 열매를 거두어낸 그의 이야기를 정성스레 담아 여러분 앞에 올려놓는다.
 이 책을 집어든 당신도 분명 활기를 가진 예비성공인이다. 책장을 넘길 때마다 저자의 활기가 묻어난 이야기 속에서 위안을 받기도 자극이 되기도 할 것이다. 다음 성공헤르츠의 주인공은 당신이 되길 기원하며 이 책을 권하고 싶다.
 끝으로, 저자의 곁에서 늘 그를 믿고 기다려준, 그리고 함께해준 가족들에게도 존경과 찬사를 보낸다.

— 친구 김명진 —

가장 사적인 추천사

이 글은 일반적인 추천사가 아닙니다. 저는 지난 15년 이상 저자와 가장 가까이에서 형제처럼 지내온 사람으로서, 그의 삶과 진정성을 명확히 전달하고 싶습니다. 저자의 글이 독자 여러분의 인생에 실질적인 길잡이가 되기를 소망하며, 가까이에서 지켜본 세 가지 목격담을 여기에 기록합니다. 이 이야기가 독자 여러분 각자의 여정에 큰 용기와 영감을 주기를 진심으로 바랍니다.

첫 번째 사건, 가장 안전한 곳에서 가장 불안한 곳으로.
 저자는 직업적으로 가장 안정적인 군 장교의 길을 그만두고, 가장 불안하고 비포장길 같아 보이는 보험세일즈를 거침없이 선택했습니다. 멀리서 바라본 입장에서 솔직히 천하의 바보같은 선택이라고 말하고 싶었습니다만, 입이 떨어지지는 않았습니다. 하지만 그는 1년도 안되어 연봉 1억을 달성하여, 코타키나발루라는 당시 이름도 생소한 곳에서 트로피를 들고 찍은 사진을 저에게 보내주었습니다. 가장 안전한 곳에서 가장 불안한 곳으로 몸을 내던져 자신을 증명 해냈습니다.

두 번째 사건, 전 재산을 잃는 순간의 평정심
 두 번째는 저자가 '전세사기'를 당했을 때였습니다.
"나, 전세사기로 전세금을 못받을 것 같다. 변호사랑 법률적으로 검토도 해봤는데 명의신탁 / 경매로 넘어가서 전세금을 돌려받을 방법이 없네." 아직도 기억에 선명한 것은 그때도 저자는 믿을 수 없을 만큼 평온해보였다는 것입니다. 마치 현시점에서 전 재산을 잃는 것쯤은, 긴 인생에서 별 문제가 아니라고 생각하는 듯했습니다. 극한의 위기 앞에서 흔들리지 않고 해결책을 모색하는 그의 놀라운 평정심을 목격했습니다.

세 번째 사건, '강한 진심과 열망이 먼저, 돈은 그 다음'
 저자가 무일푼이 된 상태로 30대 초중반의 나이에, 빵 집에서 아르바이트를 한다고 했을 때, 최측근으로서 제 기분은 상당히 착잡했던 것으로 기억합니다. 하지만 몇 달 후, 그는 아르바이트를 하던 프랜차이즈 빵집의 본사인, 대기업 SPC에 정직원으로 채용되는 기염을 토해냈습니다. 이제서야 평범하고 안정된 삶을 살아가는가 싶더니 몇 년 후 어느 비 오는 날, 목욕탕에서 저자는 황당한 소리를 했습니다. 자신만의 매장을 하나 열 것이라고. 현실적인 저는 "형님, 전 재산을 날리고, 이제 입사한 지 얼마되었다고.. 돈이 없으실 것 같은데요? 미리 말씀드리지만 저도 알거지입이다."라고 답했습니다. 그러자 저자는 그 특유의 평온함과 확신에 찬 표정으로 이렇게 말했습니다.
"내 가게를 하며 살아가는 삶, 그 진심과 열망이 먼저이고 돈은 그 다음 생각할 문제야"
 이듬해, 저자는 자신의 매장을 오픈했고, 지금은 그가 꿈꿔왔던 빨간색 할리데이비슨 바이크를 타고 다닙니다.
 '강한 진심과 열망'이 어떻게 현실을 창조하는지 보여주는 살아있는 증거였습니다.

 이 밖에도 여러 가지 목격한 중요한 사건들이 많지만, 최측근 목격자로서 제가 요약하면서 드리고 싶은 말씀은 이것입니다.

저자는 단순히 아는 정도의 지식으로 이 책을 쓴 것이 아니라, 직접 삶으로 경험한 것을 이 책에 고스란히 옮겼다는 것입니다.

"그 길을 아는 것과, 그 길을 걷는 것은 다르다."

영화 《매트릭스》의 대사입니다.

 정보와 지식이 혼란스럽게 늘어나는 시대에 아는 것은 많아지지만, 실천은 너무나 어려운 시대에 살고 있습니다. 독자들이 저자에 대한 이 목격담을 먼저 읽고 책을 펼쳤을 때, 그의 살아있는 경험이 여러분의 삶을 조금이라도 움직이게 만들기를 바라봅니다.

 저자의 삶이 진하게 녹아있는, 책 『성공헤르츠』 출간을 진심으로 축하합니다.

- 공기업 재직, 예비역 소령, 1급 범죄심리사 김두익-

성공헤르츠

당신의 주파수는 성공헤르츠 입니까?

지은이 : 김재희
펴낸이 : 김재희
펴낸곳 : Snow.dot Books
주 소 : 대구광역시 달성군 유가읍 테크노북로 165. 101-902
전화: +82 1040320525
이메일 : jjj977@naver.com
출판등록 : 제 2023-000014호
초판 1쇄 발행: 2025년 10월 28일
ISBN 979-11-994288-2-9
ⓒ 김재희, 2025

© 2025 Snow.dot Books Inc. All rights reserved.

저작권법에 의해 보호를 받는 저작물이므로 무단 전재와 무단 복제를 금합니다.